高等职业教育土建类新编技能型规划教材

建设工程监理概论

主　编　王　辉
副主编　许法轩　公晋芳
主　审　魏国安

黄河水利出版社
·郑州·

内 容 提 要

本书主要介绍了建设工程监理的基本概念、监理工程师和工程监理企业、建设工程目标控制、建设工程风险管理、建设工程监理组织、建设工程监理规划、建设工程监理合同、建设工程安全生产监理、工程建设项目监理系列文件及案例。

本书可作为高职高专工程监理专业和建设类相关专业监理概论课程教材,也可作为有关工程技术人员自学用书。

图书在版编目(CIP)数据

建设工程监理概论/王辉主编.—郑州:黄河水利出版社,2014.4(2015.10 重印)
高等职业教育土建类新编技能型规划教材
ISBN 978-7-5509-0628-0

Ⅰ.①建… Ⅱ.①王… Ⅲ.①建筑工程-监理工作-高等职业教育-教材 Ⅳ.①TU712

中国版本图书馆 CIP 数据核字(2013)第 284431 号

策划编辑:贾会珍 电话:0371-66028027 E-mail:xiaojia619@126.com

出 版 社:黄河水利出版社 网址:www.yrcp.com
地址:河南省郑州市顺河路黄委会综合楼 14 层 邮政编码:450003
发行单位:黄河水利出版社
发行部电话:0371-66026940、66020550、66028024、66022620(传真)
E-mail:hhslcbs@126.com
承印单位:郑州中方印务有限公司
开本:787 mm×1 092 mm 1/16
印张:15.5
字数:377 千字 印数:4 001—8 000
版次:2014 年 4 月第 1 版 印次:2015 年 10 月第 2 次印刷

定价:34.00 元

前　言

工程建设监理事业的发展需要社会的认同和推动，需要有更多的有识之士去了解和学习，需要不断地丰富和完善工程建设监理的理论。只有这样，我国的工程建设监理事业才能充分走向正规化、专业化和社会化，并尽快实现与国际惯例的接轨，为我国的社会主义经济建设发挥应有的作用。

当前我国的工程建设监理理论正处于不断发展和完善阶段。为了满足广大读者对工程建设监理理论的学习，我们编写了本教材。

本书在编写过程中，始终以《建设工程监理规范》(GB/T 50319—2013)为参照，体现时效性，并融入一些工程的监理投标文件、监理大纲、监理规划、监理实施细则、建设工程监理合同(GF—2012—0202)示范文本，注意内容的实用性并力求通俗易懂。

本书主要介绍了建设工程监理的基本概念、监理工程师和工程监理企业、建设工程目标控制、建设工程风险管理、建设工程监理组织、建设工程监理规划、建设工程监理合同、建设工程安全生产监理、工程建设项目监理系列文件及案例。

本书可作为高职高专工程监理专业和建设类相关专业监理概论课程教材，也可作为有关工程技术人员自学用书。

本书由王辉担任主编，由许法轩、公晋芳担任副主编，由魏国安担任主审。本书编写分工如下：第一章、案例、附录由王辉编写，第二章、第三章由许法轩编写，第四章、第五章由陈永编写，第六章由公晋芳编写，第七章由焦艳菲编写，第八章由党杨梅编写。

由于作者水平有限，书中难免存在不妥甚至错误之处，敬请广大读者批评指正。

编　者

2013 年 10 月

目　录

第一章　概　述

本章各节教学内容、教学要求及能力目标如表1-1所示。

表1-1　各节教学内容、教学要求及能力目标

章节	教学内容	教学要求	能力目标
第一节 建设工程监理基本概念	1. 建设工程监理的定义、监理概念要点、建设工程监理的性质、建设工程监理的作用 2. 我国建设监理制的产生背景、现状和发展趋势 3. 建设工程监理的指导思想	1. 了解我国建设监理制的产生背景、现状和发展趋势 2. 了解建设工程监理的指导思想 3. 熟悉建设工程监理的定义、监理概念要点、建设工程监理的性质、建设工程监理的作用	1. 会区分建设单位与监理单位的职责分工 2. 知道建设工程监理的主要依据 3. 知道哪些建设工程项目必须实行监理 4. 知道建设工程监理的基本方法
第二节 建设监理有关法律法规	1. 建设工程监理法律法规体系 2.《中华人民共和国建筑法》(简称《建筑法》)的主要内容 3.《建设工程质量管理条例》的主要内容 4.《建设工程安全生产管理条例》的主要内容	1. 了解建设工程监理法律法规体系 2. 熟悉《建筑法》的主要内容 3. 熟悉《建设工程质量管理条例》的主要内容 4. 熟悉《建设工程安全生产管理条例》的主要内容	1. 能区分法律、法规、部门规章和地方政府规章的效力 2. 知道办理施工许可证的条件和办理单位 3. 会区分建筑工程从业者资格 4. 会区分建筑工程发包和承包的责任与义务 5. 知道建筑工程监理制度的基本规定 6. 能够依据《建筑工程质量管理条例》判断建设单位、勘察设计单位、施工单位和工程监理单位的质量责任与义务 7. 能够依据《建设工程安全生产管理条例》判断建设单位、勘察设计单位、施工单位和工程监理单位的生产责任
第三节 建设工程监理规范及相关规定	1.《建设工程监理规范》(GB 50319—2013) 2. 施工旁站监理管理办法 3. 施工监理手段	1. 熟悉施工旁站监理管理办法 2. 掌握《建设工程监理规范》(GB 50319—2013) 3. 掌握施工监理手段	能够读懂《建设工程监理规范》(GB 50319—2013)的基本内容
第四节 建设程序和建设工程管理制度	1. 建设程序 2. 建设工程主要管理制度	1. 了解建设程序 2. 熟悉建设工程主要管理制度	知道建设工程的基本程序和主要管理制度

第一节　建设工程监理基本概念

一、建设工程监理

（一）定义

建设工程监理是指具有相应资质的工程监理企业，接受建设单位的委托，承担其项目管理工作，并代表建设单位对承建单位的建设行为进行监控的专业化服务活动。

建设单位也称为业主、项目法人，是委托监理的一方。建设单位在建设工程中拥有确定建设工程规模、标准、功能以及选择勘察、设计、施工、监理企业等建设工程中重大问题的决策权。

工程监理企业是指取得企业法人营业执照，具有监理资质证书的依法从事建设工程监理业务的经济组织。

（二）监理概念要点

1. 建设工程监理的行为主体

《中华人民共和国建筑法》明确规定，实行监理的建设工程，由建设单位委托具有相应资质条件的工程监理企业实施监理。建设工程监理只能由具有相应资质的工程监理企业来开展，建设工程监理的行为主体是工程监理企业，这是我国建设工程监理制度的一项重要规定。由此可见，建设工程监理的行为主体是明确的，即监理企业。监理企业是具有独立性、社会化、专业化特点的专门从事建设工程监理和其他技术服务活动的组织。

建设工程监理是直接为建设项目提供管理服务的行业，不同于建设行政主管部门的监督管理。后者的行为主体是政府部门，具有明显的强制性，是行政性的监督管理，它的任务、职责、内容不同于建设工程监理。同样，作为建设项目管理的主体之一的建设项目总承包单位，对分包单位的监督管理也不能视为建设工程监理。

2. 建设工程监理实施的前提

《建筑法》明确规定，建设单位与其委托的工程监理企业应当订立书面建设工程委托监理合同。也就是说，建设工程监理的实施需要建设单位的委托和授权。工程监理企业应根据委托监理合同和有关建设工程合同的规定实施监理。

建设工程监理只有在建设单位委托的情况下才能进行。只有与建设单位订立书面委托监理合同，明确了监理的范围、内容、权利、义务、责任等，工程监理企业才能在规定的范围内行使管理权，合法地开展建设工程监理。工程监理企业在委托监理的工程中拥有一定的管理权限，能够开展管理活动，是建设单位授权的结果。这种授权与被授权的关系，决定了建设单位与监理企业是合同关系，是需求与供给的关系，是一种委托与服务的关系。这种委托与授权方式说明，在实施建设工程监理的过程中，监理工程师的权力主要是由作为建设项目管理主体的业主通过授权而转移过来的，在工程项目建设过程中，业主始终是以建设项目管理主体身份掌握着工程项目建设的决策权并承担着主要风险。

承建单位根据法律、法规的规定和它与建设单位签订的有关建设工程合同的规定接受工程监理企业对其建设行为进行的监督管理，接受并配合监理是其履行合同的一种行为。

工程监理企业对哪些单位的哪些建设行为实施监理要根据有关建设工程合同的规定。例如，仅委托施工阶段监理的工程，工程监理企业只能根据委托监理合同和施工合同对施工行为实行监理。而在委托全过程监理的工程中，工程监理企业则可以根据委托监理合同以及勘察合同、设计合同、施工合同对勘察单位、设计单位和施工单位的建设行为实行监理。

3. 建设工程监理的依据

建设工程监理的依据包括有关的法律、法规、规章和标准、规范，建设工程委托监理合同，有关的建设工程合同及建设工程设计文件等。

(1)建设工程设计文件。包括批准的可行性研究报告、建设项目选址意见书、建设用地规划许可证、建设工程规划许可证、批准的施工图设计文件、施工许可证等。

(2)有关的法律、法规、规章和标准、规范。包括《建筑法》、《中华人民共和国合同法》、《中华人民共和国招标投标法》、《建设工程质量管理条例》等法律法规，《工程建设监理规定》等部门规章，以及地方性法规等；也包括《工程建设标准强制性条文》、《建设工程监理规范》(GB 50319—2013)以及有关的工程技术标准、规范、规程等。

(3)建设工程委托监理合同和有关的建设工程合同。工程监理企业应当根据两类合同，即工程监理企业与建设单位签订的建设工程委托监理合同和建设单位与承建单位签订的有关建设工程合同进行监理。

工程监理企业依据哪些有关的建设工程合同进行监理，视委托监理合同的范围来决定。全过程监理应当包括咨询合同、勘察合同、设计合同、施工合同以及设备采购合同等。决策阶段监理主要是咨询合同；设计阶段监理主要是设计合同；施工阶段监理主要是施工合同。

4. 建设工程监理的范围

建设工程监理范围可以分为监理的工程范围和监理的建设阶段范围。

1)工程范围

为了有效发挥建设工程监理的作用，加大推行监理的力度，根据《建筑法》，国务院公布的《建设工程质量管理条例》对实行强制性监理的工程范围做了原则性的规定，建设部又进一步在《建设工程监理范围和规模标准规定》中对实行强制性监理的工程范围做了具体规定。下列建设工程必须实行监理：

(1)国家重点建设工程。依据《国家重点建设项目管理办法》所确定的对国民经济和社会发展有重大影响的骨干项目。

(2)大中型公用事业工程。项目总投资额在3 000万元以上的供水、供电、供气、供热等市政工程项目；科技、教育、文化等项目；体育、旅游、商业等项目；卫生、社会福利等项目；其他公用事业项目。

(3)成片开发建设的住宅小区工程。建筑面积在5万 m^2 以上的住宅建设工程。

(4)利用外国政府或者国际组织贷款、援助资金的工程。包括使用世界银行、亚洲开发银行等国际组织贷款资金的项目；使用国外政府及其机构贷款资金的项目；使用国际组织或者国外政府援助资金的项目。

(5)国家规定必须实行监理的其他工程。项目总投资额在3 000万元以上关系社会公共利益、公众安全的交通运输、水利建设、城市基础设施、生态环境保护、信息产业、能源等基础设施项目，以及学校、影剧院、体育场馆项目。

2）阶段范围

建设工程监理可以适用于工程建设投资决策阶段和实施阶段，但目前主要是建设工程施工阶段。

在建设工程施工阶段，建设单位、勘察单位、设计单位、施工单位和工程监理企业等工程建设的各类行为主体均出现在建设工程当中，形成了一个完整的建设工程组织体系。在这个阶段，建筑市场的发包体系、承包体系、管理服务体系的各主体在建设工程中会合，由建设单位、勘察单位、设计单位、施工单位和工程监理企业各自承担工程建设的责任和义务，最终将建设工程建成投入使用。在施工阶段委托监理，其目的是更有效地发挥监理的规划、控制、协调作用，为在计划目标内建成工程提供管理。

（三）建设工程监理的性质

1. 服务性

建设工程监理既不同于承建商的直接生产活动，也不同于业主的直接投资活动。它只是在工程项目建设过程中，利用自己的工程建设方面的知识、技能和经验为客户提供高智能监督管理服务，以满足项目业主对项目管理的需要。它所获得的报酬也是技术服务性的报酬，是脑力劳动的报酬。

需要明确指出，建设工程监理是监理企业接受项目业主的委托而开展的技术服务性活动。因此，它的直接服务对象是客户，是委托方，也就是项目业主。这种服务性的活动是按建设工程监理合同进行的，是受法律保护的。

2. 科学性

我国《工程建设监理规定》指出：建设工程监理是一种高智能的技术服务，要求从事建设工程监理活动应当遵循科学的准则。

监理的任务决定了它应当采用科学的思想、理论、方法和手段；监理的社会化、专业化特点要求监理企业按照高智能原则组建；监理的技术服务性质决定了它应当提供科技含量高的服务；建设工程监理维护社会公众利益和国家利益的使命决定了它必须提供科技性服务。

按照建设工程监理科学性的要求，监理企业应当有足够数量的、业务素质合格的监理工程师；要有一套科学的管理制度；要配备计算机辅助监理的软件和硬件；要掌握先进的监理理论、方法，积累足够的技术、经济资料和数据；要拥有现代化的监理手段。

3. 独立性

《建筑法》明确指出，工程监理企业应当根据建设单位的委托，客观、公正地执行监理任务。《工程建设监理规定》和《建设工程监理规范》（GB 50319—2013）要求工程监理企业按照"公正、独立、自主"的原则开展监理工作。

建设工程监理独立性的要求是一项国际惯例。国际咨询工程师联合会认为，工程监理企业是"作为一个独立的专业公司受聘于业主去履行服务的一方"，应当"根据合同进行工作"，监理工程师应当"作为一名独立的专业人员进行工作"，工程监理企业"相对于承包商、制造商、供应商，必须保持其行为的绝对独立性，不得从他们那里接受任何形式的好处，而使他的决定的公正性受到影响或不利于他行使委托人赋予他的职责"，监理工程师"不得参与任何妨碍他作为一个独立的咨询工程师工作的有关商务活动"。按照独立性要求，工程监理企业应当严格地按照有关法律、法规、规章、工程建设文件、工程建设技术标准、建设工程委托监理合同、有关的建设工程合同等的规定实施监理；在委托监理的工程中，与承建单位不得有隶属关系和其他利害关系；在开展工程监理的过程中，必须建立自己的组织，按照自己的工作计划、程序、流程、方法、手段，根据自己的判断，独立地开展工作。

4. 公正性

监理企业和监理工程师在工程建设过程中，应当作为能够严格履行监理合同各项义务的，能够竭诚为客户服务的"服务方"，也就是在提供监理服务的过程中，监理企业和监理工程师应当排除各种干扰，以公正的态度对待委托方和被监理方，当双方发生利益冲突和矛盾时能够以事实为依据，以有关法律、法规和双方所签订的工程建设合同为准绳，公正地加以解决和处理，做到"公正地证明、决定或行使自己的处理权"。

(四)建设工程监理的作用

建设单位的工程项目实行专业化、社会化管理在国外已有一百多年的历史，在提高投资的经济效益方面发挥了重要作用，越来越显现出强劲的生命力。我国实施建设工程监理的时间虽然不长，但已经发挥出明显的作用，为政府和社会所承认。建设工程监理的作用主要表现在以下几方面：

(1)有利于提高建设工程投资决策科学化水平。

在建设单位委托工程监理企业实施全方位全过程监理的条件下，在建设单位有了初步的项目投资意向之后，工程监理企业可协助建设单位选择适当的工程咨询机构，监督工程咨询合同的实施，并对咨询结果(如项目建议书、可行性研究报告)进行评估，提出有价值的修改意见和建议；或者直接从事工程咨询工作，为建设单位提供建设方案。这样，不仅可使项目投资符合国家经济发展规划、产业政策、投资方向，而且可使项目投资更加符合市场需求。工程监理企业参与或承担项目决策阶段的监理工作，有利于提高项目投资决策的科学化水平，避免项目投资决策失误，也为实现建设工程投资综合效益最大化打下了良好的基础。

(2)有利于规范工程建设参与各方的建设行为。

工程建设参与各方的建设行为都应当符合法律、法规、规章和市场准则。要做到这一点，仅仅依靠自律机制是远远不够的，还需要建立有效的约束机制。为此，首先需要政府对工程建设参与各方的建设行为进行全面的监督管理，这是最基本的约束，也是政府的主要职能之一。但是，由于客观条件所限，政府的监督管理不可能深入到每一项建设工程的实施过程中，因而还需要建立另一种约束机制，能在建设工程实施过程中对工程建设参与各方的建设行为进行约束。建设工程监理制就是这样一种约束机制。

在建设工程实施过程中，工程监理企业可依据委托监理合同和有关的建设工程合同对承建单位的建设行为进行监督管理。由于这种约束机制贯穿于工程建设的全过程，采用事前、事中和事后控制相结合的方式，因此可以有效地规范各承建单位的建设行为，最大限度地避免不当建设行为的发生。即使出现不当建设行为，也可以及时加以制止，最大限度地减少其不良后果。应当说，这是约束机制的根本目的。另外，如果建设单位不了解建设工程有关的法律、法规、规章、管理程序和市场行为准则，也可能发生不当建设行为。在这种情况下，工程监理企业可以向建设单位提出适当的建议，从而避免建设单位发生不当建设行为，这对规范建设单位的建设行为也可起到一定的约束作用。当然，要发挥上述约束作用，工程监理企业首先必须规范自身的行为，并接受政府的监督管理。

(3)有利于促使承建单位保证建设工程质量和使用安全。

建设工程是一种特殊的产品，不仅价值大、使用寿命长，而且关系到人民的生命财产安全、健康和环境。因此,保证建设工程质量和使用安全就显得尤为重要,在这方面不允许有丝毫的懈怠和疏忽。

工程监理企业对承建单位建设行为的监督管理,实际上是从产品需求者的角度对建设工程生产过程的管理,这与产品生产者自身的管理有很大的不同。而工程监理企业又不同于建设工程的实际需求者,其监理人员都是既懂工程技术又懂经济管理的专业人士,他们有能力及时发现建设工程实施过程中出现的问题,发现工程材料、设备以及阶段产品存在的问题,从而避免留下工程质量隐患。因此,实行建设工程监理制之后,在加强承建单位自身对工程质量管理的基础上,由工程监理企业介入建设工程生产过程的管理,对保证建设工程质量和使用安全有着重要作用。

(4)有利于实现建设工程投资效益最大化。

建设工程投资效益最大化有以下三种不同表现:

①在满足建设工程预定功能和质量标准的前提下,建设投资额最少。

②在满足建设工程预定功能和质量标准的前提下,建设工程寿命周期费用(或全寿命费用)最少。

③建设工程本身的投资效益与环境、社会效益的综合效益最大化。

实行建设工程监理制之后,工程监理企业一般都能协助建设单位实现上述建设工程投资效益最大化的第一种表现,也能在一定程度上实现上述第二种和第三种表现。随着建设工程寿命周期费用思想和综合效益理念被越来越多的建设单位所接受,建设工程投资效益最大化的第二种和第三种表现的比例将越来越大,从而大大地提高全社会的投资效益,促进我国国民经济的发展。

☆**重点提示**

建设工程监理的性质:1. 服务性;2. 科学性;3. 独立性;4. 公正性。

建设工程监理的依据包括有关的法律、法规、规章和标准、规范,建设工程委托监理合同,有关的建设工程合同及建设工程设计文件等。

二、我国建设监理制的产生、现状和发展趋势

(一)我国建设监理制产生的背景

我们从管理的角度追溯人类参加建筑活动的历史。在商代的甲骨文卜辞中,已有“工”这一词,即指当时管理工匠的官吏。周代设有掌管营造工作的“司空”。此后,各个朝代设置有“将作监”、“少府”或“工部”等官职,掌管皇家宫室、坛庙、城堡以及水利工程的设计、施工,成为国家机器中不可缺少的政务部门之一。1103 年,北宋政府颁布了《营造法式》,对设计模数、工料限额作出了规定,这是一部有重要技术经济意义的建筑规范。元代曾试用减柱法以节约木材,扩大建筑空间。明代有《营造正式》。清代颁布了《工部工程做法则例》,统一宫式建筑的构件模数和用料标准。我国的建筑历史表明,对于建筑活动耗资巨大以及如何提高其经济效益,早已引起各代政府的重视。

在欧洲,很早以前建筑师自然就是总营造师,建筑师不仅负责设计,还负责购买材料、雇用工匠,并组织工程的施工。16 世纪至 18 世纪中期,欧洲兴起华丽的花形建筑热潮,在建筑师队伍中开始形成了分工,一部分建筑师联合起来进行设计,另一部分建筑师则负责组织监督施工,逐步形成了设计和施工的分离。

设计和施工的分离导致了业主对工程监督的需求，最初的工程监督的思想是对施工加以监督，这个时期施工监督的重点则在于质量监督。

20世纪50年代末60年代初，美国、联邦德国、法国等欧美国家，开始建设很多大型、特大型工程，这些工程技术复杂、规模大，对项目建设的组织与管理提出了更高的要求。竞争激烈的社会环境，迫使人们重视项目管理，建筑工程管理学和专门从事项目管理的咨询公司、事务所也就在这样的社会条件下逐步形成。现在，工程项目管理已发展成为一项专门的职业。

日本是后起的工业强国，在建设项目管理方面，主要采用欧美的一些方法，推行PM服务，但他们也有一套项目监理制度。执行项目管理任务的建筑师和咨询工程师成为项目经理或工程监理工程师。

从新中国成立至20世纪80年代，我国固定资产投资基本上是由国家统一安排计划（包括具体的项目计划），由国家统一财政拨款。在我国当时经济基础薄弱、建设投资和物资短缺的条件下，这种方式对于国家集中有限的财力、物力、人力进行经济建设，迅速建立我国的工业体系和国民经济体系起到了积极作用。

当时，我国建设工程的管理基本上采用两种形式：对于一般建设工程，由建设单位自己组成筹建机构，自行管理；对于重大建设工程，则从与该工程相关的单位抽调人员组成工程建设指挥部，由指挥部进行管理。因为建设单位无须承担经济风险，这两种管理形式得以长期存在，但其弊端是不言而喻的。由于这两种形式都是针对一个特定的建设工程临时组建的管理机构，相当一部分人员不具有建设工程管理的知识和经验，因此他们只能在工作实践中摸索。而一旦工程建成投入使用，原有的工程管理机构和人员就解散，建设工程管理的经验不能承袭升华，用来指导今后的工程建设，而教训却不断重复发生，使我国建设工程管理水平长期在低水平徘徊。投资“三超”（概算超估算、预算超概算、结算超预算）、工期延长的现象较为普遍。工程建设领域存在的上述问题受到政府和有关单位的关注。

20世纪80年代我国进入了改革开放的新时期，国务院决定在基本建设和建筑业领域采取一些重大的改革措施，例如，投资有偿使用（即“拨改贷”）、投资包干责任制、投资主体多元化、工程招标投标制等。在这种情况下，改革传统的建设工程管理形式已经势在必行；否则，难以适应我国经济发展和改革开放新形势的要求。通过对我国几十年建设工程管理实践的反思和总结，同时对国外工程管理制度与管理方法的考察，认识到建设单位的工程项目管理是一项专门的学问，需要一大批专门的机构和人才，建设单位的工程项目管理应当走专业化、社会化的道路。

在我国，建设监理制度的出现是在20世纪80年代中后期，最早应用这一制度的是利用世界银行贷款的鲁布革水电站引水工程。按照贷款的要求，该工程在“鲁布革工程管理局”内划出了一个专司建设监理职能的“工程师机构”。该工程师机构由工程师代表、驻地工程师和若干名检查员组成，按国际合同管理方式代表业主对该合同工程进行现场综合监督管理。其后，自1988年以来，我国许多利用外资、外贷建设的工程项目，都按照建设监理这一国际惯例组织建设。1998年，《中华人民共和国建筑法》（简称《建筑法》）以法律制度的形式作出规定，国家推行建设工程监理制度，从而使建设工程监理在全国范围内进入了全面推行阶段。因而，建设工程监理制度是在工程建设领域实行社会化、专业化管理的结果，是建设领域由计划经济向市场经济转变的需要。

（二）现阶段建设工程监理的特点

目前，我国推行的建设工程监理制度在工作性质、工作内容上与发达国家的为业主提供的项目管理咨询服务有很大区别。发达国家的项目管理咨询服务内容包括设计准备阶段、设计阶段、施工阶段、动用前准备阶段和保修阶段共五个阶段，在各阶段要做投资控制、进度控制、质量控制、合同管理、组织协调和信息管理六个方面工作。我国的工程监理主要是施工阶段的监理，而只从事质量控制者甚多，与项目管理咨询相差甚远。现阶段我国建设工程监理的特点如下：

（1）建设工程监理的服务对象具有单一性。

在国际上，建设项目管理按服务对象主要可分为：为建设单位服务的项目管理和为承建单位服务的项目管理。而我国的建设工程监理制规定，工程监理企业只接受建设单位的委托，即只为建设单位服务。它不能接受承建单位的委托为其提供管理服务。从这个意义上，可以认为我国的建设工程监理就是为建设单位服务的项目管理。

（2）建设工程监理属于强制推行的制度。

建设项目管理是适应建筑市场中建设单位新的需求的产物，其发展过程也是整个建筑市场发展的一个方面，没有来自政府部门的行政指导或干预。而我国的建设工程监理从一开始就是作为对计划经济条件下所形成的建设工程管理体制改革的一项新制度提出来的，也是依靠行政手段和法律手段在全国范围推行的。为此，不仅在各级政府部门中设立了主管建设工程监理有关工作的专门机构，而且制定了有关的法律、法规、规章，明确提出国家推行建设工程监理制度，并明确规定了必须实行建设工程监理的工程范围。其结果是在较短时间内促进了建设工程监理在我国的发展，形成了一批专业化、社会化的工程监理企业和监理工程师队伍，缩小了与发达国家建设项目管理的差距。

（3）建设工程监理具有监督功能。

我国的工程监理企业有一定的特殊地位，它与建设单位构成委托与被委托关系，与承建单位虽然无任何经济关系，但根据建设单位授权，有权对其不当建设行为进行监督，或者预先防范，或者指令及时改正，或者向有关部门反映，请求纠正。不仅如此，在我国的建设工程监理中还强调对承建单位施工过程和施工工序的监督、检查和验收，而且在实践中又进一步提出了旁站监理的规定。我国监理工程师在质量控制方面的工作所达到的深度和细度，应当说远远超过国际上建设项目管理人员的工作深度和细度，这对保证工程质量起到了很好的作用。

（4）市场准入的双重控制。

在建设项目管理方面，一些发达国家只对专业人士的执业资格提出要求，而没有对企业的资质管理作出规定。而我国对建设工程监理的市场准入采取了企业资质和人员资格的双重控制：要求专业监理工程师以上的监理人员要取得监理工程师资格证书，不同资质等级的工程监理企业至少要有一定数量的取得监理工程师资格证书并经注册的人员。应当说，这种市场准入的双重控制对于保证我国建设工程监理队伍的基本素质，规范我国建设工程监理市场起到了积极的作用。

（三）建设工程监理的发展趋势

为了使我国的建设工程监理达到预期效果，在工程建设领域发挥更大的作用，应做好以下工作：

(1)加强法制建设,走法制化的道路。

目前,我国颁布的法律法规中有关建设工程监理的条款不少,部门规章和地方性法规的数量更多,这充分反映了建设工程监理的法律地位。但从加入 WTO 的角度看,法制建设还比较薄弱,突出表现在市场规则和市场机制两个方面。市场规则,特别是市场竞争规则和市场交易规则还不健全。市场机制,包括信用机制、价格形成机制、风险防范机制、仲裁机制等尚未形成。应当在总结经验的基础上,借鉴国际上通行的做法,逐步建立和健全起来,只有这样,才能使我国的建设工程监理走上有法可依、有法必依的轨道,才能适应加入 WTO 后的新的形势。

(2)以市场需求为导向,向全方位、全过程监理发展。

我国实行建设工程监理只有十几年的时间,目前仍然以施工阶段监理为主。造成这种状况既有体制上、认识上的原因,也有建设单位需求和监理企业素质及能力等原因。但是应当看到,随着项目法人责任制的不断完善,以及民营企业和私人投资项目的大量增加,建设单位将对工程投资效益越加重视,工程前期决策阶段的监理将日益增多。从发展趋势看,代表建设单位进行全方位、全过程的工程项目管理,将是我国工程监理行业发展的趋向。当前,应当按照市场需求多样化的规律,积极扩展监理服务内容。要从现阶段以施工阶段为主,向全过程、全方位监理发展,即不仅要进行施工阶段质量、投资和进度控制,做好合同管理、信息管理和组织协调工作,而且要进行决策阶段和设计阶段的监理。只有实施全方位、全过程监理,才能更好地发挥建设工程监理的作用。

(3)适应市场需求,优化工程监理企业结构。

在市场经济条件下,任何企业的发展都必须与市场需求相适应,工程监理企业的发展也不例外。建设单位对建设工程监理的需求是多种多样的,工程监理企业所能提供的监理服务也应当是多种多样的。前文所述建设工程监理应当向全方位、全过程监理发展,是从建设工程监理整体工作而言,并不意味着所有的工程监理企业都朝这个方向发展。因此,应当通过市场机制和必要的行业政策引导,在工程监理行业逐步建立起综合性监理企业与专业性监理企业相结合、大中小型监理企业相结合的合理的企业结构。按工作内容分,建立起能承担全过程、全方位监理任务的综合性监理企业与能承担某专业监理任务(如招标代理、工程造价咨询)的监理企业相结合的企业结构。按工作阶段分,建立起能承担工程建设全过程监理的大型监理企业与能承担某一阶段工程监理任务的中型监理企业和只提供旁站监理劳务的小型监理企业相结合的企业结构。这样,既能满足建设单位的各种需求,又能使各类监理企业各得其所,都能有合理的生存和发展空间。一般来说,大型、综合素质较高的监理企业应当向综合监理方向发展,而中小型监理企业则应当逐渐形成自己的专业特色。

(4)加强培训工作,不断提高从业人员素质。

一方面,从全方位、全过程监理的要求来看,我国建设工程监理从业人员的素质还不能与之相适应,迫切需要提高。另一方面,工程建设领域的新技术、新工艺、新材料层出不穷,工程技术标准、规范、规程也时有更新,信息技术日新月异,都要求建设工程监理从业人员与时俱进,不断提高自身的业务素质和职业道德素质,这样才能为建设单位提供优质服务。从业人员的素质是整个工程监理行业发展的基础。只有培养和造就出大批高素质的监理人员,才可能形成相当数量的高素质的工程监理企业,才能形成一批公信力强、有品牌效应的工程监理企业,才能提高我国建设工程监理的总体水平及其效果,才能推动建设工程监理事业更好更快地发展。

(5)与国际惯例接轨,走向世界。

我国的建设工程监理虽然形成了一定的特点,但在某些方面与国际惯例还有差异。我国已加入WTO,如果不尽快改变这种状况,将不利于我国建设工程监理事业的发展。前面说到的几点,都是与国际惯例接轨的重要内容,但仅仅在某些方面与国际惯例接轨是不够的,必须在建设工程监理领域多方面与国际惯例接轨。为此,应当认真学习和研究国际上被普遍接受的规则,为我所用。

与国际惯例接轨可使我国的工程监理企业与国外同行按照同一规则同台竞争,这既可能表现在国外项目管理公司进入我国后与我国工程监理企业之间的竞争,也可能表现在我国工程监理企业走向世界,与国外同类企业之间的竞争。要在竞争中取胜,除有实力、业绩、信誉外,不掌握国际上通行的规则也是不行的。我国的监理工程师和工程监理企业应当做好充分准备,不仅要迎接国外同行进入我国后的竞争挑战,而且要把握进入国际市场的机遇,敢于到国际市场上与国外同行竞争。在这方面,大型、综合素质较高的工程监理企业应当率先采取行动。

☆**重点提示**

现阶段建设工程监理的特点:1.建设工程监理的服务对象具有单一性;2.建设工程监理属于强制推行的制度;3.建设工程监理具有监督功能;4.市场准入的双重控制。

三、建设工程监理的指导思想

(一)建设工程监理的中心任务

建设工程监理的中心任务是实现工程项目目标,也就是实现经过科学规划所确定的工程项目的投资、进度和质量目标。这三大目标相互关联、互相制约。

任何工程项目都是在一定的投资额度内和一定的投资限制条件下实现的。任何工程项目的实现都要受到时间的限制,都有明确的项目进度和工期要求。任何工程项目都要实现它的功能要求、使用要求和其他有关的质量标准,这是投资建设一项工程最基本的需求。实现建设项目并不十分困难,而要使工程项目能够在计划的投资、进度和质量目标内实现则是困难的,这就是社会需求建设工程监理的原因。建设工程监理正是为解决这样的困难和满足这种社会需求而出现的。因此,目标控制应当成为建设工程监理的中心任务。

(二)建设工程监理的基本方法

建设工程监理的基本方法是目标规划、动态控制、组织协调、信息管理和合同管理。

1.目标规划

这里所说的目标规划是以实现目标控制为目的的规划和计划,是围绕工程项目投资进度和质量目标进行研究确定、分解综合、安排计划、风险管理、制定措施等项工作的集合。目标规划是目标控制的基础和前提,只有做好目标规划的各项工作,才能有效实施目标控制。

目标规划工作包括正确确定投资、进度、质量目标或对已经初步确定的目标进行论证;按照目标控制的需要将各目标进行分解,使每个目标都形成一个既能分解又能综合满足控制要求的目标划分系统,以便实施控制;把工程项目实施的过程、目标和活动编成计划,用动态的计划系统来协调和规范工程项目的实施,为实现预期目标构筑一座桥梁,使项目协调有序地达到预期目标;对计划目标的实现进行风险分析和管理,以便采取有针对性的有效措施实施主动控制;制定各项目标的综合控制措施,力保项目目标的实现。

2. 动态控制

动态控制是开展建设工程监理活动时采用的基本方法。动态控制工作贯穿于工程项目的整个监理过程。

所谓动态控制,就是在完成工程项目的过程中,通过对过程、目标和活动的跟踪,全面、及时、准确地掌握工程建设信息,将实际目标值和工程建设状况与计划目标和状况进行对比,如果偏离了计划和标准的要求,就采取措施纠正,以便实现计划总目标。这是一个不断循环的过程,直至项目建成交付使用。

这种控制是一个动态的过程。工程在不同的空间展开,控制就要针对不同的空间来实施。工程项目的实施分不同的阶段,控制也就分成不同阶段的控制。工程项目的实现总要受到外部环境和内部因素的各种干扰,因此必须采取应变性的控制措施。计划的不变是相对的,计划总是在调整中运行,控制就要不断地适应计划的变化,从而达到有效控制。监理工程师只有把握住工程项目运动的脉搏,才能做好目标控制工作。

3. 组织协调

在实现工程项目的过程中,监理工程师要不断进行组织协调,它是实现项目目标不可缺少的方法和手段。

组织协调与目标控制是密不可分的。协调的目的是实现项目目标。在监理过程中,当设计概算超过投资估算时,监理工程师要与设计单位进行协调,使设计与投资限额之间达成妥协,既要满足业主对项目的功能和使用要求,又要力求使费用不超过限定的投资额度;当施工进度影响到项目动工时间时,监理工程师就要与施工单位进行协调,或改变投入,或修改计划,或调整目标,直到制订出一个较理想的、能解决问题的方案;当发现承包单位的管理人员不称职,给工程质量造成影响时,监理工程师要与承包单位进行协调,以便更换人员,确保工程质量。

组织协调包括项目监理组织内部人与人、机构与机构之间的协调。组织协调还存在于项目监理组织与外部环境组织之间,其中主要是与项目业主、设计单位、施工单位、材料和设备供应单位以及与政府有关部门、社会团体、咨询单位、科学研究、工程毗邻单位之间的协调。协调的问题集中在他们的结合部位上,组织协调就是在这些结合部位上做好调和、联合和联结的工作,以使大家在实现工程项目总目标上做到步调一致,达到运行一体化。

4. 信息管理

建设工程监理离不开工程信息。在实施监理的过程中,监理工程师要对所需要的信息进行收集、整理、处理、存储、传递、应用等一系列工作,这些工作总称为信息管理。

信息管理对建设工程监理是十分重要的。监理工程师在开展监理工作时要不断预测或发现问题,要不断地进行规划、决策、执行和检查。而做好每项工作都离不开相应的信息。规划需要规划信息,决策需要决策信息,执行需要执行信息,检查需要检查信息。监理工程师在监理过程中的主要任务是进行目标控制,而控制的基础是信息。任何控制只有在信息的支持下才能有效地进行。

对信息的要求是与各部门监理任务和工作直接相联系的。不同的项目,由于情况不同,所需要的信息也就有所不同。例如,当采用不同承、发包模式或不同合同方式时,监理需要的信息种类和信息数量也就会发生变化。对于固定总价合同,或许关于进度款和变更通知是主要的；对于成本加酬金合同，则必须有关于人力、设备、材料、管理费用和变更通知等多方面的信息；而对于固定单价合同，完成工程量方面的信息管理就更重要。

监理的控制部门必须随时掌握项目实施过程中的反馈信息，以便在必要时采取纠正措施。例如，当材料供应推迟，设备或管理费用增加，承包单位不能满足规定的工期要求时，都有可能修改工程计划。而修改的工程计划又以变更通知的形式传递给有关方，然后对相关要素采取措施，才能起到控制作用。

为了有效地进行控制，全面、准确、及时地获得工程信息，要选派专门人员建立一个科学的报告系统，通过这个报告系统来传递经过核实的准确、及时、完整的工程信息。同时，还要通过计算机辅助做好这项工作。

监理工程师进行信息管理的基础工作是设计一个以监理为中心的信息流结构；确定信息目录和编码；建立信息管理制度以及会议制度等。

5. 合同管理

监理企业在建设工程监理过程中的合同管理主要是根据监理合同的要求对工程承包合同的签订、履行、变更和解除进行监督、检查，对合同双方争议进行调解和处理，以保证合同的依法签订和全面履行。

监理工程师在合同管理中应当着重于以下几个方面的工作：合同分析；建立合同目录、编码和档案；合同履行的监督、检查；索赔。

做好合同管理的关键在于：参加合同制订和谈判；认真弄清每一个合同的各项内容；切记少用或不用口头协议、“君子协定”，防止引起合同争执；监理企业应当努力履行自己的职责，恰当地使用自己的权力；委任既具有应变能力又能坚持合同原则的监理工程师担任合同管理工作，以应付合同管理中的各种复杂问题；拟订各种工程文件、记录、指示、报告、信件时，应当全面、细致、准确、具体；在拟订合同文件时应当写清细节，力求达到可操作的程度，以防止日后双方在细节上纠缠不清；特别注意工程变更对合同的影响，应当对每一份变更进行可行性分析，防止由此而引起的索赔；拟订合同条款时应当在文字语言方面做到清楚明白，避免含糊不清、词不达意的现象发生；合同谈判中注意风险合理转移。

（三）建设工程监理的目的

建设工程监理的目的是力求使工程项目能够在计划的投资、进度和质量目标内建成动用。这里采用“力求”，而不采用“保证”，是由于监理企业和监理工程师不是承建商承包的工程的承包人或保证人。这是因为在市场经济条件下，承建单位作为建筑产品的卖方，应当根据工程建设合同的要求，按规定的时间、费用和质量完成工程勘察、设计、施工、供应的承包任务且要承担承包风险。在工程建设中的基本原则是谁设计谁负责，谁施工谁负责，谁供应材料和设备谁负责。监理企业没有承担他们义务的义务。建设工程监理是一种技术服务性质的活动。在监理过程中，监理企业只承担服务的责任。它不直接进行设计，不直接进行施工，也不直接进行材料、设备的采购、供应工作。因此，它不承担设计、施工物资采购方面的直接责任。监理企业只承担建设项目的监理责任，也就是在监理合同中确定的职权范围内的责任。在实现建设项目的过程中，外部环境潜伏着各种风险，会带来各种干扰。而这些干扰和风险并非监理工程师能够完全驾驭的。他们只能力争减少或避免这些干扰和风险造成的影响。

一个在社会上能够生存、发展的监理企业，虽然不能保证项目一定在预定目标内实现，但在政府有关部门和监理行业组织的规范下，出于职业道德的良知，基于它的社会信誉和经济方面的考虑，都会竭尽全力为在预定的投资、进度和质量目标范围内实现项目而努力。

☆**重点提示**

建设工程监理的基本方法是目标规划、动态控制、组织协调、信息管理和合同管理。

第二节　建设监理有关法律法规

一、建设工程监理法律法规体系

建设工程法律法规体系是指根据《中华人民共和国立法法》的规定，制定和公布施行的有关建设工程的各项法律、行政法规、地方性法规、自治条例、单行条例、部门规章和地方政府规章的总称。

（一）建设工程法律法规规章的制定机关和法律效力

建设工程法律是指由全国人民代表大会及其常务委员会通过的规范工程建设活动的法律规范，由国家主席签署主席令予以公布，如《中华人民共和国建筑法》、《中华人民共和国招标投标法》、《中华人民共和国合同法》、《中华人民共和国政府采购法》、《中华人民共和国城市规划法》等。

建设工程行政法规是指由国务院根据宪法和法律制定的规范工程建设活动的各项法规，由总理签署国务院令予以公布，如《建设工程质量管理条例》、《建设工程勘察设计管理条例》等。

建设工程部门规章是指建设部按照国务院规定的职权范围，独立或同国务院有关部门联合，根据法律和国务院的行政法规、决定、命令，制定的规范工程建设活动的各项规章，属于住房和城乡建设部制定的，由部长签署住房和城乡建设部令予以公布，如《工程监理企业资质管理规定》等。

上述法律法规规章的效力是：法律的效力高于行政法规，行政法规的效力高于部门规章。

（二）与建设工程监理有关的建设工程法律法规规章

1. 法律

（1）《中华人民共和国建筑法》。

（2）《中华人民共和国合同法》。

（3）《中华人民共和国招标投标法》。

（4）《中华人民共和国土地管理法》。

（5）《中华人民共和国城市规划法》。

（6）《中华人民共和国城市房地产管理法》。

（7）《中华人民共和国环境保护法》。

（8）《中华人民共和国环境影响评价法》。

2. 行政法规

（1）《建设工程质量管理条例》。

（2）《建设工程勘察设计管理条例》。

(3)《建设工程安全生产管理条例》。

(4)《中华人民共和国土地管理法实施条例》

3. 部门规章

(1)《工程监理企业资质管理规定》。

(2)《监理工程师资格考试和注册试行办法》。

(3)《建设工程监理范围和规模标准规定》。

(4)《建筑工程设计招标投标管理办法》。

(5)《房屋建筑和市政基础设施工程施工招标投标管理》。

(6)《评标委员会和评标方法暂行规定》。

(7)《建筑工程施工发包与承包计价管理办法》。

(8)《建筑工程施工许可管理办法》。

(9)《实施工程建设强制性标准监督规定》。

(10)《房屋建筑工程质量保修办法》。

(11)《房屋建筑工程和市政基础设施工程竣工验收备案管理暂行办法》。

(12)《建设工程施工现场管理规定》。

(13)《建筑安全生产监督管理规定》。

(14)《工程建设重大事故报告和调查程序规定》。

(15)《城市建设档案管理规定》。

监理工程师应当了解和熟悉我国建设工程法律法规规章体系,并熟悉和掌握其中与监理工作关系比较密切的法律法规规章,以便依法进行监理和规范自己的工程监理行为。

☆重点提示

法律的效力高于行政法规,行政法规的效力高于部门规章。

二、《建筑法》的主要内容

《建筑法》是调整建筑活动的法律规范。建筑活动是指各类房屋及其附属设施的建造和与其配套的线路、管道、设备的安装活动。《建筑法》全文分八章共计 85 条,是以建筑工程质量与安全为重点形成的。

(一)建筑立法的目的

1. 加强对建筑活动的监督管理

建筑活动是一个由多方主体参加的活动。没有统一的建筑活动行为规范和基本的活动程序,没有对建筑活动各方主体的管理和监督,建筑活动就是无序的。为了保障建筑活动正常、有序地进行,就必须加强对建筑活动的监督管理。

2. 维护建筑市场秩序

建筑市场作为社会主义市场经济的组成部分,需要建立与社会主义市场经济相适应的新的市场管理体制。但是,在管理体制转轨过程中,建筑市场上旧的经济秩序打破后,新的经济秩序尚未完全建立起来,以致造成某些混乱现象。制定《建筑法》就要从根本上解决建筑市场混乱状况,确立与社会主义市场经济相适应的建筑市场管理体制,以维护建筑市场的秩序。

3. 保证建筑工程的质量与安全

建筑工程质量与安全，是建筑活动永恒的主题，无论是过去、现在还是将来，只要有建筑活动的存在，就有建筑工程的安全问题。

《建筑法》以建筑工程质量与安全为主线，作出了一些重要规定：

(1)要求建筑活动应当确保建筑工程质量和安全，符合国家的建筑工程安全准则。

(2)建筑工程的质量与安全应当贯彻建筑活动的全过程，进行全过程的监督管理。

(3)建筑活动的各个阶段、各个环节，都要保证质量和安全。

(4)明确建筑活动各有关方面在保证建筑工程质量与安全中的责任。

4. 促进建筑业健康发展

建筑业是国民经济的重要物质生产部门，是国家重要支柱产业之一。建筑活动的管理水平、效果、效益直接影响到我国固定资产投资的效果和效益，从而影响到国民经济的健康发展。为了保证建筑业在经济和社会发展中的地位和作用，同时为了解决建筑业发展中存在的问题，迫切需要制定《建筑法》，以促进建筑业健康发展。

(二)建筑工程许可制度

1. 建筑工程许可的法律规定

《建筑法》第七条规定："建筑工程开工前，建设单位应当按照国家有关规定向工程所在地县级以上人民政府建设行政主管部门申请领取施工许可证；但是，国务院建设行政主管部门确定的限额以下的小型工程除外。"

2. 申请建筑工程施工许可证的条件及法律后果

1)申请建筑工程施工许可证的条件

《建筑法》第八条规定申请领取建筑工程施工许可证应具备下列条件：

(1)已经办理该建筑工程用地批准手续。

(2)在城市规划区的建筑工程，已经取得规划许可证。

(3)需要拆迁的，其拆迁进度符合施工要求。

(4)已经确定建筑施工企业。

(5)有满足施工需要的施工图纸及技术资料。

(6)有保证工程质量和安全的具体措施。

(7)建设资金已经落实。

(8)法律、行政法规规定的其他条件。

2)领取建设工程施工许可证的法律后果

(1)建设单位应当自领取施工许可证之日起3个月内开工。因故不能按期开工的应向发证机关申请延期；延期以两次为限，每次不超过3个月。既不开工又不申请延期或者超过延期时限的，施工许可证自行废止。

(2)在建的建筑工程因故终止施工的，建设单位应当自终止施工之日起1个月内，向发证机关报告，并按照规定做好建筑工程的维护管理工作。

建筑工程恢复施工时，应当向发证机关报告；终止施工满1年的工程恢复施工前，建设单位应当报发证机关核验施工许可证。

(3)按照国务院有关规定批准开工报告的建筑工程，因故不能按期开工或者终止施工的，应当及时向批准机关报告情况，因故不能按期开工超过6个月的，应当重新办理开工报告的批准手续。

(三)建筑工程从业者资格

1. 国家对建筑工程从业者实行资格管理

从事建筑工程活动的企业或单位,应当向工商行政管理部门申请设立登记,并由建设行政主管部门审查,颁发资格证书。从事建筑工程活动的人员,要通过国家任职资格考试、考核,由建设行政主管部门注册并颁发资格证书。

2. 国家规范的建设工程从业者

1)建筑工程从业的经济组织

建筑工程从业的经济组织包括:建设工程总承包企业,建设工程勘察、设计单位,建设工程施工企业,建设工程监理企业,法律、法规规定的其他企业或单位。以上组织应具备下列条件:

(1)有符合国家规定的注册资本。

(2)有与其从事的建筑活动相适应的具有法定职业资格的专业技术人员。

(3)有从事相关建筑活动所拥有的技术装备。

(4)法律、行政法规规定的其他条件。

2)建筑工程的从业人员

建筑工程的从业人员包括建筑师,营造师,结构工程师,监理工程师,工程计价师,法律、法规规定的其他人员。

3)建设工程从业者资格证件的管理

建设工程从业者的资格证件,严禁出卖、转让、出借、涂改、伪造。违反上述规定的,将视具体情节,追究法律责任。建设工程从业者资格的具体管理办法,由国务院及建设行政主管部门另行规定。

(四)建设工程发包与承包

1. 建筑工程发包

1)建筑工程发包方式

《建筑法》第十九条规定:“建筑工程依法实行招标发包,对不适于招标发包的可以直接发包。”建筑工程的发包方式可采用招标发包和直接发包的方式进行。依据有关法规,事业单位投资的新建、改建、扩建和技术改造工程项目的施工,除某些不适宜招标的特殊工程外均实行招标投标。目前,国内采用的招标投标方式主要是公开招标、邀请招标两种形式。

2)建筑工程公开招标的程序

《建筑法》第二十条规定:“建筑工程实行公开招标的,发包单位应当依照法定程序和方式,发布招标公告,提供载有招标工程的主要技术要求、主要的合同条款、评标的标准和方法以及开标、评标、定标的程序等内容的招标文件。

开标应当在招标文件规定的时间、地点公开进行。开标后应当按照招标文件规定的评标标准和程序对标书进行评价、比较,在具备相应资质条件的投标者中,择优选定中标者。”

《建筑法》第二十一条规定:“建筑工程招标的开标、评标、定标由建设单位依法组织实施,并接受有关行政主管部门的监督。”

3)发包单位发包行为的规范

《建筑法》第十七条规定:“发包单位及其工作人员在建筑工程发包中不得收受贿赂、回扣或者索取其他好处。”

《建筑法》第二十二条规定：“建筑工程实行招标发包的，发包单位应当将建筑工程发包给依法中标的承包单位。建筑工程实行直接发包的，发包单位应当将建筑工程发包给具有相应资质条件的承包单位。”

《建筑法》第二十五条规定：“按照合同约定，建筑材料、建筑构配件和设备由工程承包单位采购的，发包单位不得指定承包单位购入用于工程的建筑材料、建筑构配件和设备或者指定生产厂、供应商。”

4）发包活动中政府及其所属部门权力的限制

《建筑法》第二十三条规定：“政府及其所属部门不得滥用行政权力，限定发包单位将招标发包的建筑工程发包给指定的承包单位。”

5）禁止肢解发包

《建筑法》第二十四条规定：“提倡对建筑工程实行总承包，禁止将建筑工程肢解发包。

建筑工程的发包单位可以将建筑工程的勘察、设计、施工、设备采购一并发包给一个工程总承包单位，也可以将建筑工程勘察、设计、施工、设备采购的一项或者多项发包给一个工程总承包单位；但是，不得将应当由一个承包单位完成的建筑工程肢解成若干部分发包给几个承包单位。”

2. 建筑工程承包

1）承包单位的资质管理

《建筑法》第二十六条规定：“承包建筑工程的单位应当持有依法取得的资质证书，并在其资质等级许可的业务范围内承揽工程。

禁止建筑施工企业超越本企业资质等级许可的业务范围或者以任何形式用其他建筑施工企业的名义承揽工程。禁止建筑施工企业以任何形式允许其他单位或者个人使用本企业的资质证书、营业执照，以本企业的名义承揽工程。”

2）联合承包

《建筑法》第二十七条规定：“大型建筑工程或者结构复杂的建筑工程，可以由两个以上的承包单位联合共同承包。共同承包的各方对承包合同的履行承担连带责任。

两个以上不同资质等级的单位实行联合共同承包的，应当按照资质等级低的单位的业务许可范围承揽工程。”

3）禁止建筑工程转包

《建筑法》第二十八条规定：“禁止承包单位将其承包的全部建筑工程转包给他人，禁止承包单位将其承包的全部建筑工程肢解以后以分包的名义分别转包给他人。”

4）建筑工程分包

《建筑法》第二十九条规定：“建筑工程总承包单位可以将承包工程中的部分工程发包给具有相应资质条件的分包单位；但是，除总承包合同中约定的分包外，必须经建设单位认可。施工总承包的，建筑工程主体结构的施工必须由总承包单位自行完成。

建筑工程总承包单位按照总承包合同的约定对建设单位负责；分包单位按照分包合同的约定对总承包单位负责。总承包单位和分包单位就分包工程对建设单位承担连带责任。

禁止总承包单位将工程分包给不具备相应资质条件的单位。禁止分包单位将其承包的工程再分包。”

（五）建筑工程监理制度

1. 建筑工程监理强行推行制度

《建筑法》第三十条第一款规定:“国家推行建筑工程监理制度。”

2. 建筑工程监理的范围

建筑工程监理是一种特殊的中介业务活动,对建筑工程实行强制性监理,对控制建筑工程的投资、保证建设工期、确保建筑工程质量以及开拓国际建筑市场等都具有非常重要的意义。因此,《建筑法》第三十条第二款规定:“国务院可以规定实行强制监理的建筑工程的范围。”建设部于 2001 年 1 月 17 日发布第 86 号令对建设工程监理范围和规模标准作出了明确的规定。

3. 工程监理人员的权利与义务

(1)工程施工不符合工程设计要求、施工技术标准和合同约定的质量要求的,有权要求建筑施工企业改正。

(2)工程设计不符合建筑工程质量标准或合同约定的质量要求的,应当报告建设单位,要求设计单位改正。

4. 建筑工程监理合同

(1)监理合同的概念。监理合同是监理企业与建设单位之间为完成特定的建筑工程监理任务,明确相互权利义务关系的协议。

(2)监理合同示范文本的构成。住房和城乡建设部、国家工商行政管理总局于 2012 年 3 月 27 日联合发布了新的《建设工程监理合同(示范文本)》(GF—2012—0202)。该示范文本由协议书、标准条件、专用条件和附录四个部分组成。

5. 监理企业的责任

(1)工程监理企业不按照委托监理合同的约定履行监理义务,对应当监督检查的项目不检查或不按规定检查,给建设单位造成损失的,应当承担相应的赔偿责任。

(2)工程监理企业与承包单位串通,为承包单位谋取非法利益,给建设单位造成损失的,应与承包单位承担连带赔偿责任。

（六）建筑工程质量与安全生产制度

1. 建筑工程质量的概念

建筑工程质量是指在国家现行的有关法律、法规、技术标准、设计文件和合同对工程的安全、使用、经济、美观等特性的综合要求。

2.《建筑法》关于建设工程质量的条款

《建筑法》第五十二条规定:“建筑工程勘察、设计、施工的质量必须符合国家有关建筑工程安全标准的要求,具体管理办法由国务院规定。

有关建筑工程安全的国家标准不能适应确保建筑安全要求时,应当及时修订。”

第五十三条规定:“国家对从事建筑活动的单位推行质量体系认证制度。从事建筑活动的单位根据自愿原则可以向国务院产品质量监督管理部门或者国务院产品质量监督管理部门授权的部门认可的认证机构申请质量体系认证。经认证合格的,由认证机构颁发质量体系认证证书。”

第五十四条规定:“建设单位不得以任何理由,要求建筑设计单位或者建筑施工企业在工程设计或者施工作业中,违反法律、行政法规和建筑工程质量、安全标准,降低工程质量。

建筑设计单位和建筑施工企业对建设单位违反前款规定提出的降低工程质量的要求，应当予以拒绝。”

3. 建筑工程质量管理的依据

(1)建筑工程勘察、设计、施工质量必须符合有关建筑工程安全标准的规定。

(2)国家对从事建筑活动的单位推行质量体系认证制度的规定。

(3)建设单位不得以任何理由要求设计单位和施工企业降低工程质量的规定。

(4)关于总承包单位和分包单位工程质量责任的规定。

(5)关于勘察、设计单位工程质量责任的规定。

(6)设计单位对设计文件选用的建筑材料、构配件和设备不得指定生产厂、供应商的规定。

(7)施工企业质量责任。

(8)施工企业对进场材料、构配件和设备进行检验的规定。

(9)关于建筑物合理使用寿命内和工程竣工时的工程质量要求。

(10)关于工程竣工验收的规定。

(11)建筑工程实行质量保修制度的规定。

(12)关于工程质量实行群众监督的规定。

4. 法律责任

《建筑法》对下列行为规定了法律责任：

(1)未经法定许可，擅自施工的。

(2)将工程发包给不具备相应资质的单位或者将工程肢解发包的；无资质证书或者超越资质等级承揽工程的；以欺骗手段取得资质证书的。

(3)转让、出借资质证书或者以其他方式允许他人以本企业名义承揽工程的。

(4)将工程转包，或者违反法律规定进行分包的。

(5)在工程发包与承包中索贿、受贿、行贿的。

(6)工程监理企业与建设单位或者建筑施工企业串通，转让监理业务的；弄虚作假、降低工程质量的。

(7)涉及建筑主体或者承重结构变动的装修工程，违反法律规定，擅自施工的。

(8)建筑施工企业违反法律规定，对建筑安全事故隐患不采取措施予以消除的；管理人员违章指挥，强令职工冒险作业，因而造成严重后果的。

(9)建设单位要求设计单位或者施工企业违反工程质量、安全标准，降低工程质量的。

(10)设计单位不按工程质量、安全标准进行设计的。

(11)建筑施工企业在施工中偷工减料，使用不合格材料、构配件和设备的；其他不按照工程设计图纸或者施工技术标准进行施工的。

(12)建筑施工企业不履行保修义务或者拖延履行保修义务的。

(13)违反法律规定，对不具备相应资质等级条件的单位颁发该等级资质证书的。

(14)政府及其所属部门的工作人员违反规定，限定发包单位将招标发包的工程发包给指定的承包单位的。

(15)有关部门及其工作人员对不符合施工条件的建筑工程颁发施工许可证的，对不合格的建筑工程出具质量合格文件或按合格工程验收的。

5. 关于建筑安全生产管理

关于建筑安全生产管理的内容包括：建筑安全生产管理的方针和制度；建筑工程设计应当保证工程的安全性能；建筑施工企业安全生产方面的规定；建筑施工企业在施工现场应采取的安全防护措施；建设单位和建筑施工企业关于施工现场地下管线保护的义务；建筑施工企业在施工现场应采取保护环境措施的规定；建设单位应办理施工现场特殊作业申请批准手续的规定；建筑安全生产行业管理和国家监察的规定；建筑施工企业安全生产管理和安全生产责任制的规定；施工现场安全由建筑施工企业负责的规定；劳动安全生产培训的规定；建筑施工企业和作业人员有关安全生产的义务以及作业人员安全生产方面的权利；建筑施工企业为有关职工办理意外伤害保险的规定；涉及建筑主体和承重结构变动的装修工程设计、施工的规定；房屋拆除的规定；施工中发生事故应采取紧急措施和报告制度的规定。

☆重点提示

大型建筑工程或者结构复杂的建筑工程，可以由两个以上的承包单位联合共同承包。共同承包的各方对承包合同的履行承担连带责任。

三、《建设工程质量管理条例》的主要内容

《建设工程质量管理条例》（简称《质量管理条例》，国务院第279号令，2000年1月30日发布起施行）以建设工程质量责任主体为基线，规定了建设单位、勘察单位、设计单位、施工单位和工程监理企业的质量责任和义务，明确了工程质量保修制度、工程质量监督制度等内容，并对各种违法违规行为的处罚做了原则性的规定。

（一）总则

总则包括制定条例的目的和依据、条例所调整的对象和适用范围、建设工程质量责任主体、建设工程质量监督管理主体、关于遵守建设程序的规定等。

（1）制定条例的目的和依据。为了加强对建设工程质量的管理，保证建设工程质量，保护人民生命和财产安全，根据《建筑法》制定本条例。

（2）调整对象和适用范围。凡在中华人民共和国境内从事建设工程的新建、扩建、改建等有关活动及实施对建设工程质量监督管理的，必须遵守本条例。

（3）建设工程质量责任主体。建设单位、勘察单位、设计单位、施工单位、工程监理企业依法对建设工程质量负责。

（4）建设工程质量监督管理主体。县级以上人民政府建设行政主管部门和其他有关部门应当加强对建设工程质量的监督管理。

（5）必须严格遵守建设程序。从事建设工程活动，必须严格执行基本建设程序，坚持先勘察，后设计，再施工的原则。县级以上人民政府及其有关部门不得超越权限审批建设项目或擅自简化基本建设程序。

（二）建设单位的质量责任和义务

《质量管理条例》对建设单位的质量责任和义务进行了多方面的规定，包括工程发包方面的规定；依法进行工程招标的规定；向其他建设工程质量责任主体提供与建设工程有关的原始资料和对资料要求的规定；工程发包过程中的行为限制；施工图设计文件审查制度的规定；委托监理以及必须实行监理的建设工程范围的规定；办理工程质量监督手续的规定；建设单位采购建筑材料、建筑构配件和设备的要求，以及建设单位对施工单位使用建筑材料、

建筑构配件和设备方面的约束性规定；涉及建筑主体和承重结构变动的装修工程的有关规定；竣工验收程序、条件和使用方面的规定；建设项目档案管理的规定。

《质量管理条例》的第十二条，对委托监理做了重要规定：

（1）实行监理的建设工程，建设单位应当委托具有相应资质等级的工程监理企业进行监理，也可以委托具有工程监理相应资质等级并与被监理工程的施工承包单位没有隶属关系或者其他利害关系的该工程的设计单位进行监理。

（2）必须实行监理的建设工程有国家重点建设工程，大中型公用事业工程，成片开发建设的住宅小区工程，利用外国政府或者国际组织贷款、援助资金的工程，国家规定必须实行监理的其他工程。

（三）勘察、设计单位的质量责任和义务

勘察、设计单位的质量责任和义务包括：从事建设工程的勘察、设计单位市场准入的条件和行为要求；勘察、设计单位以及注册执业人员质量责任的规定；勘察成果质量基本要求；关于设计单位应当根据勘察成果进行工程设计和设计文件应当达到规定深度并注明合理使用年限的规定；设计文件中应注明材料、构配件和设备的规格、型号、性能等技术指标，质量必须符合国家规定的标准；除特殊要求外，设计单位不得指定生产厂和供应商；关于设计单位应就施工图设计文件向施工单位进行详细说明的规定；设计单位对工程质量事故处理方面的义务。

（四）施工单位的质量责任和义务

施工单位的质量责任和义务包括：施工单位市场准入条件和行为的规定；关于施工单位对建设工程施工质量负责和建立质量责任制，以及实行总承包的工程质量责任的规定；关于总承包单位和分包单位工程质量责任承担的规定；有关施工依据和行为限制方面的规定，以及对设计文件和图纸方面的义务；关于施工单位使用材料、构配件和设备前必须进行检验的规定；关于施工质量检验制度和隐蔽工程检查的规定；有关试块、试件取样和检测的规定；工程返修的规定；关于建立、健全教育培训制度的规定等。

（五）工程监理企业的质量责任和义务

（1）市场准入和市场行为规定。工程监理企业应当依法取得相应等级的资质证书，在其资质等级许可的范围内承担工程监理业务。

禁止工程监理企业超越本单位资质等级许可的范围或者以其他工程监理企业的名义承担工程监理业务。禁止工程监理企业允许其他单位或者个人以本单位的名义承担工程监理业务。工程监理企业不得转让工程监理业务。

（2）工程监理企业与被监理企业关系的限制性规定。工程监理企业与被监理工程的施工承包单位以及建筑材料、建筑构配件和设备供应单位有隶属关系或者其他利害关系的，不得承担该项建设工程的监理业务。

（3）工程监理企业对施工质量监理的依据和监理责任。工程监理企业应当依照法律、法规以及有关技术标准、设计文件和建设工程承包合同，代表建设单位对施工质量实施监理，并对施工质量承担监理责任。

（4）监理人员资格要求及权力方面的规定。工程监理企业应当选派具备相应资格的总监理工程师和（专业）监理工程师进驻施工现场。

未经监理工程师签字，建筑材料、建筑构配件和设备不得在工程上使用或安装，施工单位不得进行下一道工序的施工。未经总监理工程师签字，建设单位不拨付工程款，不进行竣工验收。

(5)监理方式的规定。监理工程师应当按照工程监理规范的要求，采用旁站、巡视和平行检验等形式，对建设工程实施监理。

(六)建设工程质量保修

1.质量保修书出具时间和内容的规定

建设工程承包单位在向建设单位提交工程竣工验收报告时，应当向建设单位出具质量保修书。质量保修书中应当明确建设工程的保修范围、保修期限和保修责任等。

《建筑工程质量管理条例》第四十条规定，在正常使用条件下，建筑工程的最低保修期限为：

(1)基础设施工程、房屋建筑的地基基础工程和主体结构工程，为设计文件规定的该工程的合理使用年限。

(2)屋面防水工程，有防水要求的卫生间、房间和外墙面的防渗漏，为5年。

(3)供热与供冷系统，为2个采暖期、供冷期。

(4)电气管线、给排水管道、设备安装和装修工程，为2年。

其他项目的保修期限由发包方与承包方约定。

建设工程的保修期，自竣工验收合格之日起计算。

《民用建筑节能条例》第二十三条规定：在正常使用条件下，保温工程的最低保修期限为5年。保温工程的保修期，自竣工验收合格之日起计算。保温工程在保修范围和保修期内发生质量问题的，施工单位应当履行保修义务，并对造成的损失依法承担赔偿责任。

2.施工单位保修义务和责任的规定

建设工程在保修范围和保修期限内发生质量问题的，施工单位应当履行保修义务，并对造成的损失承担赔偿责任。

3.超过合理使用年限的建设工程继续使用的规定

建设工程在超过合理使用年限后需要继续使用的，产权所有人应当委托具有相应资质等级的勘察、设计单位鉴定，并根据鉴定结果采取加固、维修等措施，重新界定使用期。

(七)监督管理

(1)关于国家实行建设工程质量监督管理制度的规定。

(2)建设工程质量监督管理部门应当加强对有关建设工程质量的法律、法规和强制性标准执行情况的监督检查。

(3)关于国务院发展计划部门对国家出资的重大建设项目实施监督检查的规定，以及国务院经济贸易主管部门对国家重大技术改造项目实施监督检查的规定。

(4)关于建设工程质量监督管理可以委托建设工程质量监督机构具体实施的规定。

(5)县级以上地方人民政府建设行政主管部门和其他有关部门应当加强对有关建设工程质量的法律、法规和强制性标准执行情况的监督检查。

(6)县级以上人民政府建设行政主管部门及其他有关部门进行监督检查时有权采取的措施。

(7)关于建设工程竣工验收备案制度的规定。

(8)关于有关单位和个人应当支持和配合建设工程监督管理主体对建设工程质量进行

监督检查的规定。

(9)对供水、供电、供气、公安消防等部门或单位不得滥用权力的规定。

(10)关于工程质量事故报告制度的规定。

(11)关于建设工程质量实行社会监督的规定。

(八)罚则

对违反《建设工程质量管理条例》的行为将追究法律责任。其中涉及建设单位、勘察单位、设计单位、施工单位和工程监理企业的有:

(1)建设单位。将建设工程发包给不具有相应资质等级的勘察、设计、施工单位或委托给不具有相应资质等级的工程监理企业的;将建设工程肢解发包的;不履行或不正当履行有关职责的;未经批准擅自开工的;建设工程竣工后,未向建设行政主管部门或有关部门移交建设项目档案的。

(2)勘察、设计、施工单位。超越本单位资质等级承揽工程的;允许其他单位或者个人以本单位名义承揽工程的;将承包的工程转包或者违法分包的;勘察单位未按工程建设强制性标准进行勘察的;设计单位未根据勘察成果或者未按照工程建设强制性标准进行工程设计的,以及指定建筑材料、建筑构配件的生产厂、供应商的;施工单位在施工中偷工减料的,使用不合格材料、构配件和设备的,或者有不按照设计图纸或者施工技术标准施工的其他行为的;施工单位未对建筑材料、建筑构配件、设备、商品、混凝土进行检验,或者未对涉及结构安全的试块、试件以及有关材料取样检测的;施工单位不履行或拖延履行保修义务的。

(3)工程监理企业。超越资质等级承担监理业务的;转让监理业务的;与建设单位或施工单位串通,弄虚作假、降低工程质量的;将不合格的建设工程、建筑材料、建筑构配件和设备按照合格签字的;工程监理企业与被监理工程的施工承包单位以及建筑材料、建筑构配件和设备供应单位有隶属关系或者其他利害关系承担该项建设工程的监理业务的。

☆重点提示

建设工程质量责任主体:建设单位、勘察单位、设计单位、施工单位、工程监理企业依法对建设工程质量负责。

四、《建设工程安全生产管理条例》的主要内容

《建设工程安全生产管理条例》国务院第393号令,2004年2月1日执行(简称《条例》),以建设单位、勘察单位、设计单位、施工单位、工程监理单位及其他与建设工程安全生产有关的单位为主体,规定了各主体在安全生产中的安全管理责任与义务,并对监督管理、生产安全事故的应急救援和调查处理、法律责任等做了相应的规定。

(一)总则

总则包括制定条例的目的和依据,条例所调整的对象和适用范围,建设工程安全管理责任主体等内容。

(1)立法目的。加强建设工程安全生产监督管理,保障人民群众生命和财产安全。

(2)调整对象。在中华人民共和国境内从事建设工程的新建、扩建、改建和拆除等有关活动及实施对建设工程安全生产的监督管理。

(3)安全方针。坚持安全第一、预防为主的方针。

(4)责任主体。建设单位、勘察单位、设计单位、施工单位、工程监理单位及其他与建设

工程安全生产有关的单位。

(5)国家政策。国家鼓励建设工程安全生产的科学技术研究和先进技术的推广应用，推进建设工程安全生产的科学管理。

(二)建设单位的安全责任

《条例》主要规定了建设单位向施工单位提供施工现场及毗邻区域内等有关地下管线资料并保证资料的真实、准确、完整；不得对勘察、设计、施工、工程监理等单位提出不符合建设工程安全生产法律、法规和强制性标准规定的要求，不得压缩合同约定的工期；在编制工程概算时，应当确定有关安全施工所需费用；应当将拆除工程发包给具有相应资质等级的施工单位等安全责任。

(三)勘察、设计、工程监理及其他有关单位的安全责任

(1)《条例》规定了勘察单位应当按照法律、法规和工程建设强制性标准进行勘察，采取措施保证各类管线、设施和周边建筑物、构筑物的安全等内容。

(2)《条例》规定了设计单位应当按照法律、法规和工程建设强制性标准进行设计，防止因设计不合理导致生产安全事故的发生；应当考虑施工安全操作和防护的需要，对防范生产安全事故提出指导意见；采用新结构、新材料、新工艺的建设工程和特殊结构的建设工程，设计单位应当在设计中提出保障施工作业人员安全和预防生产安全事故的措施建议等内容。

(3)《条例》规定了工程监理单位应当审查施工组织设计中的安全技术措施，或专项施工方案是否符合工程建设强制性标准。

工程监理单位在实施监理过程中，发现存在安全事故隐患的，应当要求施工单位整改；情况严重的，应当要求施工单位暂停施工，并及时报告建设单位。施工单位拒不整改或者不停止施工的，工程监理单位应当及时向有关主管部门报告。

工程监理单位和监理工程师应当按照法律、法规和工程建设强制性标准实施监理，并对建设工程安全生产承担监理责任。

(4)《条例》还对为建设工程提供机械设备和配件的单位，应当按照安全施工的要求配备齐全有效的保险、限位等安全设施和装置；出租的机械设备和施工机具及配件的出租单位应当对出租的机械设备和施工机具及配件的安全性能进行检测；检验检测机构对检测合格的施工起重机械和整体提升脚手架、模板等自升式架设设施，应当出具安全合格证明文件，并对检测结果负责等内容做了规定。

(四)施工单位的安全责任

施工单位的安全责任主要规定了施工单位应当在其资质等级许可的范围内承揽工程；施工单位主要负责人依法对本单位的安全生产工作全面负责；施工单位对列入建设工程概算的安全作业环境及安全施工措施所需费用，不得挪作他用；施工单位应当设立安全生产管理机构，配备专职安全生产管理人员；建设工程实行施工总承包的，由总承包单位对施工现场的安全生产负总责。

规定施工单位应当在施工组织设计中编制安全技术措施和施工现场临时用电方案，对下列达到一定规模的危险性较大的分部分项工程编制专项施工方案，并附具安全验算结果，经施工单位技术负责人、总监理工程师签字后实施，由专职安全生产管理人员进行现场监督。

(1)基坑支护与降水工程。

(2)土方开挖工程。

(3)模板工程。

(4)起重吊装工程。

(5)脚手架工程。

(6)拆除、爆破工程。

(7)国务院建设行政主管部门或其他有关部门规定的其他危险性较大的工程。

《条例》还规定了施工单位技术人员应当对有关安全施工的技术要求向施工作业班组、作业人员做出详细说明;施工单位安全警示标志设置;施工现场办公、生活区与作业区设置;施工单位对毗邻建筑物、构筑物和地下管线防护,遵守有关环境保护法律、法规的规定;现场建立消防安全责任制度;遵守安全施工的强制性标准、规章制度和操作规程;使用施工起重机械和整体提升脚手架、模板等自升式架设设施前,应当组织有关单位进行验收;安全生产教育培训;为施工现场从事危险作业的人员办理意外伤害保险等内容。

(五)监督管理

《条例》规定国务院负责安全生产监督管理的部门,对全国建设工程安全生产工作实施综合监督管理;县级以上地方人民政府负责安全生产监督管理的部门,对本行政区域内建设工程安全生产工作实施综合监督管理;国务院建设行政主管部门,对全国的建设工程安全生产实施监督管理;国务院铁路、交通、水利等有关部门,按照国务院规定的职责分工,负责有关专业建设工程安全生产的监督管理;县级以上地方人民政府建设行政主管部门,对本行政区域内的建设工程安全生产实施监督管理;县级以上地方人民政府交通、水利等有关部门,在各自的职责范围内,负责本行政区域内的专业建设工程安全生产的监督管理。

(六)生产安全事故的应急救援和调查处理

《条例》对县级以上地方人民政府建设行政主管部门和施工单位制订建设工程(特大)生产安全事故应急救援预案、生产安全事故的应急救援、生产安全事故调查处理程序和要求等做了规定。

(七)法律责任

对违反《建设工程安全生产管理条例》应负的法律责任做了规定。

工程监理单位未对施工组织设计中的安全技术措施或者专项施工方案进行审查的;发现安全事故隐患未及时要求施工单位整改或者暂时停止施工的;施工单位拒不整改或者不停止施工,未及时向有关主管部门报告的;未依照法律、法规和工程建设强制性标准实施监理的将责令限期改正。逾期未改正的,责令停业整顿,并处10万元以上30万元以下的罚款;情节严重的,降低资质等级,直至吊销资质证书;造成重大安全事故,构成犯罪的,对直接责任人员,依照刑法有关规定追究刑事责任;造成损失的,依法承担赔偿责任等处罚。

注册执业人员未执行法律、法规和工程建设强制性标准的,责令停止执业3个月以上1年以下;情节严重的,吊销执业资格证书,5年内不予注册;造成重大安全事故的,终身不予注册;构成犯罪的,依照刑法有关规定追究刑事责任。

☆重点提示

达到一定规模的危险性较大的分部分项工程编制专项施工方案,并附具安全验算结果,经施工单位技术负责人、总监理工程师签字后实施,由专职安全生产管理人员进行现场监督。

第三节　建设工程监理规范及相关规定

一、《建设工程监理规范》(GB 50319—2013)

(一)总则

(1)制定目的:规范建设工程监理与相关服务行为,提高建设工程监理与相关服务水平。

(2)适用范围:适用于建设工程的新建、扩建、改建建设工程监理与相关服务活动。

(3)关于监理企业开展建设工程监理与相关服务活动必须签订书面建设工程监理合同的规定。

(4)工程开工前,建设单位应将工程监理单位的名称,监理的范围、内容和权限及总监理工程师的姓名书面通知施工单位。

(5)在建设工程监理工作范围内,建设单位与施工单位之间涉及施工合同的联系活动,应通过工程监理单位进行。

(6)实施建设工程监理的主要依据:法律法规及工程建设相关标准;建设工程勘察设计文件;建设工程监理合同及其他合同文件。

(7)建设工程监理实行总监理工程师负责制。

(8)建设工程监理宜实施信息化管理。

(9)工程监理单位应公平、独立、诚信、科学地开展建设工程监理与相关服务活动。

(10)建设工程监理与相关服务活动,除遵循建设工程监理规范外,尚应符合法律法规及有关建设工程标准的规定。

(二)术语

《建设工程监理规范》(GB 50319—2013)对工程监理单位、建设工程监理、相关服务、项目监理机构、注册监理工程师、总监理工程师、总监理工程师代表、专业监理工程师、监理员、监理规划、监理实施细则、工程计量、旁站、巡视、平行检验、见证取样、工程延期、工程延误、工程临时延期批准、工程最终延期批准、监理日志、监理月报、设备监造、监理文件资料等24条建设工程监理常用术语做了解释。

(三)项目监理机构及其设施

该部分内容包括一般规定、监理人员职责和监理设施。

1. 一般规定

(1)工程监理单位实施监理时,应在施工现场派驻项目监理机构。项目监理机构的组织形式和规模,可根据建设工程监理合同约定的服务内容、服务期限,以及工程特点、规模、技术复杂程度、环境等因素确定。

完成委托监理合同约定的监理工作后可撤离施工现场。

(2)项目监理机构的监理人员应由总监理工程师、专业监理工程师和监理员组成,且专业配套、数量应满足建设工程监理工作需要,必要时可设总监理工程师代表。

(3)工程监理单位在建设工程监理合同签订后,应及时将项目监理机构的组织形式、人员构成及对总监理工程师的任命书面通知建设单位。对总监理工程师任命书的填写进行了要求。

(4)工程监理单位调换总监理工程师时,应征得建设单位书面同意;调换专业监理工程师时,总监理工程师应书面通知建设单位。

(5)一名注册监理工程师可担任一项建设工程监理合同的总监理工程师工作。当需要同时担任多项建设工程监理合同的总监理工程师工作时,应经建设单位书面同意,且最多不得超过三项。

(6)施工现场监理工作全部完成或建设工程监理合同终止时,项目监理机构可撤离施工现场。

2. 监理人员职责

《建设工程监理规范》(GB 50319—2013)规定了总监理工程师、总监理工程师代表、专业监理工程师和监理员的具体职责。

3. 监理设施

(1)建设单位应按建设工程监理合同约定,提供监理工作需要的办公、交通、通信、生活等设施。项目监理机构应妥善使用和保管建设单位提供的设施,并应按建设工程监理合同约定的时间移交建设单位。

(2)工程监理单位宜按建设工程监理合同约定,配备满足监理工作需要的检测设备和工器具。

(四)监理规划及监理实施细则

1. 一般规定

(1)监理规划应结合工程实际情况,明确项目监理机构的工作目标,确定具体的监理工作制度、内容、程序、方法和措施。

(2)监理实施细则应符合监理规划的要求,并应具有可操作性。

2. 监理规划

监理规划规定了监理规划的编制时间、编制程序、主要内容及调整修改等。

3. 监理实施细则

监理实施细则规定了监理实施细则编写要求、编写程序与依据、主要内容及调整修改等。

(五)工程质量、造价、进度控制及安全生产管理的监理工作

1. 一般规定

(1)项目监理机构应根据建设工程监理合同约定,遵循动态控制原理,坚持预防为主的原则,制定和实施相应的监理措施,采用旁站、巡视和平行检验等方式对建设工程实施监理。

(2)监理人员应熟悉工程设计文件,并应参加建设单位主持的图纸会审和设计交底会议,会议纪要应由总监理工程师签认。

(3)工程开工前,监理人员应参加由建设单位主持召开的第一次工地会议,会议纪要应由项目监理机构负责整理,与会各方代表应会签。

(4)项目监理机构应定期召开监理例会,并组织有关单位研究解决与监理相关的问题。项目监理机构可根据工程需要,主持或参加专题会议,解决监理工作范围内工程专项问题。

监理例会以及由项目监理机构主持召开的专题会议的会议纪要,应由项目监理机构负责整理,与会各方代表应会签。

(5)项目监理机构应协调工程建设相关方的关系。项目监理机构与工程建设相关方之间的工作联系,除另有规定外,宜采用工作联系单形式进行。对工作联系单的填写进行了要求。

(6)项目监理机构应审查施工单位报审的施工组织设计,符合要求时,应由总监理工程师签认后报建设单位。项目监理机构应要求施工单位按已批准的施工组织设计组织施工。施工组织设计需要调整时,项目监理机构应按程序重新审查。

施工组织设计审查应包括下列基本内容:

①编审程序应符合相关规定。

②施工进度、施工方案及工程质量保证措施应符合施工合同要求。

③资金、劳动力、材料、设备等资源供应计划应满足工程施工需要。

④安全技术措施应符合工程建设强制性标准。

⑤施工总平面布置应科学合理。

(7)对施工组织设计或(专项)施工方案报审表的填写进行了要求。

(8)总监理工程师应组织专业监理工程师审查施工单位报送的开工报审表及相关资料;同时具备下列条件时,应由总监理工程师签署审查意见,并报建设单位批准后,总监理工程师签发工程开工令:

①设计交底和图纸会审已完成。

②施工组织设计已由总监理工程师签认。

③施工单位现场质量、安全生产管理体系已建立,管理及施工人员已到位,施工机械具备使用条件,主要工程材料已落实。

④进场道路及水、电、通信等已满足开工要求。

(9)对开工报审表、工程开工令的填写进行了要求。

(10)分包工程开工前,项目监理机构应审核施工单位报送的分包单位资格报审表,专业监理工程师提出审查意见后,应由总监理工程师审核签认。

分包单位资格审核应包括下列基本内容:

①营业执照、企业资质等级证书。

②安全生产许可文件。

③类似工程业绩。

④专职管理人员和特种作业人员的资格。

(11)对分包单位资格报审表的填写进行了要求。

(12)项目监理机构宜根据工程特点、施工合同、工程设计文件及经过批准的施工组织设计对工程进行风险分析,并应制定工程质量、造价、进度目标控制及安全生产管理的方案,同时应提出防范性对策。

2. 工程质量控制

规定了项目监理机构审查施工单位的组织及人员、审查施工单位报审的施工方案、分包单位资质、“四新”检验、测量成果及保护措施、施工单位的实验室、用于工程的材料、设备和构配件检验、旁站、巡视、平行检验、工程的验收、质量问题的处理、返工和加固补强、工程竣工验收等。

3. 工程造价控制

规定了工程计量和付款签证的程序、竣工结算的程序等。

4. 工程进度控制

规定了施工进度计划审查的基本内容、实际进度严重滞后等。

5. 安全生产管理的监理工作

规定了项目监理机构审查施工单位安全制度、专项施工方案的基本内容、安全事故隐患的处理。

(六)工程变更、索赔及施工合同争议的处理

1. 一般规定

(1)项目监理机构应依据建设工程监理合同约定进行施工合同管理,处理工程暂停及复工、工程变更、索赔及施工合同争议、解除等事宜。

(2)施工合同终止时,项目监理机构应协助建设单位按施工合同约定处理施工合同终止的有关事宜。

2. 工程暂停及复工

规定了项目监理机构签发工程暂停令的条件、复工的程序。

3. 工程变更

规定了施工单位提出工程变更的处理程序、处理工程变更的要求等。

4. 费用索赔

规定了处理费用索赔的依据、程序、成立的条件等。

5. 工程延期及工期延误

规定了影响工期持续性的处理、工程延期成立条件等。

6. 施工合同争议

(1)项目监理机构接到处理施工合同争议时应进行以下工作:

①了解合同争议情况;

②及时与合同争议双方进行磋商;

③提出处理方案后,由总监理工程师进行协调;

④当双方未能达成一致时,总监理工程师应提出处理合同争议的意见。

(2)项目监理机构在施工合同争议处理过程中,对未达到施工合同约定的暂停履行合同条件的,应要求施工合同双方继续履行合同。

(3)在施工合同争议的仲裁或诉讼过程中,项目监理机构可按仲裁机关或法院要求提供与争议有关的证据。

7. 施工合同解除

规定了施工合同解除时项目监理机构应签发工程款支付证书的情况及施工单位应得款或偿还建设单位款项的证明。

(七)监理文件资料管理

1. 一般规定

(1)项目监理机构应建立完善监理文件资料管理制度,宜设专人管理监理文件资料。

(2)项目监理机构应及时、准确、完整地收集、整理、编制、传递监理文件资料。

(3)项目监理机构宜采用信息技术进行监理文件资料管理。

2. 监理文件资料内容

规定了监理文件资料的主要内容、监理日志的主要内容、监理月报的主要内容、监理工作总结的主要内容等。

3. 监理文件资料归档

(1)项目监理机构应及时整理、分类汇总监理文件资料,并应按规定组卷,形成监理档案。

(2)工程监理单位应根据工程特点和有关规定,保存监理档案,并向有关单位、部门移交需要存档的监理文件资料。

(八)设备采购监理与设备监造

1. 一般规定

(1)项目监理机构应根据建设工程监理合同约定的设备采购与设备监造工作内容配备监理人员,并明确岗位职责。

(2)项目监理机构应编制设备采购与设备监造工作计划,并应协助建设单位编制设备采购与设备监造方案。

2. 设备采购

规定了设备采购资料的主要内容等。

3. 设备监造

规定了设备监造的过程、设备监造资料的主要内容等。

(九)相关服务

1. 一般规定

(1)工程监理单位应根据建设工程监理合同约定的相关服务范围,开展相关服务工作,编制相关服务工作计划。

(2)工程监理单位应按规定汇总整理、分类归档相关服务工作的文件资料。

2. 工程勘察设计阶段服务

规定了工程勘察设计阶段监理工作、勘察成果评估报告内容、设计评估报告的主要内容等。

3. 工程保修阶段服务

(1)承担工程保修阶段的服务工作时,工程监理单位应定期回访。

(2)对建设单位或使用单位提出的工程质量缺陷,工程监理单位应安排监理人员进行检查和记录,并要求施工单位予以修复,并监督实施,合格后予以签认。

(3)工程监理单位应对工程质量缺陷原因进行调查,并应与建设单位、施工单位协商确定责任归属。对非施工单位原因造成的工程质量缺陷,应核实施工单位申报的修复工程费用,并应签认工程款支付证书,同时应报建设单位。

☆**重点提示**

区分新旧《建设工程监理规范》的不同之处。

二、施工旁站监理管理办法

为了提高建设工程质量,建设部于 2002 年 7 月 17 日颁布了《房屋建筑工程施工旁站监理管理办法(试行)》。该规范性文件要求在工程施工阶段的监理工作中实行旁站监理,并明确了旁站监理的工作程序、内容及旁站监理人员的职责。

(一)旁站监理的概念

旁站监理是指监理人员在工程施工阶段监理中,对关键部位、关键工序的施工质量实施全过程现场跟班的监督活动。旁站监理是控制工程施工质量的重要手段之一,也是确认工程质量的重要依据。

在实施旁站监理工作中,如何确定工程的关键部位、关键工序,必须结合具体的专业工程而定。就房屋建筑工程而言,其关键部位、关键工序包括两类内容:一是基础工程类,包括土方回填,混凝土灌注桩浇筑,地下连续墙、土钉墙、后浇带及其他结构混凝土、防水混凝土浇筑,卷材防水层细部构造处理,钢结构安装;二是主体结构工程类,包括梁柱节点钢筋隐蔽工程、混凝土浇筑、预应力张拉、装配式结构安装、钢结构安装、网架结构安装、索膜安装。至于其他部位或工序是否需要旁站监理,可由建设单位与监理企业根据工程具体情况协商确定。

(二)旁站监理程序

旁站监理一般按下列程序实施:

(1)监理企业制订旁站监理方案,明确旁站监理的范围、内容、程序和旁站监理人员职责,并编入监理规划中。旁站监理方案同时送建设单位、施工企业和工程所在地的建设行政主管部门或其委托的工程质量监督机构各一份。

(2)施工企业根据监理企业制订的旁站监理方案,在需要实施旁站监理的关键部位、关键工序进行施工前24小时,书面通知监理企业派驻工地的项目监理机构。

(3)项目监理机构安排旁站监理人员按照旁站监理方案实施旁站监理。

(三)旁站监理人员的工作内容和职责

(1)检查施工企业现场质检人员到岗、特殊工种人员持证上岗以及施工机械准备情况。

(2)在现场跟班监督关键部位、关键工序的施工,执行施工方案以及工程建设强制性标准情况。

(3)核查进场建筑材料、建筑构配件、设备和商品混凝土的质量检验报告等,并可在现场监督施工企业进行检验或者委托具有资格的第三方进行复验。

(4)做好旁站监理记录和监理日记,保存旁站监理原始资料。

如果旁站监理人员或施工企业现场质检人员未在旁站监理记录上签字,则施工企业不能进行下一道工序施工,监理工程师或者总监理工程师也不得在相应文件上签字。旁站监理人员在旁站监理时,如果发现施工企业有违反工程建设强制性标准行为的,有权制止并责令施工企业立即整改;如果发现施工企业的施工活动已经或者可能危及工程质量的,应当及时向监理工程师或者总监理工程师报告,由总监理工程师下达局部暂停施工指令或者采取其他应急措施,制止危害工程质量的行为。

☆重点提示

旁站监理是指监理人员在工程施工阶段监理中,对关键部位、关键工序的施工质量实施全过程现场跟班的监督活动。

三、施工监理手段

参照国际惯例的施工监理手段,我国的施工监理通常采用以下手段进行施工监理。

(1)旁站监理。监理人员在承建单位施工期间,用全部或大部分时间在施工现场对承建单位的施工活动进行跟踪监理。发现问题便可及时指令承建单位予以纠正,以减少质量缺陷的发生,保证工程的质量和进度。

(2)测量。监理工程师利用测量手段,在工程开工前核查工程的定位放线;在施工过程中控制工程的轴线和高程;在工程完工验收时测量各部位的几何尺寸、高度等。

(3)试验。监理工程师对项目或材料的质量评价,必须通过试验取得数据后进行。不允许采用经验、目测或感觉进行评价。

(4)严格执行监理程序。如未经监理工程师批准开工申请的项目不能开工,这就强化了承建单位做好开工前的各项准备工作;没有监理工程师的付款证书,承建单位就得不到工程款,这就保证了监理工程师的核心地位。

(5)指令性文件。监理工程师应充分利用指令性文件,对任何事项发出书面指示,并监督承建单位严格遵守与执行监理工程师的书面指示。

(6)工地会议。是监理工程师与承建单位讨论施工中的各种问题的会议,必要时,可邀请建设单位或有关人员参加。在会上监理工程师的决定具有书面函件与书面指示的作用。因此,监理工程师可通过工地会议方式发出有关指示。

(7)专家会议。对于复杂的技术问题,监理工程师可召开专家会议,进行研究讨论。根据专家意见和合同条件,再由监理工程师作出结论。这样可减少监理工程师处理复杂技术问题的片面性。

(8)计算机辅助管理。监理工程师利用计算机,对计量支付、工程质量、工程进度及合同条件进行辅助管理。

(9)停止支付。监理工程师应充分利用合同赋予的在支付方面的权利。承建单位的任何工程行为达不到监理工程师满意的标准的,都应有权拒绝支付承建单位的工程款项,以约束承建单位认真按合同规定的条件完成各项任务。

(10)会见承建单位。当承建单位无视监理工程师的指示,违反合同条件进行工程活动时,由总监理工程师(或其代表)邀见承建单位的主要负责人,指出承建单位在工程上存在的问题的严重性和可能造成的后果,并提出解决问题的途径。如仍不听劝告,监理工程师可进一步采取制裁措施。

☆重点提示

施工监理手段:1. 旁站监理;2. 测量;3. 试验;4. 严格执行监理程序;5. 指令性文件;6. 工地会议;7. 专家会议;8. 计算机辅助管理;9. 停止支付;10. 会见承建单位。

第四节 建设程序和建设工程管理制度

一、建设程序

(一)建设程序的概念

所谓建设程序,是指一项建设工程从立项、论证、决策、设计、施工到竣工验收交付使用的整个过程中,各项工作完成应遵循的先后次序。

按照建设工程的内在规律,投资建设一项工程应当经过投资决策、建设实施和交付使用三个发展时期。每个发展时期又可分为若干个阶段,各阶段以及每个阶段内的各项工作之间存在着不能随意颠倒的严格的先后顺序关系。科学的建设程序应当在坚持“先勘察,后设计,再施工”原则的基础上,突出优化决策、竞争择优、委托监理的原则。

从事建设工程活动,必须严格执行建设程序。这是每一位建设工作者的职责,更是工程建设监理人员的重要职责。

按现行规定,我国一般大中型及限额以上项目的建设程序中,将建设活动分成以下几个阶段:提出项目建议书;编制可行性研究报告;根据咨询评估情况对建设项目进行决策;根据批准的可行性研究报告编制设计文件;初步设计批准后,做好施工前各项准备工作;组织施工,并根据施工进度做好生产或动用前准备工作;项目按照批准的设计内容建完,经投料试车验收合格并正式投产交付使用;生产运营一段时间,进行项目后评估。

(二)建设工程各阶段的工作内容

(1)项目建议书阶段基本内容。拟建项目的必要性和依据,产品方案、建设规模、建设地点初步设想,建设条件初步分析,投资估算和资金筹措设想,项目进度初步安排,效益的估计。

项目建议书根据拟建项目规模报送有关部门审批。项目建议书批准后,项目即可列入项目建设前期工作计划,可以进行下一步的可行性研究工作。

(2)可行性研究阶段的内容。主要研究项目建设是否必要、技术方案是否可行、生产建设条件是否具备、项目建设是否经济合理等问题。

最终成果是可行性研究报告。可行性研究报告经有关部门审查通过批准后,拟建项目可以正式立项,批准后的可行性研究报告是项目最终的决策文件。

(3)设计阶段的工作内容。根据可行性研究报告编制并审批建设项目设计任务书和选址报告;进行工程地质和水文地质勘察;进行初步设计及编制工程总概算;进行技术设计及编制工程修正概算;施工图设计及编制工程预算等工作内容。

(4)施工准备阶段的工作内容。组建项目法人;征地、拆迁和平整场地;做到水通、电通、路通;组织设备、材料订货;建设工程报建;委托工程监理;组织施工招标投标,优选施工单位;办理施工许可证等。

(5)施工阶段的工作内容。组织图纸会审及设计技术交底;了解设计意图;明确质量要求;选择合适的材料供应商;做好人员培训;合理组织施工;建立并落实技术管理、质量管理体系和质量保证体系;严格把好中间质量验收和竣工验收环节;按设计进行施工安装并建成工程实体。

(6)生产准备阶段的工作内容。组建管理机构,制定有关制度和规定;招聘并培训生产管理人员;组织有关人员参加设备安装、调试、工程验收;签订供货及运输协议;进行工具、器具、备品、备件等的制造或订货;其他需要做好的有关工作。

(7)竣工验收阶段的工作内容。建设单位组织勘察、设计、施工、监理等有关单位参加竣工验收。

竣工验收后,建设单位应及时向建设行政主管部门或其他有关部门备案并移交建设项目档案。办理竣工验收手续后,因勘察、设计、施工、材料等原因造成的质量缺陷,应及时修复,费用由责任方承担。保修期限、返修和损害赔偿应当遵照《建设工程质量管理条例》的规定及合同的有关条款承担相应责任。

(三)建设程序与工程建设监理的关系

工程建设监理要根据行为准则对工程建设行为进行监督管理。建设程序对各建设行为主体和监督管理主体在每个阶段应当做什么、如何做、何时做、由谁做等一系列问题都给出了明确答案。工程监理单位和监理人员应当根据建设程序的有关规定并针对各阶段的工作内容实施监理。

☆重点提示

建设活动分成以下几个阶段:提出项目建议书;编制可行性研究报告;根据咨询评估情况对建设项目进行决策;根据批准的可行性研究报告编制设计文件;初步设计批准后,做好施工前各项准备工作;组织施工,并根据施工进度做好生产或动用前准备工作;项目按照批准的设计内容建完,经投料试车验收合格并正式投产交付使用;生产运营一段时间,进行项目后评估。

二、建设工程主要管理制度

按照我国有关规定,在工程建设中,应当实行项目法人责任制、工程招标投标制、建设工程监理制、合同管理制等主要制度。这些制度相互关联、相互支持,共同构成了建设工程管理制度体系。

(一)项目法人责任制

为了建立投资约束机制,规范建设单位的行为,建设工程应当按照政企分开的原则组建项目法人,实行项目法人责任制,即由项目法人对项目的策划、资金筹措、建设实施、生产经营、债务偿还和资产的保值增值,实行全过程负责的制度。

1. 项目法人

国有单位经营性大中型建设工程必须在建设阶段组建项目法人。项目法人可按《中华人民共和国公司法》(简称《公司法》)的规定设立有限责任公司(包括国有独资公司)和股份有限公司等。

2. 项目法人的设立

(1)设立时间。新上项目在项目建议书被批准后,应及时组建项目法人筹备组,具体负责项目法人的筹建工作。项目法人筹备组主要由项目投资方派代表组成。

在申报项目可行性研究报告时,需同时提出项目法人组建方案;否则,其项目可行性报告不予审批。项目可行性报告经批准后,正式成立项目法人,并按有关规定确保资金按时到位,同时及时办理公司设立登记。

(2)备案。国家重点建设项目的公司章程须报国家发展和改革委员会备案,其他项目的公司章程按项目隶属关系分别向有关部门备案。

3. 组织形式和职责

1)组织形式

(1)国有独资公司设立董事会。董事会由投资方负责组建。

(2)国有控股或参股的有限责任公司、股份有限公司设立股东会、董事会和监事会。董事会、监事会由各投资方按照《公司法》的有关规定组建。

2)建设项目董事会职权

负责筹措建设资金;审核上报项目初步设计和概算文件;审核上报年度投资计划并落实

年度资金;研究解决建设过程中出现的重大问题;聘任或解聘项目经理,并根据总经理的提名,聘任或解聘其他高级管理人员。

3)经理职权

组织编制项目初步设计文件,对项目工艺流程、设备选型、建设标准、总图布置提出意见,提交董事会审查;组织工程设计、工程监理、工程施工和材料设备采购招标工作,编制和确定招标方案、标底和评标标准,评选和确定投、中标单位;组织工程建设实施,负责控制工程投资、工期和质量;负责生产准备工作和培训人员;负责组织项目试生产和单项工程预验收;组织项目后评估,提出项目后评估报告。

4.项目法人责任制与建设工程监理制的关系

(1)项目法人责任制是实行建设工程监理制的必要条件。

建设工程监理制的产生、发展取决于社会需求。没有社会需求,建设工程监理就会成为无源之水,也就难以发展。

实行项目法人责任制,贯彻执行谁投资,谁决策,谁承担风险的市场经济下的基本原则,这就为项目法人提出了一个重大问题:如何做好决策和承担风险的工作,也因此对社会提出了需求。这种需求,为建设工程监理的发展提供了坚实的基础。

(2)建设工程监理制是实行项目法人责任制的基本保障。

有了建设工程监理制,建设单位就可以根据自己的需要和有关的规定委托监理。在工程监理企业的协助下,做好投资控制、进度控制、质量控制、合同管理、信息管理、组织协调工作,就为在计划目标内实现建设项目提供了基本保证。

(二)工程招标投标制

如何择优选定勘察单位、设计单位、施工单位以及材料、设备供应单位,是工程建设成败的关键,也是建设工程监理成败的关键。

1.招标范围和规模标准

下列建设工程包括工程的勘察、设计、施工、监理以及与工程建设有关的重要设备、材料等的采购,达到规定的规模标准的,必须进行招标。

(1)大型基础设施、公用事业等关系社会公共利益、公众安全的项目。

(2)全部或者部分使用国有资金投资或者国家融资的项目。

(3)使用国际组织或者外国政府贷款、援助资金的项目。

(4)法律或者国务院规定的其他项目。

2.招标方式和程序

(1)招标方式。包括公开招标和邀请招标。

(2)招标程序。招标过程可以分为招标准备阶段、招标投标阶段和决标成交阶段。

招标准备阶段的主要活动:选择招标代理机构或者向有关行政监督部门备案,编制招标文件,编制标底等。

招标投标阶段的主要活动:发布招标公告,投标人资格预审,确定投标人,组织勘察项目现场,澄清或修改招标文件,投标人编制投标文件,投标文件送达与签收。

决标成交阶段:开标、评标、中标,发出中标通知书,订立书面合同,向有关行政监督部门提交情况报告。

（三）建设工程监理制

1. 建设工程监理准则

根据建设工程监理的有关规定，从事建设工程监理应当遵循“守法、诚信、公正、科学”的基本准则。

2. 建设工程监理主要内容

建设工程监理的主要内容是控制建设工程的投资、工期和质量，进行建设工程合同及信息管理，协调有关单位的工作关系，即通常所讲的“三控两管一协调”。

（四）合同管理制

为了使勘察、设计、施工、材料设备供应单位和工程监理企业依法履行各自的责任和义务，在工程建设中必须实行合同管理制。

合同管理制的基本内容是建设工程的勘察、设计、施工、材料设备采购和建设工程监理都要依法订立合同。各类合同都要有明确的质量要求、履约担保和违约处罚条款。违约方要承担相应的法律责任。

合同管理制的实施对建设工程监理开展合同管理工作提供了法律上的支持，也是建设工程监理开展工作的必要条件和依据。

☆重点提示

从事建设工程监理应当遵循“守法、诚信、公正、科学”的基本准则。

练习题

一、单项选择题

1. 建设工程监理，是指具有相应资质的工程监理企业，接受（　　）的委托，承担其项目管理工作。

A. 施工单位　　B. 建设单位　　C. 设计单位　　D. 政府部门

2. 建设工程监理的行为主体是明确的，即（　　）。

A. 质检部门　　B. 施工企业　　C. 监理企业　　D. 建设单位

3. 下列建设工程中可以不实行监理的是（　　）。

A. 国家重点建设工程　　B. 大中型公用事业工程

C. 建筑面积在 3 万 m^3 以上的住宅建设工程

D. 利用外国政府或者国际组织贷款的工程

4. 下列不能体现建设工程监理科学性的是（　　）。

A. 监理企业应当有足够数量的、业务素质合格的监理工程师

B. 要有一套科学的管理制度

C. 要配备计算机辅助监理的软件和硬件

D. 在委托监理的工程中，与承建单位不得有隶属关系和其他利害关系

5. 工程监理企业应当严格地按照有关法律、法规、规章、工程建设文件、工程建设技术标准、建设工程委托监理合同、有关的建设工程合同等的规定实施监理，这是建设工程监理（　　）的表现。

A. 服务性　　B. 科学性　　C. 独立性　　D. 公正性

6. (　　)年,《中华人民共和国建筑法》以法律制度的形式作出规定,国家推行建设工程监理制度,从而使建设工程监理在全国范围内进入了全面推行阶段。

A. 1988　　B. 1993　　C. 1998　　D. 2003

7. 在我国,最早应用建设监理制度的工程是(　　)。

A. 葛洲坝水利工程　　B. 三峡水利工程

C. 鲁布革水电站引水工程　　D. 青藏铁路工程

8. 建设工程监理的中心任务是(　　)。

A. 实现工程项目目标　　B. 投资目标

C. 进度目标　　D. 质量目标

9. 下列建设工程法律法规中哪项效力最高(　　)。

A. 法规　　B. 法律　　C. 部门规章　　D. 地方规定

10. 下列哪项属于建设工程法律的范畴(　　)。

A. 建设工程质量管理条例　　B. 建设工程勘察设计管理条例

C. 中华人民共和国建筑法　　D. 建设工程安全生产管理条例

11. 建设单位应当自领取施工许可证之日起(　　)个月内开工。

A. 1　　B. 2　　C. 3　　D. 4

12. 建筑工程终止施工满(　　)的工程恢复施工前,建设单位应当报发证机关核验施工许可证。

A. 三个月　　B. 六个月　　C. 一年　　D. 三年

13. 两个以上不同资质等级的单位实行联合共同承包的,应当按照(　　)的单位的业务许可范围承揽工程

A. 资质等级高　　B. 资质等级低　　C. 资质等级中等　　D. 建设单位指定

14. 总承包单位和分包单位就分包工程对建设单位承担(　　)。

A. 法律责任　　B. 违约责任　　C. 刑事责任　　D. 连带责任

15.《建筑法》规定:工程监理企业与承包单位串通,为承包单位牟取非法利益,给建设单位造成损失的,(　　)。

A. 应与承包单位承担法律责任　　B. 应与承包单位承担违约责任

C. 应与承包单位承担连带赔偿责任　　D. 应与承包单位承担刑事责任

16. 屋面防水工程,有防水要求的卫生间、房间和外墙面的防渗漏,最低保修期限为(　　)年。

A. 3　　B. 4　　C. 5　　D. 6

17.《建设工程监理规范》(GB 50319—2013)规定,委托监理合同约定的办公、交通、通信等生活设施由(　　)提供。

A. 建设单位　　B. 施工单位　　C. 监理单位　　D. 行政主管部门

18. 施工企业根据监理企业制订的旁站监理方案,在需要实施旁站监理的关键部位、关键工序进行施工前(　　)小时,书面通知监理企业派驻工地的项目监理机构。

A. 1　　B. 12　　C. 24　　D. 48

19. 下列哪项不属于监理单位施工监理的手段(　　)。

A. 旁站监理　　B. 测量　　C. 撤离现场　　D. 停止支付

20. (　　)的实施为建设工程监理开展合同管理工作提供了法律上的支持,也是建设工程监理开展工作的必要条件和依据。

A. 项目法人责任制　　B. 工程招标投标制

C. 建设工程监理制度　　D. 合同管理制

二、多项选择题

1. 下列属于建设工程监理的依据的是(　　)。

A. 施工合同　　B. 监理合同　　C. 有关的规章和标准

D. 有关的法规　　E. 有关的法律

2. 建设工程监理的性质有(　　)。

A. 强制性　　B. 科学性　　C. 权威性

D. 公正性　　E. 独立性

3. 实行建设监理制度对提高工程项目的经济效益发挥了重要作用,其主要表现有(　　)。

A. 有利于提高建设工程投资决策科学化水平

B. 有利于规范工程建设参与各方的建设行为

C. 避免了工程施工过程中的质量事故

D. 在满足建设工程预定功能和质量标准的前提下,投资额最少

E. 在满足建设工程预定功能和质量标准的前提下,全寿命费用最少

4. 建设工程监理的作用主要表现为(　　)。

A. 有利于提高建设工程投资决策科学化水平

B. 有利于实现建设工程投资效益最大化

C. 有利于提高监理单位的独立性

D. 有利于促使承建单位保证建设工程质量和使用安全

E. 有利于规范工程建设参与各方的建设行为

5. 建设工程监理的基本方法有(　　)。

A. 目标规划　　B. 组织协调　　C. 信息管理

D. 合同管理　　E. 质量管理

6. 下列关于法律法规规章的效力正确的是(　　)。

A. 部门规章的效力高于行政法规　　B. 行政法规的效力高于法律

C. 行政法规的效力高于部门规章　　D. 部门规章的效力高于法律

E. 法律的效力高于行政法规

7.《建筑法》规定申请领取施工许可证的条件有(　　)。

A. 建设资金已经落实　　B. 已经办理该建筑工程用地批准手续

C. 已经确定建筑建设企业　　D. 有保证工程质量和安全的具体措施

E. 已经确定建筑施工企业

8.《建设工程监理合同(示范文本)》(GF—2012—0202)由(　　)组成。

A. 协议书　　B. 建设工程委托监理合同

C. 标准条件　　D. 专用条件　　E. 附录

9. 旁站监理是指监理人员在工程施工阶段监理中，对(　　)施工质量实施全过程现场跟班的监督活动。

A. 关键部位　　B. 一般工序　　C. 任何工序

D. 任何部位　　E. 关键工序

10. 建设工程主要管理制度有(　　)。

A. 项目法人责任制　　B. 工程招标投标制　　C. 建设工程监理制度

D. 合同管理制　　E. 项目经理责任制

第二章　监理工程师和工程监理企业

本章各节教学内容、教学要求及能力目标见表 2-1。

表 2-1　各节教学内容、教学要求及能力目标

章节	教学内容	教学要求	能力目标
第一节　监理工程师概述	1. 监理工程师的执业特点； 2. 监理工程师的素质及职业道德； 3. 监理工程师的法律地位和责任； 4. 监理工程师行为的处罚	1. 了解监理工程师的执业特点； 2. 熟悉监理工程师的素质和职业道德； 3. 熟悉监理工程师的法律地位和责任； 4. 了解监理工程师行为的处罚	1. 知道监理工程师的法律地位及职责； 2. 掌握监理工程师的行为准则
第二节　监理工程师执业资格考试、注册和继续教育	1. 监理工程师执业资格考试制度； 2. 实行监理工程师执业资格考试制度的意义； 3. 监理工程师执业资格考试、注册、继续教育	1. 了解监理工程师执业资格考试制度； 2. 了解实行监理工程师执业资格考试制度的意义； 3. 了解监理工程师执业资格考试、注册、继续教育	1. 知道监理工程师执业资格考试制度； 2. 知道监理工程师执业资格考试、注册、继续教育
第三节　工程监理企业的组织形式	1. 公司监理企业； 2. 中外合资经营监理企业与中外合作经营监理企业	1. 了解公司监理企业； 2. 了解中外合资经营监理企业与中外合作经营监理企业	1. 能够区分不同监理企业的性质
第四节　工程监理企业的资质管理制度	1. 工程监理企业的资质等级标准和业务范围； 2. 工程监理企业的资质申请、审批程序、资质管理； 3. 工程监理企业经营活动基本准则	1. 熟悉工程监理企业的资质等级标准和业务范围； 2. 了解工程监理企业的资质申请、审批程序及资质管理； 3. 熟悉工程监理企业经营活动基本准则	1. 知道工程监理企业的资质等级标准和业务范围； 2. 知道工程监理企业的资质申请、审批程序、资质管理

第一节　监理工程师概述

监理工程师是指经考试取得中华人民共和国监理工程师资格证书，并经注册，取得中华人民共和国注册监理工程师注册执业证书和执业印章，从事工程监理及相关业务活动的专业人员。

一、监理工程师的执业特点

在国际上流行的各种工程合同条件中，几乎无例外地都含有关于监理工程师的条款。在国际上多数国家的工程项目建设程序中，每一个阶段都有监理工程师的工作。如在国际工程招标和投标过程中，凡是有关审查投标人工程经验和业绩的内容，都要提供这些工程的监理工程师的名称。

随着人类社会的不断进步，社会分工更趋向于专业化。在工程建设领域诞生工程监理制度，正是社会分工发展的必然结果。而这一制度的核心是监理工程师。国际咨询工程师联合会（FIDIC）对从事工程咨询业务人员的职业地位和业务特点所作的说明是："咨询工程师从事的是一份令人尊敬的职业，他仅按照委托人的最佳利益尽责，他在技术领域的地位等同于法律领域的律师和医疗领域的医生。他保持其行为相对于承包商和供应商的绝对独立性，他必须不得从他们那里接受任何形式的好处，而使他们的决定的公正性受到影响或不利于他行使委托人赋予的职责。"这个说明同样适合我国的监理工程师。

我国的监理工程师执业特点主要表现在以下几个方面。

（一）执业范围广泛

建设工程监理，就其监理的工程类别来看，包括土木工程、建筑工程、线路管道与设备安装工程和装修工程等类别，而各类工程所包含的专业累计多达200余项；就其监理的过程来看，可以包括工程项目前期决策、招标投标、勘察设计、施工、项目运行等各阶段。因此，监理工程师的执业范围十分广泛。

（二）执业内容复杂

监理工程师执业内容的基础是合同管理，主要工作内容是建设工程目标控制和协调管理，执业方式包括监督管理和咨询服务。执业内容主要包括：在工程项目建设前期阶段，为业主提供投资决策咨询，协助业主进行工程项目可行性研究，提出项目评估；在设计阶段，审查、评选设计方案，选择勘察、设计单位，协助业主签订勘察、设计合同，监督管理合同的实施，审核设计概算；在施工阶段，监督、管理工程承包合同的履行，协调业主与工程建设有关各方的工作关系，控制工程质量、进度和造价，组织工程竣工预验收，参与工程竣工验收，审核工程结算；在工程保修期内，检查工程质量状况，鉴定质量问题责任，督促责任单位维修。此外，监理工程师在执业过程中，还要受环境、气候、市场等多种因素干扰。所以，监理工程师的执业内容十分复杂。

（三）执业技能全面

工程监理业务是高智能的工程管理服务，涉及多学科、多专业，监理方法需要运用技术、经济、法律、管理等多方面的知识。监理工作需要一专多能的复合型人才来承担，监理工程师应具有复合型的知识结构，不仅要有专业基础理论知识，还要熟悉设计、施工、管理，要有组织协调能力，能够综合应用各种知识解决工程建设中的各种问题。因此，工程监理业务对执业者的执业技能要求比较全面，资格条件要求较高。

（四）执业责任重大

监理工程师在执业过程中担负着重要的经济和管理等方面涉及生命、财产安全的法律责任，统称为监理责任。监理工程师所承担的责任主要包括两方面：一是国家法律法规赋予的行政责任。我国的法律法规对监理工程师从业有明确具体的要求，不仅赋予监理工程师一定的权力,也赋予监理工程师相应的责任,如《建设工程质量管理条例》所赋予的质量管理责任、《建设工程安全生产管理条例》所赋予的安全生产管理责任等;二是委托监理合同约定的监理人义务,体现为监理工程师的合同民事责任。

建设工程监理的实践证明,没有专业技能的人不能从事监理工作;有一定专业技能,从事了多年工程建设工作的人,如果没有学习过工程监理知识,也难以开展监理工作。

☆**重点提示**

监理工程师的执业特点:1. 执业范围广泛;2. 执业内容复杂;3. 执业技能全面;4. 执业责任重大。

二、监理工程师的素质

具体从事监理工作的监理人员,不仅要有一定的工程技术或工程经济方面的专业知识、较强的专业技术能力,能够对工程建设进行监督管理,提出指导性的意见,而且要有一定的组织协调能力,能够组织、协调工程建设有关各方共同完成工程建设任务。因此,监理工程师应具备以下素质。

(一)较高的专业学历和复合型的知识结构

工程建设涉及的学科很多,其中主要学科就有几十种。作为一名监理工程师,当然不可能掌握这么多的专业理论知识,但至少应掌握一种专业理论知识。没有专业理论知识的人员无法承担监理工程师岗位工作。所以,要成为一名监理工程师,至少应具有工程类大专以上学历,并应了解或掌握一定的工程建设经济、法律和组织管理等方面的理论知识,不断了解新技术、新设备、新材料、新工艺,熟悉与工程建设相关的现行法律法规、政策规定,成为一专多能的复合型人才,持续保持较高的知识水准。

(二)丰富的工程建设实践经验

监理工程师的业务内容体现的是工程技术理论与工程管理理论的应用,具有很强的实践性特点。因此,实践经验是监理工程师的重要素质之一。据有关资料统计分析,工程建设中出现的失误,少数原因是责任心不强,多数原因是缺乏实践经验。实践经验丰富则可以避免或减少工作失误。工程建设中的实践经验主要包括立项评估、地质勘测、规划设计、工程招标投标、工程设计及设计管理、工程施工及施工管理、工程监理、设备制造等方面的工作实践经验。

(三)良好的品德

监理工程师的良好品德主要体现在以下几个方面:

(1)热爱本职工作。

(2)具有科学的工作态度。

(3)具有廉洁奉公、为人正直、办事公道的高尚情操。

(4)能够听取不同方面的意见,冷静分析问题。

(四)健康的体魄和充沛的精力

尽管建设工程监理是一种高智能的管理服务,以脑力劳动为主,但是,也必须具有健康的身体和充沛的精力,才能胜任繁忙、严谨的监理工作。尤其在建设工程施工阶段,由于露天作业,工作条件艰苦,工期往往紧迫,业务繁忙,更需要有健康的身体,否则难以胜任工作。我国对年满65周岁的监理工程师不再进行注册,主要就是考虑专业人员身体健康状况的适应能力而设定的条件。

☆**重点提示**

一个项目监理工程师对工程监督管理的成败，很大程度上取决于监理工程师的素质。

三、监理工程师的职业道德

工程监理工作的特点之一是要体现公正原则。监理工程师在执业过程中不能损害工程建设任何一方的利益，因此为了确保建设监理事业的健康发展，对监理工程师的职业道德和工作纪律都有严格的要求，在有关法规里也作了具体的规定。在监理行业中，工程师应严格遵守如下通用职业道德守则：

(1)维护国家的荣誉和利益，按照“守法、诚信、公正、科学”的原则执业。

(2)执行有关工程建设的法律、法规、标准、规范、规程和制度，履行监理合同规定的义务和职责。

(3)努力学习专业技术和建设监理知识，不断提高业务能力和监理水平。

(4)不以个人名义承揽监理业务。

(5)不同时在两个或两个以上监理单位注册和从事监理活动，不在政府部门和施工、材料设备的生产供应等单位兼职。

(6)不为所监理项目指定承包商、建筑构配件、设备与材料生产厂家和施工方法。

(7)不收受被监理单位的任何礼金。

(8)不泄露所监理工程各方认为需要保密的事项。

(9)坚持独立自主地开展工作。

四、监理工程师的法律地位

监理工程师的主要业务是受聘于工程监理企业从事监理工作，受建设单位委托，代表工程监理企业完成委托监理合同约定的委托事项。因此，监理工程师的法律地位主要表现为受托人的权利和义务。监理工程师一般享有下列权利：

(1)使用注册监理工程师称谓。

(2)在规定范围内从事执业活动。

(3)依据本人能力从事相应的执业活动。

(4)保管和使用本人的注册证书和执业印章。

(5)对本人执业活动进行解释和辩护。

(6)接受继续教育。

(7)获得相应的劳动报酬。

(8)对侵犯本人权利的行为进行申诉。

同时，监理工程师还应当履行下列义务：

(1)遵守法律、法规和有关管理规定。

(2)履行管理职责，执行技术标准、规范和规程。

(3)保证执业活动成果的质量，并承担相应责任。

(4)接受继续教育，努力提高执业水准。

(5)在本人执业活动所形成的工程监理文件上签字、加盖执业印章。

(6)保守在执业中知悉的国家秘密和他人的商业、技术秘密。

(7)不得涂改、倒卖、出租、出借或者以其他形式非法转让注册证书或者执业印章。

(8)不得同时在两个或者两个以上单位受聘或者执业。

(9)在规定的执业范围和聘用单位业务范围内从事执业活动。

(10)协助注册管理机构完成相关工作。

五、监理工程师的法律责任

监理工程师的法律责任主要来源于法律法规的规定和委托监理合同的约定。《建筑法》第三十五条规定:"工程监理单位不按照委托监理合同的约定履行监理义务,对应当监督检查的项目不检查或者不按照规定检查,给建设单位造成损失的,应当承担相应的赔偿责任。"《建设工程质量管理条例》第三十六条规定:"工程监理单位应当依照法律、法规以及有关技术标准、设计文件和建设工程承包合同,代表建设单位对施工质量实施监理并对施工质量承担监理责任。"《建设工程安全生产管理条例》第十四条规定"工程监理单位和监理工程师应当按照法律、法规和工程建设强制性标准实施监理,并对建设工程安全生产承担监理责任。"

工程监理企业是订立委托监理合同的当事人。监理工程师一般主要受聘于工程监理企业,代表监理企业从事工程监理业务。监理企业在履行委托监理合同时,是由具体的监理工程师来实现的,因此如果监理工程师出现工作过错,其行为将被视为监理企业违约,应承担相应的违约责任。监理企业在承担违约赔偿责任后,有权在企业内部向有过错行为的监理工程师追偿损失。所以,由监理工程师个人过失引发的合同违约行为,监理工程师必然要与监理企业承担一定的连带责任。

《中华人民共和国刑法》第一百三十七条规定:"建设单位、设计单位、施工单位、工程监理单位违反国家规定,降低工程质量标准,造成重大安全事故的,对直接责任人员,处五年以下有期徒刑或者拘役,并处罚金;后果特别严重的,处五年以上十年以下有期徒刑,并处罚金。"导致安全事故或问题的原因很多,有自然灾害、不可抗力等客观原因,也有建设单位、设计单位、施工企业、材料供应单位等主观原因。

如果监理工程师有下列行为之一,则要承担一定的监理责任:

(1)未对施工组织设计中的安全技术措施或者专项施工方案进行审查。

(2)发现安全事故隐患未及时要求施工单位整改或者暂时停止施工。

(3)施工单位拒不整改或者不停止施工,未及时向有关主管部门报告。

(4)未依照法律、法规和工程建设强制性标准实施监理。

如果监理工程师有下列行为之一,则应当与质量、安全事故责任主体承担连带责任:

(1)违章指挥或者发出错误指令,引起安全事故的。

(2)将不合格的建设工程、建筑材料、建筑构配件和设备按照合格签字,造成工程质量事故,由此引发安全事故的。

(3)与建设单位或施工企业串通,弄虚作假、降低工程质量,从而引发安全事故的。

☆重点提示

监理工程师的责任主要有:1. 违法责任;2. 违约责任。

六、监理工程师违规行为的处罚

监理工程师在执业过程中必须严格遵纪守法。政府建设行政主管部门对于监理工程师的违法违规行为，将追究其责任，并根据不同情节给予必要的行政处罚。监理工程师的违规行为及相应的处罚办法，一般包括以下几个方面：

（1）对于未取得《监理工程师执业资格证书》、《监理工程师注册证书》和执业印章，以监理工程师名义执行业务的人员，政府建设行政主管部门将予以取缔，并处以罚款；有违法所得的，予以没收。

（2）对于以欺骗手段取得《监理工程师执业资格证书》、《监理工程师注册证书》和执业印章的人员，政府建设行政主管部门将吊销其证书，收回执业印章，并处以罚款；情节严重的，3 年之内不允许考试及注册。

（3）如果监理工程师出借《监理工程师执业资格证书》、《监理工程师注册证书》和执业印章，情节严重的，将被吊销证书，收回执业印章，3 年之内不允许考试和注册。

（4）监理工程师注册内容发生变更，未按照规定办理变更手续的，将被责令改正，并可能受到罚款的处罚。

（5）同时受聘于两个及以上单位执业的，将被注销其《监理工程师注册证书》，收回执业印章，并将受到罚款处理；有违法所得的，将被没收。

（6）对于监理工程师在执业中出现的行为过失，产生不良后果的，《建设工程质量管理条例》中有明确规定：监理工程师因过错造成质量事故的，责令停止执业 1 年；造成重大质量事故的，吊销执业资格证书，5 年以内不予注册；情节特别恶劣的，终身不予注册。

对于监理工程师在安全生产监理工作中出现的行为过失，《建设工程安全生产管理条例》中明确规定：未执行法律、法规和工程建设强制性标准的，责令停止执业 3 个月以上 1 年以下；情节严重的，吊销执业资格证书，5 年内不予注册；造成重大安全事故的，终身不予注册；构成犯罪的，依照刑法有关规定追究刑事责任。

第二节　监理工程师执业资格考试、注册和继续教育

一、监理工程师执业资格考试制度

执业资格是政府对某些责任较大、社会通用性强、关系公共利益的专业技术工作实行的市场准入控制，是专业技术人员依法独立开展或独立从事某种专业技术工作所必备的学识、技术和能力标准。我国按照有利于国家经济发展、得到社会公认、具有国际可比性、事关社会公共利益等四项原则，在涉及国家、人民生命财产安全的专业技术工作领域，实行专业技术人员执业资格制度。执业资格一般要通过考试方式取得，这体现了执业资格制度公开、公平、公正的原则。只有当某一专业技术执业资格刚刚设立，为了确保该项专业技术工作启动实施，才有可能对首批专业技术人员的执业资格采用考核方式确认。监理工程师是新中国成立以来在工程建设领域第一个设立的执业资格。

二、实行监理工程师执业资格考试制度的意义

实行监理工程师执业资格考试制度的意义在于：

(1)促进监理人员努力钻研监理业务，提高业务水平。

(2)统一监理工程师的业务能力标准。

(3)有利于公正地确定监理人员是否具备监理工程师的资格。

(4)合理建立工程监理人才库。

(5)便于同国际接轨，开拓国际工程监理市场。

因此，我国要建立监理工程师执业资格考试制度。

三、监理工程师执业资格考试

(一)报考监理工程师的条件

国际上多数国家在设立执业资格时，通常比较注重执业人员的专业学历和工作经验。他们认为这是执业人员的基本素质，是保证执业工作有效实施的主要条件。我国根据对监理工程师业务素质和能力的要求，对参加监理工程师执业资格考试的报名条件也从两方面作出了限制：一是要具有一定的专业学历；二是要具有一定年限的工程建设实践经验。

(二)考试内容

由于监理工程师的业务主要是控制建设工程的质量、投资、进度，监督管理建设工程合同，协调工程建设各方的关系，所以监理工程师执业资格考试的内容主要是工程建设监理基本理论、工程质量控制、工程进度控制、工程投资控制、建设工程合同管理和涉及工程监理的相关法律法规等方面的理论知识和实务技能。

(三)考试方式和管理

监理工程师执业资格考试是一种水平考试，是对考生掌握监理理论和监理实务技能的抽检。为了体现公开、公平、公正原则，考试实行全国统一考试大纲、统一命题、统一组织、统一时间、闭卷考试、分科记分、统一录取标准的办法，一般每年举行一次。考试所用语言为汉语。

对考试合格人员，由省、自治区、直辖市人民政府人事行政主管部门颁发、由国务院人事行政主管部门统一印制、国务院人事行政主管部门和建设行政主管部门共同用印的《监理工程师执业资格证书》。取得执业资格证书并经注册后，即成为监理工程师。

我国对监理工程师执业资格考试工作实行政府统一管理。国务院建设行政主管部门负责编制监理工程师执业资格考试大纲、编写考试教材和组织命题工作，统一规划、组织或授权组织监理工程师执业资格考试的考前培训等有关工作。

国务院人事行政主管部门负责审定监理工程师执业资格考试科目、考试大纲和考试试题，组织实施考务工作，会同国务院建设行政主管部门对监理工程师执业资格考试进行检查、监督、指导和确定合格标准。

中国建设监理协会负责组织有关专业的专家拟定考试大纲、组织命题和编写培训教材工作。

四、监理工程师注册

监理工程师注册制度是政府对监理从业人员实行市场准入控制的有效手段。监理工程

师经注册，即表明获得了政府对其以监理工程师名义从业的行政许可，因而具有相应工作岗位的责任和权力。仅取得《监理工程师执业资格证书》，没有取得《监理工程师注册证书》的人员，则不具备这些权力，也不承担相应的责任。

监理工程师的注册，根据注册内容的不同分为三种形式，即初始注册、延续注册和变更注册。我国有关法规规定，监理工程师依据其所学专业、工作经历、工程业绩，按专业注册，每人最多可以申请两个专业注册，并且只能在一家建设工程勘察、设计、施工、监理、招标代理、造价咨询等企业注册。

（一）初始注册

经考试合格，取得《监理工程师执业资格证书》的，可以申请监理工程师初始注册。

（1）申请初始注册，应当具备以下条件：

①经全国注册监理工程师执业资格统一考试合格，取得资格证书。

②受聘于一个相关单位。

③达到继续教育要求。

（2）申请监理工程师初始注册，一般要提供下列材料：

①监理工程师注册申请表。

②申请人的资格证书和身份证复印件。

③申请人与聘用单位签订的聘用劳动合同复印件及社会保险机构出具的参加社会保险的清单复印件。

④学历或学位证书、职称证书复印件，与申请注册相关的工程技术、工程管理工作经历和工程业绩证明。

⑤逾期初始注册的，应提交达到继续教育要求的证明材料。

（3）申请初始注册的程序是：

①申请人向聘用单位提出申请。

②聘用单位同意后，连同上述材料由聘用企业向所在省、自治区、直辖市人民政府建设行政主管部门提出申请。

③省、自治区、直辖市人民政府建设行政主管部门初审合格后，报国务院建设行政主管部门。

④国务院建设行政主管部门对初审意见进行审核，对符合条件者准予注册，并颁发由国务院建设行政主管部门统一印制的《监理工程师注册证书》和执业印章。执业印章由监理工程师本人保管。

国务院建设行政主管部门对监理工程师初始注册随时受理审批，并实行公示、公告制度，对符合注册条件的进行网上公示，经公示未提出异议的予以批准确认。

（二）延续注册

监理工程师初始注册有效期为 3 年，注册有效期满要求继续执业的，需要办理延续注册。延续注册应提交下列材料：

（1）申请人延续注册申请表。

（2）申请人与聘用单位签订的聘用劳动合同复印件及社会保险机构出具的参加社会保险的清单复印件。

（3）申请人注册有效期内达到继续教育要求的证明材料。

延续注册的有效期同样为3年，从准予延续注册之日起计算。国务院建设行政主管部门定期向社会公告准予延续注册的人员名单。

（三）变更注册

监理工程师注册后，如果注册内容发生变更，如变更执业单位、注册专业等，应当向原注册管理机构办理变更注册。

变更注册需要提交下列材料：

(1)申请人变更注册申请表。

(2)申请人与新聘用单位签订的聘用劳动合同复印件及社会保险机构出具的参加社会保险的清单复印件。

(3)申请人的工作调动证明（与原聘用单位解除聘用劳动合同或者聘用劳动合同到期的证明文件、退休人员的退休证明）。

(4)在注册有效期内或有效期届满，变更注册专业的，应提供与申请注册专业相关的工程技术、工程管理工作经历和工程业绩证明，以及满足相应专业继续教育要求的证明材料。

(5)在注册有效期内，因所在聘用单位名称发生变更的，应提供聘用单位新名称的营业执照复印件。

（四）不予初始注册、延续注册或者变更注册的特殊情况

如果注册申请人有下列情形之一的，将不予初始注册、延续注册或者变更注册：

(1)不具有完全民事行为能力。

(2)刑事处罚尚未执行完毕或者因从事工程监理或者相关业务受到刑事处罚，自刑事处罚执行完毕之日起至申请注册之日止不满2年。

(3)未达到监理工程师继续教育要求。

(4)在两个或者两个以上单位申请注册。

(5)以虚假的职称证书参加考试并取得资格证书。

(6)年龄超过65周岁。

(7)法律、法规规定不予注册的其他情形。

注册监理工程师如果有下列情形之一的，其注册证书和执业印章将自动失效：

(1)聘用单位破产。

(2)聘用单位被吊销营业执照。

(3)聘用单位被吊销相应资质证书。

(4)已与聘用单位解除劳动关系。

(5)注册有效期满且未延续注册。

(6)年龄超过65周岁。

(7)死亡或者丧失行为能力。

(8)其他导致注册失效的情形。

（五）注销注册

注册监理工程师有下列情形之一的，应当办理注销注册，交回注册证书和执业印章，注册管理机构将公告其注册证书和执业印章作废：

(1)不具有完全民事行为能力。

(2)申请注销注册。

(3)注册证书和执业印章已失效。
(4)依法被撤销注册。
(5)依法被吊销注册证书。
(6)受到刑事处罚。
(7)法律、法规规定应当注销注册的其他情形。

☆重点提示

监理工程师注册形式:1.初始注册;2.延续注册;3.变更注册;4.注销注册。

五、注册监理工程师的继续教育

(一)继续教育的目的

随着现代科学技术日新月异地发展,注册后的监理工程师不能一劳永逸地停留在原有知识水平上,而是要随着时代的进步不断更新知识、扩大其知识面,通过继续教育使注册监理工程师及时掌握与工程监理有关的政策、法律法规和标准规范,熟悉工程监理与工程项目管理的新理论、新方法,了解工程建设新技术、新材料、新设备及新工艺,适时更新业务知识,不断提高注册监理工程师业务素质和执业水平,以适应开展工程监理业务和工程监理事业发展的需要。因此,注册监理工程师每年都要接受一定学时的继续教育。国际上一些国家,如美国、英国等,对执业人员的年度考核也有类似的要求。

(二)继续教育的学时

注册监理工程师在每一注册有效期(3 年)内应接受 96 学时的继续教育,其中必修课和选修课各为 48 学时。必修课 48 学时每年可安排 16 学时。选修课 48 学时按注册专业安排学时,只注册 1 个专业的,每年接受该注册专业选修课 16 学时的继续教育;注册 2 个专业的,每年接受相应 2 个注册专业选修课各 8 学时的继续教育。

注册监理工程师申请变更注册专业时,在提出申请之前,应接受申请变更注册专业 24 学时选修课的继续教育。注册监理工程师申请跨省级行政区域变更执业单位时,在提出申请之前,还应接受新聘用单位所在地 8 学时选修课的继续教育。

注册监理工程师在公开发行的期刊上发表有关工程监理的学术论文,字数在 3 000 以上的,每篇可充抵选修课 4 学时;从事注册监理工程师继续教育授课工作和考试命题工作,每年每次可充抵选修课 8 学时。

(三)继续教育的方式和内容

继续教育的方式有两种,即集中面授和网络教学。继续教育的内容主要有:

(1)必修课:国家近期颁布的与工程监理有关的法律法规、标准规范和政策;工程监理与工程项目管理的新理论、新方法;工程监理案例分析;注册监理工程师职业道德。

(2)选修课:地方及行业近期颁布的与工程监理有关的法规、标准规范和政策;工程建设新技术、新材料、新设备及新工艺;专业工程监理案例分析;需要补充的其他与工程监理业务有关的知识。

第三节　工程监理企业的组织形式

工程监理企业是指从事工程监理业务并取得工程监理企业资质证书的经济组织。它是监理工程师的执业机构。

按照我国现行法律法规的规定，我国企业的组织形式分为五种，即公司、合伙企业、个人独资企业、中外合资经营企业和中外合作经营企业。因此，我国的工程监理企业有可能存在的企业组织形式包括：公司制监理企业、合伙监理企业、个人独资监理企业、中外合资经营监理企业和中外合作经营监理企业。以下简要介绍公司制监理企业、中外合资经营监理企业和中外合作经营监理企业的特点。

一、公司制监理企业

监理公司是以盈利为目的，依照法定程序设立的企业法人。我国公司制监理企业有以下特征：

(1)必须是依照《中华人民共和国公司法》的规定设立的社会经济组织。

(2)必须是以盈利为目的的独立企业法人。

(3)自负盈亏，独立承担民事责任。

(4)是完整纳税的经济实体。

(5)采用规范的成本会计和财务会计制度。

我国目前监理公司的种类有两种，即监理有限责任公司和监理股份有限公司。

(一)监理有限责任公司

监理有限责任公司，是指由50人以下的股东共同出资，股东以其所认缴的出资额对公司行为承担有限责任，公司以其全部资产对其债务承担责任的企业法人。

监理有限责任公司有如下特征：

(1)公司不对外发行股票，股东的出资额由股东协商确定。

(2)股东交付股金后，公司出具股权证书。作为股东在公司中拥有的权益凭证，这种凭证不同于股票，不能自由流通，必须在其他股东同意的条件下才能转让，且要优先转让给公司原有股东。

(3)公司股东所负责任仅以其出资额为限，即把股东投入公司的财产与其个人的其他财产脱钩，公司破产或解散时，只以公司所有的资产偿还债务。

(4)公司具有法人地位。

(5)在公司名称中必须注明有限责任公司字样。

(6)公司股东可以作为雇员参与公司经营管理。通常公司管理者也是公司的所有者。

(7)公司账目可以不公开，尤其是公司的资产负债表一般不公开。

(二)监理股份有限公司

监理股份有限公司是指全部资本由等额股份构成，并通过发行股票筹集资本，股东以其所认购股份对公司承担责任，公司以其全部资产对公司债务承担责任的企业法人。

设立监理股份有限公司可以采取发起设立或者募集设立方式。发起设立，是指由发起人认购公司应发行的全部股份而设立公司。募集设立，是指由发起人认购公司应发行股份的一部分，其余部分向社会公开募集而设立公司。

监理股份有限公司的主要特征是：

(1)公司资本总额分为金额相等的股份。股东以其所认购的股份对公司承担有限责任。

(2)公司以其全部资产对公司债务承担责任。公司作为独立的法人,有自己独立的财产,公司在对外经营业务时,以其独立的财产承担公司债务。

(3)公司可以公开向社会发行股票。

(4)公司股东的数量有最低限制,应当有5个以上发起人,其中必须有过半数的发起人在中国境内有住所。

(5)股东以其所持有的股份享受权利和承担义务。

(6)在公司名称中必须标明股份有限公司字样。

(7)公司账目必须公开,便于股东全面掌握公司情况。

(8)公司管理实行两权分离。董事会接受股东大会委托,监督公司财产的保值增值,行使公司财产所有者职权;经理由董事会聘任,掌握公司经营权。

二、中外合资经营监理企业与中外合作经营监理企业

(一)基本概念

中外合资经营监理企业是指以中国的企业或其他经济组织为一方,以外国的公司、企业、其他经济组织或个人为另一方,在平等互利的基础上,根据《中华人民共和国中外合资经营企业法》,签订合同、制订章程,经中国政府批准,在中国境内共同投资、共同经营、共同管理、共同分享利润、共同承担风险,主要从事工程监理业务的监理企业。其组织形式为有限责任公司。在合营企业的注册资本中,外国合营者的投资比例一般不得低于25%。

中外合作经营监理企业是指中国的企业或其他经济组织同外国的企业、其他经济组织或者个人,按照平等互利的原则和我国的法律规定,用合同约定双方的权利义务,在中国境内共同举办的、主要从事工程监理业务的经济实体。

(二)中外合资经营监理企业与中外合作经营监理企业的区别

1. 组织形式不同

合营企业的组织形式为有限责任公司,具有法人资格。合作企业可以是法人型企业,也可以是不具有法人资格的合伙企业,法人型企业独立对外承担责任,合作企业由合作各方对外承担连带责任。

2. 组织机构不同

合营企业是合营双方共同经营管理,实行单一的董事会领导下的总经理负责制。合作企业可以采取董事会负责制,也可以采取联合管理制,既可由双方组织联合管理机构管理,也可以由一方管理,还可以委托第三方管理。

3. 出资方式不同

合营企业一般以货币形式计算各方的投资比例。合作企业是以合同规定投资或者提供合作条件,以非现金投资作为合作条件,可不以货币形式作价,不计算投资比例。

4. 分配利润和分担风险的依据不同

合营企业按各方注册资本比例分配利润和分担风险。合作企业按合同约定分配收益或产品和分担风险。

5. 回收投资的期限不同

合营企业各方在合营期内不得减少其注册资本。合作企业则允许外国合作者在合作期限内先行收回投资,合作期满时,企业的全部固定资产归中国合作者所有。

☆**重点提示**

中外合资经营监理企业与中外合作经营监理企业的区别:1. 组织形式不同;2. 组织机构不同;3. 出资方式不同;4. 分配利润和分担风险的依据不同;5. 回收投资的期限不同。

第四节　工程监理企业的资质管理制度

一、工程监理企业的资质等级标准和业务范围

(一)工程监理企业资质

工程监理企业资质是企业技术能力、管理水平、业务经验、经营规模、社会信誉等综合性实力指标。对工程监理企业进行资质管理的制度是我国政府实行市场准入控制的有效手段。

工程监理企业应当按照所拥有的注册资本、专业技术人员数量和工程监理业绩等资质条件申请资质,经审查合格,取得相应等级的资质证书后,才能在其资质等级许可的范围内从事工程监理活动。

工程监理企业的注册资本不仅是企业从事经营活动的基本条件,也是企业清偿债务的保证。工程监理企业所拥有的专业技术人员数量主要体现在注册监理工程师的数量上,这反映企业从事监理工作的工程范围和业务能力。工程监理业绩则反映工程监理企业开展监理业务的经历和成效。

工程监理企业的资质按照等级分为综合资质、专业资质和事务所资质。其中,专业资质按照工程性质和技术特点划分为若干工程类别。综合资质、事务所资质不分级别。专业资质分为甲级、乙级;其中,房屋建筑、水利水电、公路和市政公用专业资质可设立丙级。

甲级、乙级和丙级,按照工程性质和技术特点分为 14 个专业工程类别,每个专业工程类别按照工程规模或技术复杂程度又分为 3 个等级。

(二)工程监理企业的资质等级标准

1. 综合资质标准

(1)具有独立法人资格且注册资本不少于 600 万元。

(2)具有 5 个以上工程类别的专业甲级工程监理资质。

(3)注册监理工程师不少于 60 人,注册造价工程师不少于 5 人,一级注册建造师、一级注册建筑师、一级注册结构工程师及其他勘察设计注册工程师累计不少于 15 人次。

(4)企业具有完善的组织结构和质量管理体系,有健全的技术、档案等管理制度。

(5)企业具有必要的工程试验检测设备。

(6)申请工程监理资质之日前 1 年内没有规定禁止的行为。

(7)申请工程监理资质之日前 1 年内没有因本企业监理责任造成质量事故。

(8)申请工程监理资质之日前 1 年内没有因本企业监理责任发生三级以上工程建设重大安全事故或者发生 2 起以上四级工程建设安全事故。

2. 专业资质标准

1)甲级

(1)具有独立法人资格且注册资本不少于 300 万元。

(2)企业技术负责人应为注册监理工程师，并具有15年以上从事工程建设工作的经历或者具有工程类高级职称。

(3)注册监理工程师、注册造价工程师、一级注册建造师、一级注册建筑师、一级注册结构工程师及其他勘察设计注册工程师累计不少于25人次；其中，相应专业注册监理工程师不少于《专业资质注册监理工程师人数配备表》(见表2-2)中要求配备的人数，注册造价工程师不少于2人。

(4)企业近2年内独立监理过3个以上相应专业的二级工程项目。

(5)企业具有完善的组织结构和质量管理体系，有健全的技术、档案等管理制度。

(6)企业具有必要的工程试验检测设备。

(7)申请工程监理资质之日前1年内没有规定禁止的行为。

(8)申请工程监理资质之日前1年内没有因本企业监理责任造成质量事故。

(9)申请工程监理资质之日前1年内没有因本企业监理责任发生三级以上工程建设重大安全事故或者发生2起以上四级工程建设安全事故。

2)乙级

(1)具有独立法人资格且注册资本不少于100万元。

(2)企业技术负责人应为注册监理工程师，并具有10年以上从事工程建设工作的经历。

(3)注册监理工程师、注册造价工程师、一级注册建造师、一级注册建筑师、一级注册结构工程师及其他勘察设计注册工程师累计不少于15人次。其中，相应专业注册监理工程师不少于《专业资质注册监理工程师人数配备表》(见表2-2)中要求配备的人数，注册造价工程师不少于1人。

(4)有较完善的组织结构和质量管理体系，有技术、档案等管理制度。

(5)有必要的工程试验检测设备。

(6)申请工程监理资质之日前1年内没有规定禁止的行为。

(7)申请工程监理资质之日前1年内没有因本企业监理责任造成质量事故。

(8)申请工程监理资质之日前1年内没有因本企业监理责任发生三级以上工程建设重大安全事故或者发生2起以上四级工程建设安全事故。

3)丙级

(1)具有独立法人资格且注册资本不少于50万元。

(2)企业技术负责人应为注册监理工程师，并具有8年以上从事工程建设工作的经历。

(3)相应专业的注册监理工程师不少于《专业资质注册监理工程师人数配备表》(见表2-2)中要求配备的人数。

(4)有必要的质量管理体系和规章制度。

(5)有必要的工程试验检测设备。

3.事务所资质标准

(1)取得合伙企业营业执照，具有书面合作协议书。

(2)合伙人中有3名以上注册监理工程师，合伙人均有5年以上从事建设工程监理的工作经历。

(3)有固定的工作场所。

(4)有必要的质量管理体系和规章制度。

(5)有必要的工程试验检测设备。

表 2-2 专业资质注册监理工程师人数配备表 (单位:人)

序号	工程类别	甲级	乙级	丙级
1	房屋建筑工程	15	10	5
2	冶炼工程	15	10	
3	矿山工程	20	12	
4	化工石油工程	15	10	
5	水利水电工程	20	12	5
6	电力工程	15	10	
7	农林工程	15	10	
8	铁路工程	23	14	
9	公路工程	20	12	5
10	港口与航道工程	20	12	
11	航天航空工程	20	12	
12	通信工程	20	12	
13	市政公用工程	15	10	5
14	机电安装工程	15	10	

注:表中各专业资质注册监理工程师人数配备是指企业取得本专业工程类别注册的注册监理工程师人数。

(三)业务范围

1. 综合资质

可以承担所有专业工程类别建设工程项目的工程监理业务。

2. 专业资质

(1)专业甲级资质:可承担相应专业工程类别建设工程项目的工程监理业务。

(2)专业乙级资质:可承担相应专业工程类别二级以下(含二级)建设工程项目的工程监理业务。

(3)专业丙级资质:可承担相应专业工程类别三级建设工程项目的工程监理业务。

3. 事务所资质

可承担三级建设工程项目的工程监理业务,但是国家规定必须实行监理的工程除外。

此外,工程监理企业都可以开展相应类别建设工程的项目管理、技术咨询等业务。

☆重点提示

工程监理企业的资质按照等级分为综合资质、专业资质和事务所资质。其中,专业资质按照工程性质和技术特点划分为若干工程类别。综合资质、事务所资质不分级别。专业资质分为甲级、乙级;其中,房屋建筑、水利水电、公路和市政公用专业资质可设立丙级。

二、工程监理企业的资质申请

工程监理企业申请资质,一般要到企业注册所在地的县级以上地方人民政府建设行政主管部门办理有关手续。新设立的工程监理企业申请资质,应当先到工商行政管理部门登记注册并取得企业法人营业执照后,才能到建设行政主管部门办理资质申请手续。申请工程监理企业资质,需要提交以下材料:

(1)工程监理企业资质申请表(一式三份)及相应电子文档。

(2)企业法人、合伙企业营业执照。

(3)企业章程或合伙人协议。

(4)企业法定代表人、企业负责人和技术负责人的身份证明、工作简历及任命(聘用)文件。

(5)工程监理企业资质申请表中所列注册监理工程师及其他注册执业人员的注册执业证书。

(6)有关企业质量管理体系、技术和档案等管理制度的证明材料。

(7)有关工程试验检测设备的证明材料。

三、工程监理企业资质审批程序

工程监理企业申请综合资质、专业甲级资质的,要向企业工商注册所在地的省、自治区、直辖市人民政府建设行政主管部门提出申请。省、自治区、直辖市人民政府建设行政主管部门自受理申请之日起20日内审查完毕,将审查意见和全部申请材料报国务院建设行政主管部门,国务院建设行政主管部门自受理申请材料之日起20日内作出决定,其中涉及铁道、交通、水利、信息产业、民航等专业工程监理资质的,由国务院有关部门初审,国务院建设行政主管部门根据初审意见审批。

工程监理企业申请专业乙级、丙级资质和事务所资质的,由企业所在地省、自治区、直辖市人民政府建设主管部门审批。

工程监理企业合并的,合并后存续或者新设立的工程监理企业可以承继合并前各方中较高的资质等级,但应当符合相应的资质等级条件。工程监理企业分立的,分立后企业的资质等级,根据实际达到的资质条件,按照规定的审批程序核定。

四、工程监理企业的资质管理

为了加强对工程监理企业的资质管理,保障其依法经营业务,促进建设工程监理事业的健康发展,国家建设行政主管部门对工程监理企业资质管理工作制定了相应的管理规定。

(一)工程监理企业资质管理机构及其职责

根据我国现阶段管理体制,我国工程监理企业的资质管理确定的原则是"分级管理,统分结合",按中央和地方2个层次进行管理。

国务院建设行政主管部门负责全国工程监理企业资质的统一管理工作。涉及铁道、交通、水利、信息产业、民航等专业工程监理资质的,由国务院铁道、交通、水利、信息产业、民航等有关部门配合国务院建设行政主管部门实施资质管理工作。

省、自治区、直辖市人民政府建设行政主管部门负责本行政区域内工程监理企业资质的统一管理工作,省、自治区、直辖市人民政府交通、水利、通信等有关部门配合同级建设行政主管部门实施相关资质类别工程监理企业资质的管理工作。

（二）资质审批实行公示公告制度

资质初审工作完成后，初审结果先在中国工程建设信息网上公示。经公示后，对于工程监理企业符合资质标准的，予以审批，并将审批结果在中国工程建设信息网上公告。实行这一制度的目的是提高资质审批工作的透明度，便于社会监督，从而增强其公正性。

（三）违规处理

工程监理企业必须依法开展监理业务，全面履行委托监理合同约定的责任和义务。但在出现违规现象时，建设行政主管部门将根据情节给予必要的处罚。违规现象主要有以下几方面：

（1）以欺骗手段取得《工程监理企业资质证书》。

（2）超越本企业资质等级承揽监理业务。

（3）未取得《工程监理企业资质证书》而承揽监理业务。

（4）转让监理业务。是指监理企业不履行委托监理合同约定的责任和义务，将所承担的监理业务全部转给其他监理企业，或者将其肢解以后分别转给其他监理企业的行为。国家有关法律法规明令禁止转让监理业务的行为。

（5）挂靠监理业务。是指监理企业允许其他单位或者个人以本企业名义承揽监理业务。这种行为也是国家有关法律法规明令禁止的。

（6）与建设单位或者施工单位串通，弄虚作假、降低工程质量。

（7）将不合格的建设工程、建筑材料、建筑构配件和设备按照合格签字。

（8）工程监理企业与被监理工程的施工承包单位以及建筑材料、建筑构配件和设备供应单位有隶属关系或者其他利害关系，并承担该项建设工程的监理业务。

五、工程监理企业经营活动基本准则

工程监理企业从事建设工程监理活动，应当遵循“守法、诚信、公正、科学”的准则。

（一）守法

守法，即遵守国家的法律法规。对于工程监理企业来说，守法即是要依法经营，主要体现在以下几方面：

（1）工程监理企业只能在核定的业务范围内开展经营活动。

工程监理企业的业务范围，是指填写在资质证书中、经工程监理资质管理部门审查确认的主项资质和增项资质。核定的业务范围包括两方面：一是监理业务的工程类别；二是承接监理工程的等级。

（2）工程监理企业不得伪造、涂改、出租、出借、转让、出卖《资质等级证书》。

（3）建设工程监理合同一经双方签订，即具有法律约束力，工程监理企业应按照合同的约定认真履行，不得无故或故意违背自己的承诺。

（4）工程监理企业离开原住所地承接监理业务，要自觉遵守当地人民政府颁发的监理法规和有关规定，主动向监理工程所在地的省、自治区、直辖市建设行政主管部门登记备案，接受其指导和监督管理。

（5）遵守国家关于企业法人的其他法律、法规的规定。

（二）诚信

诚信，即诚实守信用。这是道德规范在市场经济中的体现。它要求一切市场参加者在不损害他人利益和社会公共利益的前提下，追求自己的利益，目的是在当事人之间的利益关系和当事人与社会之间的利益关系中实现平衡，并维护市场道德秩序。诚信原则的主要作用在于指导当事人以善意的心态、诚信的态度行使民事权利，承担民事义务，正确地从事民事活动。

加强企业信用管理，提高企业信用水平，是完善我国工程监理制度的重要保证。企业信用的实质是解决经济活动中经济主体之间的利益关系。它是企业经营理念、经营责任和经营文化的集中体现。信用是企业的一种无形资产，良好的信用能为企业带来巨大效益。我国是世贸组织的成员，信用将成为我国企业走出去，进入国际市场的身份证。它是能给企业带来长期经济效益的特殊资本。监理企业应当树立良好的信用意识，使企业成为讲道德、讲信用的市场主体。

工程监理企业应当建立健全企业的信用管理制度。信用管理制度主要有：

(1)建立健全合同管理制度。

(2)建立健全与业主的合作制度，及时进行信息沟通，增强相互间的信任感。

(3)建立健全监理服务需求调查制度，这也是企业进行有效竞争和防范经营风险的重要手段之一。

(4)建立企业内部信用管理责任制度，及时检查和评估企业信用的实施情况，不断提高企业信用管理水平。

(三)公正

公正，是指工程监理企业在监理活动中既要维护业主的利益，又不能损害承包商的合法利益，并依据合同公平合理地处理业主与承包商之间的争议。

工程监理企业要做到公正，必须做到以下几点：

(1)要具有良好的职业道德。

(2)要坚持实事求是。

(3)要熟悉有关建设工程合同条款。

(4)要提高专业技术能力。

(5)要提高综合分析判断问题的能力。

(四)科学

科学，是指工程监理企业要依据科学的方案，运用科学的手段，采取科学的方法开展监理工作。工程监理工作结束后，还要进行科学的总结。实施科学化管理主要体现在以下几方面。

1.科学的方案

工程监理的方案主要是指监理规划。其内容包括：工程监理的组织计划；监理工作的程序；各专业、各阶段监理工作内容；工程的关键部位或可能出现的重大问题的监理措施等。在实施监理前，要尽可能准确地预测出各种可能的问题，有针对性地拟定解决办法，制定出切实可行、行之有效的监理实施细则，使各项监理活动都纳入计划管理的轨道。

2.科学的手段

实施工程监理必须借助于先进的科学仪器才能做好监理工作，如各种检测、试验、化验仪器、摄录像设备及计算机等。

3. 科学的方法

监理工作的科学方法主要体现在监理人员在掌握大量的、确凿的有关监理对象及其外部环境实际情况的基础上，适时、妥帖、高效地处理有关问题，解决问题要用事实说话、用书面文字说话、用数据说话；要开发、利用计算机软件辅助工程监理。

☆**重点提示**

工程监理企业经营活动基本准则：1. 守法；2. 诚信；3. 公正；4. 科学。

练习题

一、单项选择题

1. 监理工程师应明确，施工现场安全由(　　)负责。

A. 施工企业　　B. 建设单位和施工企业共同

C. 监理单位和施工企业共同　　D. 建设单位、施工企业和监理单位共同

2. 根据《建设工程监理规范》的规定，核查进场材料、设备、构配件的原始凭证和检测报告等质量证明文件，是(　　)的职责。

A. 总监理工程师　　B. 总监理工程师代表

C. 专业监理工程师　　D. 监理员

3. 监理工程师的注册根据注册内容的不同分为三种形式，其中初始注册有效期为(　　)年，续期注册的有效期为(　　)年。

A. 2,4　　B. 2,2　　C. 1,2　　D. 2,5

4. 监理单位应公正、(　　)地开展监理工作，维护建设单位和承包单位的合法权益。

A. 公平、独立　　B. 独立、自主　　C. 公平、自由　　D. 认真、负责

5. 监理单位应依据委托监理合同约定的工程质量保修期监理工作的时间、(　　)开展工作。

A. 范围、内容　　B. 程序、方法　　C. 范围、监理合同　　D. 内容、方法

6. 下列工程中，(　　)不可能由丙级监理单位合法地承揽。

A. 建筑面积 6 万 m^2 以下的住宅小区工程　　B. 20 m 跨度的工业厂房

C. 15 层一般房屋建筑工程　　D. 高度 60 m 高耸构筑工程

7. 监理工程师执业内容的基础是(　　)。

A. 合同管理　　B. 监督管理　　C. 咨询服务　　D. 控制协调

8. 既属于监理工程师应遵守的职业道德，又属于监理工程师义务的是(　　)。

A. 接受对社会的职业责任　　B. 坚持独立自主地开展工作

C. 不以个人名义承揽监理业务　　D. 不同时在两个或两个以上单位执业

9. 下列行为要求中，既属于监理工程师职业道德又属于监理工程师义务的是(　　)。

A. 不收受被监理单位的任何礼金

B. 保证执业活动成果的质量，并承担相应责任

C. 不泄露与监理工程有关的需要保密的事项

D. 坚持独立自主地开展工作

10. 监理工程师延续注册的有效期为(　　)年，从准予延续注册之日起计算。

A. 1　　B. 2　　C. 3　　D. 4

11. 依据《注册监理工程师管理规定》，注册监理工程师注册有效期满需继续执业的，应当在注册有效期满（　　）日前，按照本规定第七条规定的程序申请延续注册。

A. 7　　B. 10　　C. 20　　D. 30

12. 依据《注册监理工程师管理规定》，注册监理工程师在注册有效期满需继续执业的，要办理（　　）注册。

A. 初始　　B. 延续　　C. 变更　　D. 长期

13. 根据《注册监理工程师管理规定》，下列权利和义务中，属于注册监理工程师享有的权利的是（　　）。

A. 保证执业活动成果的质量

B. 依据本人能力从事相应的执业活动

C. 在规定的执业范围和聘用单位业务范围内从事执业活动

D. 接受继续教育，努力提高执业水准

二、多项选择题

1. 违反《建设工程质量管理条例》规定，（　　）等执业人员因过错造成质量事故的，责令停业（　　）年；造成重大质量事故的，吊销执业资格证书，5 年以内不予注册；情节特别恶劣的，终身不予注册。

A. 质量监督工程师和造价工程师，2 年　　B. 注册建筑和注册结构工程师，1 年

C. 监理工程师，1 年　　D. 监理工程师和造价工程师，2 年

E. 造价工程师，1 年

2.《建设工程监理规范》规定，（　　）都必须是监理工程师。

A. 总监理工程师　　B. 总监理工程师代表

C. 专业监理工程师　　D. 监理员

E. 监理企业负责人

3. 下列各项中，（　　）应列入监理费的直接成本。

A. 监理业务培训费　　B. 监理单位职工福利费

C. 监理单位经营活动费　　D. 开展项目监理活动的办公设施购置费

E. 监理人员的医疗费

4. 下列关于监理单位的责任认识，正确的是（　　）。

A. 监理单位对第三方违反合同规定的质量要求和完工时限，不承担责任

B. 监理单位对施工现场安全承担主要责任

C. 监理单位只承担监理合同中确定的职权范围内的责任

D. 监理单位因过错造成重大经济损失的，应承担一定的经济责任和法律责任

E. 监理单位对投资目标突破应承担一定的经济责任

5. 根据《中华人民共和国建筑法》，国家对建筑活动做出多种规定，其中包括（　　）方面的规定。

A. 从事建筑活动的单位资质审查　　B. 建筑工程发包、承包、禁止转包

C. 其他专业建筑工程的建设行为　　D. 施工许可

E. 政府工程质量监督机构

6. 根据项目法人责任制原则，在实施建设工程监理的工程项目中，建设单位应当负责完成(　　)工作。

A. 组织编写工程招标文件、投标资格预审、开标、评标

B. 选择确定设计、施工单位

C. 确定工程项目投资、进度、质量总目标

D. 筹集项目所需资金

E. 实施目标控制

7. 建设行政主管部门对工程监理企业资质实行年检制度。年检内容是检查工程监理企业(　　)。

A. 资质条件是否符合资质等级标准

B. 负责人资格条件是否符合要求

C. 是否存在质量、市场行为等方面的违法违规行为

D. 从事监理业务的人员比例是否达到规定要求

E. 是否将不合格的建设工程、建筑材料、建筑构配件和设备按照合格签字

8. 根据《工程监理企业资质管理规定》，甲级工程监理企业的技术负责人应当(　　)。

A. 具有 10 年以上从事工程建设工作的经历

B. 具有 15 年以上从事工程建设工作的经历

C. 具有高级技术职称

D. 取得《监理工程师注册证书》

E. 取得《监理工程师资格证书》

9. 根据《工程监理企业资质管理规定》，新设立的工程监理企业，(　　)。

A. 到工商行政管理部门登记注册并取得企业法人营业执照后，方可到建设行政主管部门办理资质申请手续

B. 到建设行政主管部门办理资质申请手续并获批准后，方可到工商行政管理部门申请登记注册，领取营业执照

C. 其资质等级按照实际达到的资质条件核定，并设 2 年的暂定期

D. 其资质等级按照最低等级核定，并设 2 年的暂定期

E. 其资质等级按照最低等级核定，并设 1 年的暂定期

10. 根据《工程监理企业资质管理规定》，甲级工程监理企业的技术负责人应当(　　)。

A. 具有 10 年以上从事工程建设工作的经历

B. 具有 15 年以上从事工程建设工作的经历

C. 具有高级技术职称

D. 取得《监理工程师注册证书》

E. 取得《监理工程师资格证书》

11. 在规定时间内工程监理企业没有参加资质年检，(　　)。

A. 一年内不得重新申请资质

B. 资质证书自行失效

C. 应当将资质证书交回原发证机关

D. 建设行政主管部门应当重新核定其资质等级

E. 再核定的资质等级应当低于原资质等级

第三章　建设工程目标控制

本章各节教学内容、教学要求及能力目标见表3-1。

表3-1　各节教学内容、教学要求及能力目标

章节	教学内容	教学要求	能力目标
第一节　目标控制概述	1. 控制流程及基本环节； 2. 控制类型； 3. 目标控制的前提工作	1. 了解控制流程及基本环节； 2. 账务控制类型； 3. 掌握目标控制的前提工作	1. 知道控制流程及基本环节； 2. 能够区分不同目标控制的类型； 3. 能够确定目标控制的前提工作
第二节　建设工程目标系统	1. 建设工程三大目标之间的关系； 2. 建设工程目标的确定； 3. 建设工程目标的分解	1. 掌握建设工程三大目标之间的关系； 2. 熟悉建设工程目标的确定； 3. 掌握建设工程目标的分解	1. 知道建设工程三大目标之间的关系； 2. 知道建设工程目标如何确定； 3. 能够对建设工程的目标进行分解
第三节　建设工程目标控制的含义	1. 建设工程投资控制的含义； 2. 建设工程进度控制的含义； 3. 建设工程质量控制的含义	1. 掌握建设工程投资控制的含义； 2. 掌握建设工程进度控制的含义； 3. 掌握建设工程质量控制的含义	1. 会确定建设工程投资控制的目标、进度控制的目标和质量控制的目标； 2. 能够对建设工程的投资目标、进度目标和质量目标进行全方位控制； 3. 能够对建设工程的投资目标、进度目标和质量目标进行全过程控制
第四节　建设工程目标控制的任务和措施	1. 建设工程目标控制的任务； 2. 建设工程目标控制的措施	1. 掌握建设工程目标控制的任务； 2. 掌握建设工程目标控制的措施	1. 知道建设工程各个阶段目标控制的任务； 2. 能够针对建设工程不同阶段的目标控制制定行之有效的控制措施

第一节　目标控制概述

控制是建设工程监理的重要管理活动。在管理学中，控制通常是指管理人员按计划标准来衡量所取得的成果，纠正所发生的偏差，使目标和计划得以实现的管理活动。管理首先开始于确定目标和制订计划，继而进行组织和人员配备，并进行有效的领导，一旦计划付诸实施或运行，就必须进行控制和协调，检查计划实施情况，找出偏离目标和计划的误差，确定应采取的纠正措施，以实现预定的目标和计划。

一、控制流程及其基本环节

（一）控制流程

不同的控制系统都有区别于其他系统的特点，但同时又都存在许多共性。建设工程目标控制的流程可用图 3-1 表示。

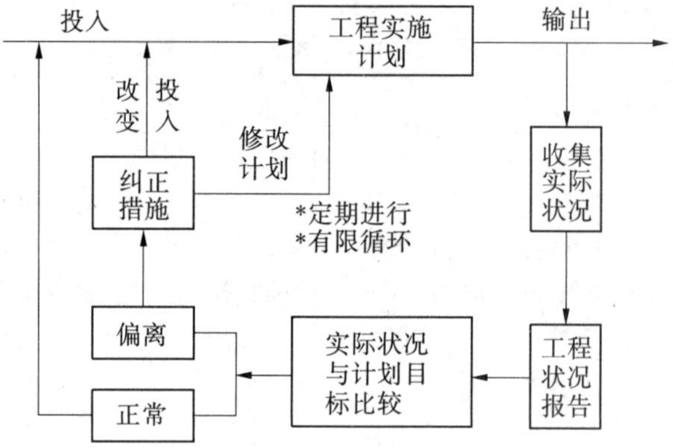

图 3-1　建设工程目标控制的流程

由于建设工程的建设周期长，在工程实施过程中受到的风险因素很多，因而实际状况偏离目标和计划的情况是经常发生的，往往出现投资增加、工期拖延、工程质量和功能未达到预定要求等问题。这就需要在工程实施过程中，通过对目标、过程和活动的跟踪，全面、及时、准确地掌握有关信息，将工程实际状况与目标和计划进行比较。如果偏离了目标和计划，就需要采取纠正措施，或改变投入，或修改计划，使工程能在新的计划状态下进行。而任何控制措施都不可能一劳永逸，原有的矛盾和问题解决了，还会出现新的矛盾和问题，需要不断地进行控制，这就是动态控制原理。上述控制流程是一个不断循环的过程，直至工程建成交付使用，因而建设工程的目标控制是一个有限循环过程。

对于建设工程目标控制系统来说，由于收集实际数据、进行偏差分析、制定纠偏措施都主要由目标控制人员来完成，都需要时间，这些工作不可能同时进行并在瞬间内完成，因而其控制实际上表现为周期性的循环过程。通常，在建设工程监理的实践中，投资控制、进度控制和常规质量控制问题的控制周期按周或月计，而严重的工程质量问题和事故，则需要及时加以控制。

动态控制的概念还可以从另一个角度来理解。由于系统本身的状态和外部环境是不断变化的，相应地就要求控制工作也随之变化。目标控制人员对建设工程本身的技术经济规律、目标控制工作规律的认识也是在不断变化的，他们的目标控制能力和水平也是在不断提高的，因而即使在系统状态和环境变化不大的情况下，目标控制工作也可能发生较大的变化。这表明，目标控制也可能包含着对已采取的目标控制措施的调整或控制。

（二）控制流程的基本环节

图 3-1 所示的控制流程可以进一步抽象为投入、转换、反馈、对比、纠正五个基本环节，如图 3-2 所示。对于每个控制循环来说，如果缺少某一环节或某一环节出现问题，就会导致循环障碍，就会降低控制的有效性，就不能发挥循环控制的整体作用。因此，必须明确控制流程各个基本环节的有关内容并做好相应的控制工作。

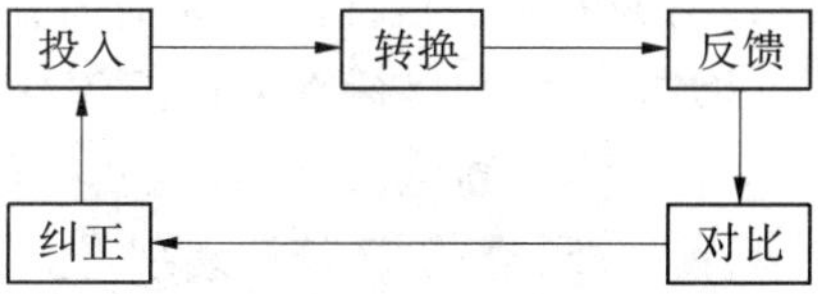

图 3-2　控制流程的基本环节

1. 投入

控制流程的每一循环始于投入。对于建设工程的目标控制流程来说，投入首先涉及的是传统的生产要素，包括人力（管理人员、技术人员、工人）、建筑材料、工程设备、施工机具、资金等；此外还包括施工方法、信息等。工程实施计划本身就包含着有关投入的计划。要使计划能够正常实施并达到预定的目标，就应当保证将质量、数量符合计划要求的资源按规定时间和地点投入到建设工程实施过程中去。

2. 转换

所谓转换，是指由投入到产出的转换过程，如建设工程的建造过程、设备购置等活动。转换过程，通常表现为劳动力（管理人员、技术人员、工人）运用劳动资料（如施工机具）将劳动对象（如建筑材料、工程设备等）转变为预定的产出品，如设计图纸、分项工程、分部工程、单位工程、单项工程，最终输出完整的建设工程。在转换过程中，计划的运行往往受到来自外部环境和内部系统的多因素干扰，从而造成实际状况偏离预定的目标和计划。同时，由于计划本身不可避免地存在一定问题，例如，计划没有经过科学的资源、技术、经济和财务可行性分析，从而造成实际输出与计划输出之间发生偏差。

转换过程中的控制工作是实现有效控制的重要工作。在建设工程实施过程中，监理工程师应当跟踪了解工程进展情况，掌握第一手资料，为分析偏差原因、确定纠偏措施提供可靠依据。同时，对于可以及时解决的问题，应及时采取纠偏措施，避免"积重难返"。

3. 反馈

即使是一项制订得相当完善的计划，其运行结果也未必与计划一致。因为在计划实施过程中，实际情况的变化是绝对的，不变是相对的，每个变化都会对目标和计划的实现带来一定的影响。所以，控制部门和控制人员需要全面、及时、准确地了解计划的执行情况及其结果，而这就需要通过反馈信息来实现。

反馈信息包括工程实际状况、环境变化等信息，如投资、进度、质量的实际状况，现场条件，合同履行条件，经济、法律环境变化等。控制部门和人员需要什么信息，取决于监理工作的需要以及工程的具体情况。为了使信息反馈能够有效地配合控制的各项工作，使整个控制过程流畅地进行，需要设计信息反馈系统，预先确定反馈信息的内容、形式、来源、传递等，使每个控制部门和人员都能及时获得他们所需要的信息。

信息反馈方式可以分为正式和非正式两种。正式信息反馈是指书面的工程状况报告之类的信息，它是控制过程中应当采用的主要反馈方式；非正式信息反馈主要指口头方式，如口头指令、口头反映的工程实施情况，对非正式信息反馈也应当予以足够的重视。当然，非正式信息反馈应当适时转化为正式信息反馈，才能更好地发挥其对控制的作用。

4. 对比

对比是将目标的实际值与计划值进行比较，以确定是否发生偏离。目标的实际值来源于反馈信息。在对比工作中，要注意以下几点：

(1)明确目标实际值与计划值的内涵。目标的实际值与计划值是两个相对的概念。随着建设工程实施过程的进展，其实施计划和目标都将逐渐深化、细化，往往还要作适当的调整。从目标形成的时间来看，在前者为计划值，在后者为实际值。以投资目标为例，有投资估算、设计概算、施工图预算、标底、合同价、结算价等表现形式。其中，投资估算相对于其他的投资值都是目标值；施工图预算相对于投资估算、设计概算为实际值，而相对于标底、合同价、结算价则为计划值；结算价则相对于其他的投资值均为实际值（注意不要将投资的实际值与实际投资两个概念相混淆）。

(2)合理选择比较的对象。在实际工作中，最为常见的是相邻两种目标值之间的比较。在许多建设工程中，我国业主往往以批准的设计概算作为投资控制的总目标，这时，合同价与设计概算、结算价与设计概算的比较也是必要的。另外，结算价以外各种投资值之间的比较都是一次性的，而结算价与合同价（或设计概算）的比较则是经常性的，一般是定期（如每月）比较。

(3)建立目标实际值与计划值之间的对应关系。建设工程的各项目标都要进行适当的分解，通常，目标的计划值分解较粗，目标的实际值分解较细。例如，建设工程初期制定的总进度计划中的工作可能只达到单位工程，而施工进度计划中的工作却达到分项工程；投资目标的分解也有类似问题。因此，为了保证能够切实地进行目标实际值与计划值的比较，并通过比较发现问题，必须建立目标实际值与计划值之间的对应关系。这就要求目标的分解深度、细度可以不同，但分解的原则、方法必须相同，从而可以在较粗的层次上进行目标实际值与计划值的比较。

(4)确定衡量目标偏离的标准。要正确判断某一目标是否发生偏差，就要预先确定衡量目标偏离的标准。例如，某建设工程的某项工作的实际进度比计划要求拖延了一段时间，如果这项工作是关键工作，或者虽然不是关键工作，但该项工作拖延的时间超过了它的总时差，则应当判断为发生偏差，即实际进度偏离计划进度；反之，如果该项工作不是关键工作，且其拖延的时间未超过总时差，则虽然该项工作本身偏离计划进度，但从整个工程的角度来看，实际进度并未偏离计划进度。又如，某建设工程在实施过程中发生了较为严重的超投资现象，为了使总投资额控制在预定的计划值（如设计概算）之内，决定删除其中的某单项工程。在这种情况下，虽然整个建设工程投资的实际值未偏离计划值，但是，对于保留的各单项工程来说，投资的实际值可能均不同程度地偏离了计划值。

5. 纠正

对于目标实际值偏离计划值的情况要采取措施加以纠正（或称为纠偏）。根据偏差的具体情况，可以分为以下三种情况进行纠偏：

(1)直接纠偏。所谓直接纠偏，是指在轻度偏离的情况下，不改变原定目标的计划值，基本不改变原定的实施计划，在下一个控制周期内，使目标的实际值控制在计划值范围内。例如，某建设工程某月的实际进度比计划进度拖延了一二天，则在下个月中适当增加人力、施工机械的投入量即可使实际进度恢复到计划状态。

(2)不改变总目标的计划值，调整后期实施计划。这是在中度偏离情况下所采取的对策。由于目标实际值偏离计划值的情况已经比较严重，已经不可能通过直接纠偏在下一个控制周期内恢复到计划状态，因而必须调整后期实施计划。例如，某建设工程施工计划工期为 24 个月，在施工进行到 12 个月时，工期已经拖延 1 个月，这时，通过调整后期施工计划，若最终能按计划工期建成该工程，应当说仍然是令人满意的结果。

（3）重新确定目标的计划值，并据此重新制订实施计划。这是在重度偏离情况下所采取的对策。由于目标实际值偏离计划值的情况已经很严重，已经不可能通过调整后期实施计划来保证原定目标计划值的实现，因而必须重新确定目标的计划值。例如，某建设工程施工计划工期为24个月，在施工进行到12个月时，工期已经拖延4个月（仅完成原计划8个月的工程量），这时，不可能在以后12个月内完成16个月的工作量，工期拖延已成定局。但是，从进度控制的要求出发，至少不能在今后12个月内出现等比例拖延的情况；如果能在今后12个月内完成原定计划的工程量，已属不易；而如果最终用26个月建成该工程，则后期进度控制的效果是相当不错的。

需要特别说明的是，只要目标的实际值与计划值有差异，就发生了偏差。但是，对于建设工程目标控制来说，纠偏一般是针对正偏差（实际值大于计划值）而言，如投资增加、工期拖延。而如果出现负偏差，如投资节约、工期提前，并不会采取"纠偏"措施，故意增加投资、放慢进度，使投资和进度恢复到计划状态。不过，对于负偏差的情况，要仔细分析其原因，排除假象。例如，投资的实际值存在缺项、计算依据不当、投资计划值中的风险费估计过高。对于确实是通过积极而有效的目标控制方法和措施而产生负偏差效果的情况，应认真总结经验，扩大其应用范围，更好地发挥其在目标控制中的作用。

☆重点提示

控制流程的基本环节：1.投入；2.转换；3.反馈；4.对比；5.纠正。

二、控制类型

根据划分依据的不同，可将控制分为不同的类型。例如，按照控制措施作用于控制对象的时间，可分为事前控制、事中控制和事后控制；按照控制信息的来源，可分为前馈控制和反馈控制；按照控制过程是否形成闭合回路，可分为开环控制和闭环控制；按照控制措施制定的出发点，可分为主动控制和被动控制。控制类型的划分是人为的（主观的），是根据不同的分析目的而选择的，而控制措施本身是客观的。因此，同一控制措施可以表述为不同的控制类型，或者说，不同划分依据的不同控制类型之间存在内在的同一性。

（一）主动控制

所谓主动控制，是在预先分析各种风险因素及其导致目标偏离的可能性和程度的基础上，拟订和采取有针对性的预防措施，从而减少乃至避免目标偏离。

主动控制也可以表述为其他不同的控制类型。

主动控制是一种事前控制。它必须在计划实施之前就采取控制措施，以降低目标偏离的可能性或其后果的严重程度，起到防患于未然的作用。

主动控制是一种前馈控制。它主要是根据已建同类工程实施情况的综合分析结果，结合拟建工程的具体情况和特点，将教训上升为经验，用以指导拟建工程的实施，起到避免重蹈覆辙的作用。

主动控制通常是一种开环控制（见图3-3）。

图3-3 主动控制

综上所述，主动控制是一种面对未来的控制，它可以解决传统控制过程中存在的时滞影响，尽最大可能避免偏差已经成为现实的被动局面，降低偏差发生的概率及其严重程度，从而使目标得到有效控制。

（二）被动控制

所谓被动控制，是从计划的实际输出中发现偏差，通过对产生偏差原因的分析，研究制定纠偏措施，以使偏差得以纠正，工程实施恢复到原来的计划状态，或虽然不能恢复到计划状态，但可以降低偏差的严重程度。

被动控制也可以表述为其他的控制类型。

被动控制是一种事中控制和事后控制。它是在计划实施过程中对已经出现的偏差采取控制措施，它虽然不能降低目标偏离的可能性，但可以降低目标偏离的严重程度，并将偏差控制在尽可能小的范围内。

被动控制是一种反馈控制。它是根据本工程实施情况（即反馈信息）的综合分析结果进行的控制，其控制效果在很大程度上取决于反馈信息的全面性、及时性和可靠性。

被动控制是一种闭环控制（见图3-4）。闭环控制即循环控制，也就是说，被动控制表现为一个循环过程：发现偏差，分析产生偏差的原因，研究制定纠偏措施并预计纠偏措施的成效，落实并实施纠偏措施，产生实际成效，收集实际实施情况，对实施的实际效果进行评价，将实际效果与预期效果进行比较，发现偏差……直至整个工程建成。

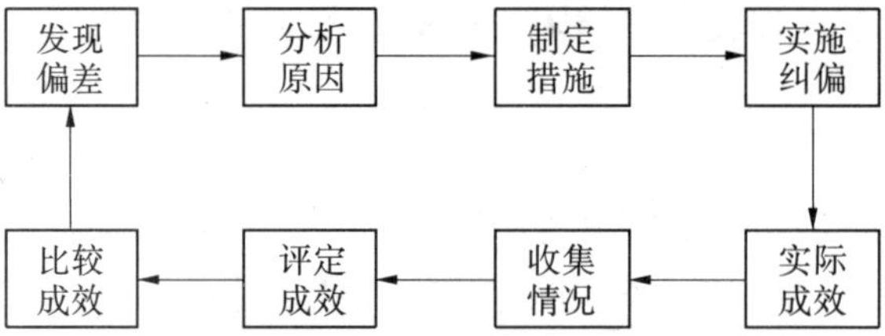

图3-4　被动控制的闭合回路

综上所述，被动控制是一种面对现实的控制。虽然目标偏离已成为客观事实，但是通过被动控制措施，仍然可能使工程实施恢复到计划状态，至少可以减少偏差的严重程度。不可否认，被动控制仍然是一种有效的控制，也是十分重要而且经常运用的控制方式。因此，对被动控制应当予以足够的重视，并努力提高其控制效果。

（三）主动控制与被动控制的关系

由以上分析可知，在建设工程实施过程中，如果仅仅采取被动控制措施，出现偏差是不可避免的，而且偏差可能有累积效应，即虽然采取了纠偏措施，但偏差可能越来越大，从而难以实现预定的目标。另外，主动控制的效果虽然比被动控制好，但是仅仅采取主动控制措施却是不现实的，或者说是不可能的。因为建设工程实施过程中有相当多的风险因素是不可预见甚至是无法防范的，如政治、社会、自然等因素，而且采取主动控制措施往往要付出一定的代价，即耗费一定的资金和时间，对于那些发生概率小且发生后损失亦较小的风险因素，采取主动控制措施有时可能是不经济的。这表明，是否采取主动控制措施以及究竟采取什么主动控制措施，应在对风险因素进行定量分析的基础上，通过技术经济分析和比较来决定。在某些情况下，被动控制倒可能是较佳的选择。因此，对于建设工程目标控制来说，主动控制和被动控制两者缺一不可，都是实现建设工程目标所必须采取的控制方式，应将主动控制与被动控制紧密结合起来，如图 3-5 所示。

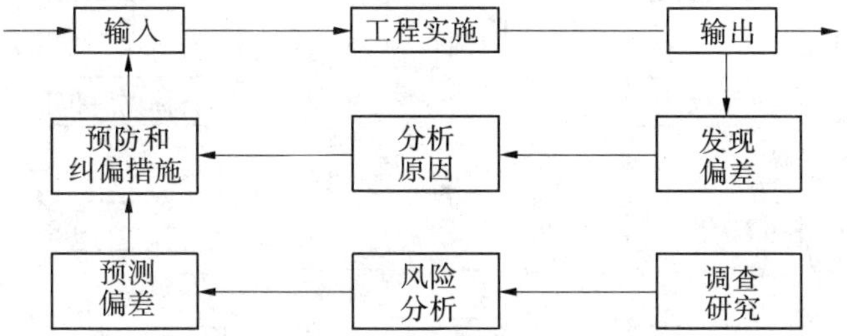

图 3-5　主动控制与被动控制相结合

要做到主动控制与被动控制相结合，关键在于处理好以下两方面问题：一是要扩大信息来源，即不仅要从本工程获得实施情况的信息，而且要从外部环境获得有关信息，包括已建同类工程的有关信息，这样才能对风险因素进行定量分析，使纠偏措施有针对性；二是要把握好输入这个环节，即要输入两类纠偏措施，不仅有纠正已经发生的偏差的措施，而且有预防和纠正可能发生的偏差的措施，这样才能取得较好的控制效果。

需要说明的是，虽然在建设工程实施过程中仅仅采取主动控制是不可能的，有时是不经济的，但不能因此而否定主动控制的重要性。实际上，牢固确立主动控制的思想，认真研究并制定多种主动控制措施，尤其要重视那些基本上不需要耗费资金和时间的主动控制措施，如组织、经济、合同方面的措施，并力求加大主动控制在控制过程中的比例，对于提高建设工程目标控制的效果，具有十分重要而现实的意义。

☆**重点提示**

按照控制措施制定的出发点，控制可分为主动控制和被动控制，事前控制、前馈控制及开环控制是主动控制，事中控制和事后控制、后馈控制及闭环控制是被动控制。采用主动控制为主、被动控制为辅的控制思想是错误的，仅仅采用主动控制的控制思想也是错误的。

三、目标控制的前提工作

为了进行有效的目标控制，必须做好两项重要的前提工作：一是目标规划和计划，二是目标控制的组织。

（一）目标规划和计划

如果没有目标，就无所谓的控制；而如果没有计划，就无法实施控制。因此，要进行目标控制，首先必须对目标进行合理的规划并制订相应的计划。目标规划和计划越明确、越具体、越全面，目标控制的效果就越好。

1. 目标规划和计划与目标控制的关系

图 3-6 表示的是建设工程各阶段的基本工作、目标规划、目标控制之间的关系。

由图 3-6 可知，建设一项工程，首先要根据业主的建设意图进行可行性研究并制定目标规划Ⅰ，即确定建设工程总体投资、进度、质量目标。例如，就投资目标而言，目标规划Ⅰ就表现为投资估算，同时要确定实现建设工程目标的总体计划和下阶段工作的实施计划。然后，按照目标规划Ⅰ的要求进行方案设计。在方案设计的过程中要根据目标规划Ⅰ进行控制，力求使方案设计符合目标规划Ⅰ的要求。同时，根据输出的方案设计还要对目标规划Ⅰ进行必要的调整、细化，以解决目标规划Ⅰ中不适当的地方。在此基础上，制定目标规划Ⅱ，

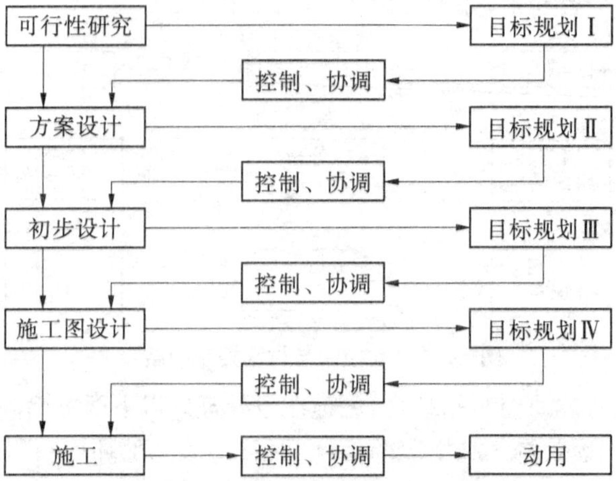

图 3-6　目标规划与目标控制的关系

即细度和精度均较目标规划Ⅰ有所提高的新的投资估算。然后根据目标规划Ⅱ进行初步设计，在初步设计过程中进行控制。例如，进行限额设计，根据初步设计的结果制定目标规划Ⅲ，即设计概算。至于目标规划Ⅳ，是在施工图设计基础上制定的。其最初表现为施工图预算，经过招标投标后则表现为标底和合同价。最后，在施工过程中，要根据目标规划Ⅳ进行控制，直至整个工程建成。

不难看出，目标规划需要反复进行多次。这表明，一方面，目标规划和计划与目标控制的动态性相一致。建设工程的实施要根据目标规划和计划进行控制，力求使之符合目标规划和计划的要求。另一方面，随着建设工程的进展，工程内容、功能要求、外界条件等都可能发生变化，工程实施过程中的反馈信息可能表明目标和计划出现偏差，这都要求目标规划与之相适应，需要在新的条件和情况下不断深入、细化，并可能需要对前一阶段的目标规划作出必要的修正或调整，真正成为目标控制的依据。由此可见，目标规划和计划与目标控制之间表现出一种交替出现的循环关系，但这种循环不是简单的重复，而是在新的基础上不断前进的循环，每一次循环都有新的内容、新的发展。

2. 目标控制的效果在很大程度上取决于目标规划和计划的质量

应当说，目标控制的效果直接取决于目标控制的措施是否得力，是否将主动控制与被动控制有机地结合起来，以及采取控制措施的时间是否及时等。但是，目标控制的效果虽然是客观的，而人们对目标控制效果的评价却是主观的，通常是将实际结果与预定的目标和计划进行比较。如果出现较大的偏差，一般就认为控制效果较差；反之，则认为控制效果较好。从这个意义上讲，目标控制的效果在很大程度上取决于目标规划和计划的质量。如果目标规划和计划制订得不合理，甚至根本不可能实现，则不仅难以客观地评价目标控制的效果，而且可能使目标控制人员丧失信心，难以发挥他们在目标控制工作方面的主动性、积极性和创造性，从而严重降低目标控制的效果。因此，为了提高并客观评价目标控制的效果，需要提高目标规划和计划的质量。为此，必须做好以下两方面工作：

一是合理确定并分解目标。具体内容见本章第二节。

二是制订可行且优化的计划。

计划是对实现总目标的方法、措施和过程的组织和安排，是建设工程实施的依据和指南。通过计划,可以分析目标规划所确定的投资、进度、质量总目标是否平衡、能否实现。如果发现不平衡或不能实现,则必须修改目标。从这个意义上讲,计划不仅是对目标的实施,也是对目标的进一步论证。通过计划,可以按分解后的目标落实责任体系,调动和组织各方面人员为实现建设工程总目标共同工作,这表明,计划是许多更细、更具体的目标的组合。通过计划,通过科学的组织和安排,可以协调各单位、各专业之间的关系,充分利用时间和空间,最大限度地提高建设工程的整体效益。

制订计划首先要保证计划的可行性,即保证计划的技术、资源、经济和财务的可行性,保证建设工程的实施能够有足够的时间、空间、人力、物力和财力。为此,首先必须了解并认真分析拟建建设工程自身的客观规律性,在充分考虑工程规模、技术复杂程度、质量水平、主要工作的逻辑关系等因素的前提下制订计划,切不可不合理地缩短工期和降低投资。其次,要充分考虑各种风险因素对计划实施的影响,留有一定的余地,例如,在投资总目标中预留风险费或不可预见费,在进度总目标中留有一定的机动时间等。此外,还要考虑业主的支付能力(资金筹措能力)、设备供应能力、管理和协调能力等。

在确保计划可行的基础上,还应根据一定的方法和原则力求使计划优化。对计划的优化实际上是作多方案的技术经济分析和比较。当然,限于时间和人们对客观规律认识的局限性,最终制订的计划只是相对意义上最优的计划,而不可能是绝对意义上最优的计划。

计划制订得越明确、越完善,目标控制的效果就越好。

(二)目标控制的组织

由于建设工程目标控制的所有活动以及计划的实施都是由目标控制人员来实现的,因此如果没有明确的控制机构和人员,目标控制就无法进行;或者虽然有了明确的控制机构和人员,但其任务和职能分工不明确,目标控制就不能有效地进行。这表明,合理而有效的组织是目标控制的重要保障。目标控制的组织机构和任务分工越明确、越完善,目标控制的效果就越好。

为了有效地进行目标控制,需要做好以下几方面的组织工作:

(1)设置目标控制机构。

(2)配备合适的目标控制人员。

(3)落实目标控制机构和人员的任务与职能分工。

(4)合理组织目标控制的工作流程和信息流程。

☆重点提示

目标控制的前提工作:一是目标规划和计划,二是目标控制的组织。

第二节　建设工程目标系统

任何建设工程都有投资、进度、质量三大目标,这三大目标构成了建设工程的目标系统。为了有效地进行目标控制,必须正确认识和处理投资、进度、质量三大目标之间的关系,并且合理确定和分解这三大目标。

一、建设工程三大目标之间的关系

建设工程投资、进度(或工期)、质量三大目标两两之间存在既对立又统一的关系。对此，首先要弄清在什么情况下表现为对立的关系，在什么情况下表现为统一的关系。从建设工程业主的角度出发，往往希望该工程的投资少、工期短（或进度快）、质量好。如果采取某种措施可以同时实现其中两个要求（如既投资少又工期短），则该两个目标之间就是统一的关系；反之，如果只能实现其中一个要求（如工期短），而另一个要求不能实现（如质量差），则该两个目标（即工期和质量）之间就是对立的关系。以下就具体分析建设工程三大目标之间的关系。

（一）建设工程三大目标之间的对立关系

建设工程三大目标之间的对立关系比较直观，易于理解。一般来说，如果对建设工程的功能和质量要求较高，就需要采用较好的工程设备和建筑材料，就需要投入较多的资金；同时，还需要精工细作，严格管理，不仅增加人力的投入（人工费相应增加），而且需要较长的建设时间。如果要加快进度，缩短工期，则需要加班加点或适当增加施工机械和人力，一方面，这将直接导致施工效率下降，单位产品的费用上升，从而使整个工程的总投资增加；另一方面，加快进度往往会打乱原有的计划，使建设工程实施的各个环节之间产生脱节现象，增加控制和协调的难度，不仅有时可能“欲速则不达”，而且会对工程质量带来不利影响或留下工程质量隐患。如果要降低投资，就需要考虑降低功能和质量要求，采用较差或普通的工程设备和建筑材料；同时，只能按费用最低的原则安排进度计划，整个工程需要的建设时间就较长。应当说明的是，在这种情况下的工期其实是合理工期，只是相对于加快进度情况下的工期而言，显得工期较长。

以上分析表明，建设工程三大目标之间存在对立的关系。因此，不能奢望投资、进度、质量三大目标同时达到“最优”，即既要投资少，又要工期短，还要质量好。在确定建设工程目标时，不能将投资、进度、质量三大目标割裂开来，分别孤立地分析和论证，更不能片面强调某一目标而忽略其对其他两个目标的不利影响，而必须将投资、进度、质量三大目标作为一个系统统筹考虑，反复协调和平衡，力求实现整个目标系统最优。

（二）建设工程三大目标之间的统一关系

对于建设工程三大目标之间的统一关系，需要从不同的角度分析和理解。例如，加快进度、缩短工期虽然需要增加一定的投资，但是可以使整个建设工程提前投入使用，从而提早发挥投资效益，还能在一定程度上减少利息支出，如果提早发挥的投资效益超过因加快进度所增加的投资额度，则加快进度从经济角度来说就是可行的。一方面，如果提高功能和质量要求，虽然需要增加一次性投资，但是可能降低工程投入使用后的运行费用和维修费用，从全寿命费用分析的角度则是节约投资的；在不少情况下，功能好、质量优的工程（如宾馆、商用办公楼）投入使用后的收益往往较高；此外，从质量控制的角度，如果在实施过程中进行严格的质量控制，保证实现工程预定的功能和质量要求（相对于由于质量控制不严而出现质量问题可认为是“质量好”），则不仅可减少实施过程中的返工费用，而且可以大大减少投入使用后的维修费用。另一方面，严格控制质量还能起到保证进度的作用。如果在工程实施过程中发现质量问题及时进行返工处理，虽然需要耗费时间，但可能只影响局部工作的进度，不影响整个工程的进度；或虽然影响整个工程的进度，但是比不及时返工而酿成重大工程质量事故对整个工程进度的影响要小，也比留下工程质量隐患到使用阶段才发现而不得不停止使用进行修理所造成的时间损失要小。

在确定建设工程目标时，应当对投资、进度、质量三大目标之间的统一关系进行客观而尽可能定量的分析。在分析时要注意以下几方面问题：

（1）掌握客观规律，充分考虑制约因素。例如，一般来说，加快进度、缩短工期所提前发挥的投资效益都超过加快进度所需要增加的投资，但不能由此而导出工期越短越好的错误结论，因为加快进度、缩短工期会受到技术、环境、场地等因素的制约（当然还要考虑对投资和质量的影响），不可能无限制地缩短工期。

（2）对未来的、可能的收益不宜过于乐观。通常，当前的投入是现实的，其数额也是较为确定的，而未来的收益却是预期的、不很确定的。例如，提高功能和质量要求所需要增加的投资可以很准确地计算出来，但今后的收益却受到市场供求关系的影响，如果届时同类工程（如五星级宾馆、智能化办公楼）供大于求，则预期收益就难以实现。

（3）将目标规划和计划结合起来。如前所述，建设工程所确定的目标要通过计划的实施才能实现。如果建设工程进度计划制定得既可行又优化，使工程进度具有连续性、均衡性，则不但可以缩短工期，而且有可能获得较好的质量且耗费较低的投资。从这个意义上讲，优化的计划是投资、进度、质量三大目标统一的计划。

在对建设工程三大目标对立统一关系进行分析时，同样需要将投资、进度、质量三大目标作为一个系统统筹考虑，同样需要反复协调和平衡，力求实现整个目标系统最优，也就是实现投资、进度、质量三大目标的统一。

☆**重点提示**

建设工程三大目标之间的关系：对立统一。

二、建设工程目标的确定

（一）建设工程目标确定的依据

如前所述，目标规划是一项动态性工作，在建设工程的不同阶段都要进行，因而建设工程的目标并不是一经确定就不再改变的。由于建设工程不同阶段所具备的条件不同，目标确定的依据自然也就不同。一般来说，在施工图设计完成之后，目标规划的依据比较充分，目标规划的结果也比较准确和可靠。但是，对于施工图设计完成以前的各个阶段来说，建设工程数据库具有十分重要的作用，应予以足够的重视。

建设工程的目标规划总是由某个单位编制的，如设计院、监理公司或其他咨询公司。这些单位都应当把自己承担过的建设工程的主要数据存入数据库。若某一地区或城市能建立本地区或本市的建设工程数据库，则可以在大范围内共享数据，增加同类建设工程的数量，从而大大提高目标确定的准确性和合理性。建立建设工程数据库，至少要做好以下几方面工作：

（1）按照一定的标准对建设工程进行分类。通常按使用功能分类较为直观，也易于被人接受和记忆。例如，将建设工程分为道路、桥梁、房屋建筑等，房屋建筑还可进一步分为住宅、学校、医院、宾馆、办公楼、商场等。为了便于计算机辅助管理，当然还需要建立适当的编码体系。

（2）对各类建设工程所可能采用的结构体系进行统一分类。例如，根据结构理论和我国目前常用的结构形式，可将房屋建筑的结构体系分为砖混结构、框架结构、框剪结构、筒体结构等；可将桥梁建筑分为钢箱梁吊桥、钢箱梁斜拉桥、钢筋混凝土斜拉桥、拱桥、中承式桁架桥、下承式桁架桥等。

(3)数据既要有一定的综合性又要能足以反映建设工程的基本情况和特征。例如，除了工程名称、投资总额、总工期、建成年份等共性数据外，房屋建筑的数据还应有建筑面积、层数、柱距、基础形式、主要装修标准和材料等；桥梁建筑的数据还应有长度、跨度、宽度、高度（净高）等。工程内容最好能分解到分部工程，有些内容可能分解到单位工程已能满足需要。投资总额和总工期也应分解到单位工程或分部工程。建设工程数据库对建设工程目标确定的作用，在很大程度上取决于数据库中与拟建工程相似的同类工程的数量。因此，建立和完善建设工程数据库需要经历较长的时间，在确定数据库的结构之后，数据的积累、分析就成为主要任务，也可能在应用过程中还要对已确定的数据库结构和内容作适当的调整、修正和补充。

（二）建设工程数据库的应用

要确定某一拟建工程的目标，首先必须大致明确该工程的基本技术要求，如工程类型、结构体系、基础形式、建筑高度、主要设备、主要装饰要求等。然后，在建设工程数据库中检索并选择尽可能相近的建设工程（可能有多个），将其作为确定该拟建工程目标的参考对象。由于建设工程具有多样性和单件生产的特点，有时很难找到与拟建工程基本相同或相似的同类工程，因此在应用建设工程数据库时，往往要对其中的数据进行适当的综合处理，必要时可将不同类型工程的不同分部工程加以组合。例如，若拟建造一座多功能综合办公楼，根据其基本的技术要求，可能在建设工程数据库中选择某银行的基础工程、某宾馆的主体结构工程、某办公楼的装饰工程和内部设施作为确定其目标的依据。

同时，要认真分析拟建工程的特点，找出拟建工程与已建类似工程之间的差异，并定量分析这些差异对拟建工程目标的影响，从而确定拟建工程的各项目标。例如，上海市地铁二号线与地铁一号线（将地铁一号线作为建设工程数据库中的已建类似工程，地铁二号线作为拟建工程）总体上非常相似，但通过深入分析发现，地铁二号线的人民广场站是与地铁一号线的交汇点，建在地铁一号线人民广场站的下方，显然在技术上有其特殊要求；另外，地铁二号线需要穿越黄浦江，这一段的区间隧道就与地铁一号线所有的区间隧道都不同，有必要参考其他的越江隧道工程，如延安路隧道工程。而地铁二号线的其他车站和区间隧道工程则可参照地铁一号线的车站和区间隧道工程确定其目标，必要时可能还需要根据车站工程的规模大小和区间隧道工程的长度确定对应关系。在此基础上确定的地铁二号线的总目标就比较合理和可靠。

另外，建设工程数据库中的数据都是历史数据，由于拟建工程与已建工程之间存在“时间差”，因而对建设工程数据库中的有些数据不能直接应用，而必须考虑时间因素和外部条件的变化，采取适当的方式加以调整。例如，对于投资目标，可以采用线性回归分析法或加权移动平均法进行预测分析，还可能需要考虑技术规范的发展对投资的影响；对于工期目标，需要考虑施工技术和方法以及施工机械的发展，还需要考虑法规变化对施工时间的限制，如不允许夜间施工等；对于质量目标，要考虑强制性标准的提高，如城市规划、环保、消防等方面的新规定。

由以上分析可知，建设工程数据库中的数据表面上是静止的，实际上是动态的（不断得到充实）；表面上是孤立的，实际上内部有着非常密切的联系。因此，建设工程数据库的应用并不是一项简单的复制工作。要用好、用活建设工程数据库，关键在于客观分析拟建工程的特点和具体条件，并采用适当的方式加以调整，这样才能充分发挥建设工程数据库对合理确定拟建工程目标的作用。

三、建设工程目标的分解

为了在建设工程实施过程中有效地进行目标控制，仅有总目标还不够，还需要将总目标进行适当的分解。

（一）目标分解的原则

建设工程目标分解应遵循以下几个原则：

（1）能分能合。这要求建设工程的总目标能够自上而下逐层分解，也能够根据需要自下而上逐层综合。这一原则实际上是要求目标分解要有明确的依据并采用适当的方式，避免目标分解的随意性。

（2）按工程部位分解，而不按工种分解。这是因为建设工程的建造过程也是工程实体的形成过程，这样分解比较直观，而且可以将投资、进度、质量三大目标联系起来，也便于对偏差原因进行分析。

（3）区别对待，有粗有细。根据建设工程目标的具体内容、作用和所具备的数据，目标分解的粗细程度应当有所区别。例如，在建设工程的总投资构成中，有些费用数额大，占总投资的比例大，而有些费用则相反。从投资控制工作的要求来看，重点在于前一类费用。因此，对前一类费用应当尽可能分解得细一些、深一些；而对后一类费用则分解得粗一些、浅一些。另外，有些工程内容的组成非常明确、具体（如建筑工程、设备等），所需要的投资和时间也较为明确，可以分解得很细；而有些工程内容则比较笼统，难以详细分解。因此，对不同工程内容目标分解的层次或深度，不必强求一律，要根据目标控制的实际需要和可能来确定。

（4）有可靠的数据来源。目标分解本身不是目的而是手段，是为目标控制服务的。目标分解的结果是形成不同层次的分目标，这些分目标就成为各级目标控制组织机构和人员进行目标控制的依据。如果数据来源不可靠，分目标就不可靠，就不能作为目标控制的依据。因此，目标分解所达到的深度应当以能够取得可靠的数据为原则，并非越深越好。

（5）目标分解结构与组织分解结构相对应。如前所述，目标控制必须有组织加以保障，要落实到具体的机构和人员，因而就存在一定的目标控制组织分解结构。只有使目标分解结构与组织分解结构相对应，才能进行有效的目标控制。当然，一般而言，目标分解结构较细、层次较多，而组织分解结构较粗、层次较少，目标分解结构在较粗的层次上应当与组织分解结构一致。

（二）目标分解的方式

建设工程的总目标可以按照不同的方式进行分解。对于建设工程投资、进度、质量三个目标来说，目标分解的方式并不完全相同，其中，进度目标和质量目标的分解方式较为单一，而投资目标的分解方式较多。

按工程内容分解是建设工程目标分解最基本的方式，适用于投资、进度、质量三个目标的分解，但是，三个目标分解的深度不一定完全一致。一般来说，将投资、进度、质量三个目标分解到单项工程和单位工程是比较容易办到的，其结果也是比较合理和可靠的。在施工图设计完成之前，目标分解至少都应当达到这个层次。至于是否分解到分部工程和分项工程,一方面取决于工程进度所处的阶段、资料的详细程度、设计所达到的深度等,另一方面还取决于目标控制工作的需要。

建设工程的投资目标还可以按总投资构成内容和资金使用时间(即进度)分解。

☆**重点提示**

建设工程目标分解的原则:1. 能分能合;2. 按工程部位分解,而不按工种分解;3. 区别对待,有粗有细;4. 有可靠的数据来源;5. 目标分解结构与组织分解结构相对应。

第三节　建设工程目标控制的含义

建设工程投资、进度、质量控制的含义既有区别,又有内在联系和共性。本节将从目标、系统控制、全过程控制和全方位控制四个方面来分别阐述建设工程目标控制含义的具体内容。

一、建设工程投资控制的含义

(一)建设工程投资控制的目标

建设工程投资控制的目标,就是通过有效的投资控制工作和具体的投资控制措施,在满足进度和质量要求的前提下,力求使工程实际投资不超过计划投资。这一目标可用图 3-7 表示。

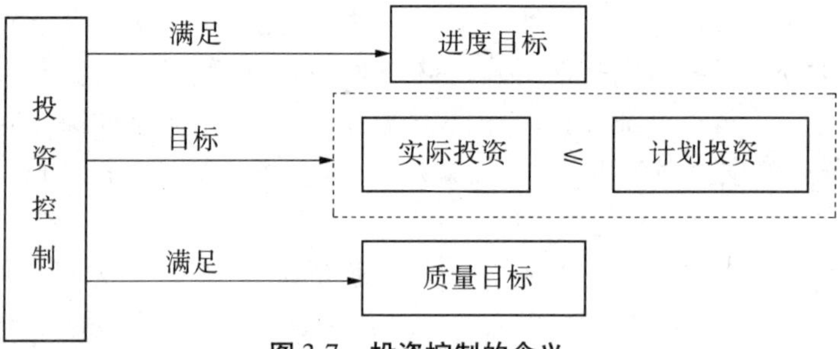

图 3-7　投资控制的含义

“实际投资不超过计划投资”可能表现为以下几种情况:

(1)在投资目标分解的各个层次上,实际投资均不超过计划投资。这是最理想的情况,是投资控制追求的最高目标。

(2)在投资目标分解的较低层次上,实际投资在有些情况下超过计划投资,在大多数情况下不超过计划投资,因而在投资目标分解的较高层次上,实际投资不超过计划投资。

(3)实际总投资未超过计划总投资,在投资目标分解的各个层次上,都出现实际投资超过计划投资的情况,但在大多数情况下实际投资未超过计划投资。

后两种情况虽然存在局部的超投资现象,但建设工程的实际总投资未超过计划总投资,因而仍然是令人满意的结果。何况,出现这种现象,除投资控制工作和措施存在一定的问题、有待改进和完善外,还可能是投资目标分解不尽合理所造成的,而投资目标分解绝对合理又是很难做到的。

(二)系统控制

从上述建设工程投资控制的目标可知,投资控制是与进度控制和质量控制同时进行的,它是针对整个建设工程目标系统所实施的控制活动的一个组成部分,在实施投资控制的同时需要满足预定的进度目标和质量目标。因此,在投资控制的过程中,要协调好与进度控制和质量控制的关系,做到三大目标控制的有机配合和相互平衡,而不能片面强调投资控制。如前所述,目标规划时对投资、进度、质量三大目标进行了反复协调和平衡,力求实现整个目标系统最优。如果在投资控制的过程中破坏了这种平衡,也就破坏了整个目标系统,即使投资控制的效果看起来较好或很好,但其结果肯定不是目标系统最优。

从这个基本思想出发,当采取某项投资控制措施时,如果某项措施会对进度目标和质量目标产生不利的影响,就要考虑是否还有别的更好的措施,要慎重决策。例如,采用限额设计进行投资控制时,一方面要力争使整个工程总的投资估算额控制在投资限额之内,又要保证工程预定的功能、使用要求和质量标准。又如,当发现实际投资已经超过计划投资之后,为了控制投资,不能简单地删减工程内容或降低设计标准,即使不得已而这样做,也要慎重选择被删减或降低设计标准的具体工程内容,力求使减少投资对工程质量的影响减小到最低程度。这种协调工作在投资控制过程中是绝对不可缺少的。

简而言之,系统控制的思想就是要实现目标规划与目标控制之间的统一,实现三大目标控制的统一。

(三)全过程控制

所谓全过程,主要是指建设工程实施的全过程,也可以是工程建设全过程。建设工程的实施阶段包括设计阶段(含设计准备)、招标阶段、施工阶段以及竣工验收和保修阶段。在这几个阶段中都要进行投资控制,但从投资控制的任务来看,主要集中在前三个阶段。

建设工程的实施过程,一方面表现为实物形成过程,即其生产能力和使用功能的形成过程,这是看得见的;另一方面则表现为价值形成过程,即其投资的不断累加过程,这是算得出的。这两种过程对建设工程的实施来说都是很重要的,而从投资控制的角度来看,较为关心的则是后一种过程。

需要特别指出的是,在建设工程实施过程中,累计投资在设计阶段和招标阶段缓慢增加,进入施工阶段后则迅速增加,到施工后期,累计投资的增加又趋于平缓。另外,节约投资的可能性(或影响投资的程度)从设计阶段到施工开始前迅速降低,其后的变化就相当平缓了。累计投资和节约投资可能性的上述特征可用图 3-8 表示。

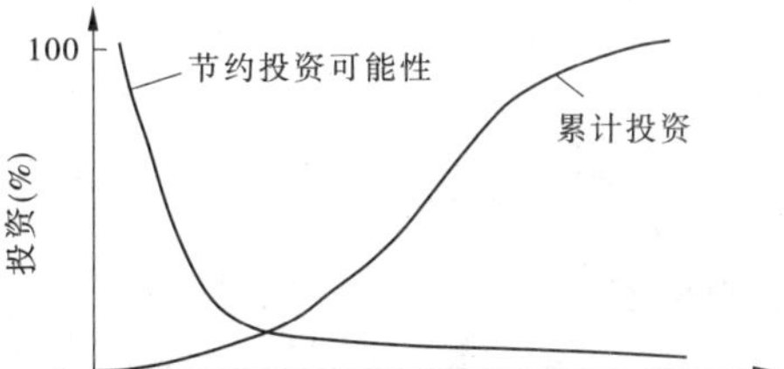

图 3-8　累计投资和节约投资可能性曲线

图 3-8 表明,虽然建设工程的实际投资主要发生在施工阶段,但节约投资的可能性却主要在施工以前的阶段,尤其是在设计阶段。当然,所谓节约投资的可能性,是以进行有效的投资控制为前提的,如果投资控制的措施不得力,则变为浪费投资的可能性了。

因此,所谓全过程控制,要求从设计阶段就开始进行投资控制,并将投资控制工作贯穿于建设工程实施的全过程,直至整个工程建成且延续到保修期结束。在明确全过程控制的前提下，还要特别强调早期控制的重要性，越早进行控制，投资控制的效果越好，节约投资的可能性越大。如果能实现工程建设全过程投资控制，效果应当更好。

（四）全方位控制

对投资目标进行全方位控制，包括两种含义：一是对按工程内容分解的各项投资进行控制，即对单项工程、单位工程，乃至分部分项工程的投资进行控制；二是对按总投资构成内容分解的各项费用进行控制，即对建筑安装工程费用、设备和工器具购置费用以及工程建设其他费用等都要进行控制。通常，投资目标的全方位控制主要是指上述第二种含义。因为单项工程和单位工程的投资同时也要按总投资构成内容分解。

在对建设工程投资进行全方位控制时，应注意以下几个问题：

一是要认真分析建设工程及其投资构成的特点，了解各项费用的变化趋势和影响因素。例如，根据我国的统计资料，工程建设其他费用一般不超过总投资的10%。但这是综合资料，对于确定建设工程来说，可能远远超过这个比例，如上海南浦大桥的动拆迁费用高达4亿元人民币，约占总投资的一半。又如，一些高档宾馆、智能化办公楼的装饰工程费用或设备购置费用已超过结构工程费用，等等。这些变化非常值得引起投资控制人员重视，而且这些费用相对于结构工程费用而言，有较大的节约投资的“空间”。只要思想重视且方法适当，往往能取得较为满意的投资控制效果。

二是要抓主要矛盾、有所侧重。不同建设工程的各项费用占总投资的比例不同，例如，普通民用建筑工程的建筑工程费用占总投资的大部分，工艺复杂的工业项目以设备购置费用为主，智能化大厦的装饰工程费用和设备购置费用占主导地位，都应分别作为该类建设工程投资控制的重点。

三是要根据各项费用的特点选择适当的控制方式。例如，建筑工程费用可以按照工程内容分解得很细，其计划值一般较为准确，而其实际投资是连续发生的，因而需要经常定期地进行实际投资与计划投资的比较；安装工程费用有时并不独立，或与建筑工程费用合并，或与设备购置费用合并，或兼而有之，需要注意鉴别；设备购置费用有时需要较长的订货周期和一定数额的订金，必须充分考虑利息的支付，等等。

☆重点提示

建设工程投资控制的目标，是在满足进度和质量要求的前提下，力求使工程实际投资不超过计划投资，在控制过程中注意控制的系统性、全方位性和全过程性。

二、建设工程进度控制的含义

（一）建设工程进度控制的目标

建设工程进度控制的目标可以表达为：通过有效的进度控制工作和具体的进度控制措施，在满足投资和质量要求的前提下，力求使工程实际工期不超过计划工期。但是，进度控制往往更强调对整个建设工程计划总工期的控制，因而上述“工程实际工期不超过计划工期”相应地就表达为“整个建设工程按计划的时间动用”。对于工业项目来说，就是要按计划时间达到负荷联动试车成功；而对于民用项目来说，就是要按计划时间交付使用。

由于进度计划的特点，“实际工期不超过计划工期”的表现不能简单照搬投资控制目标中的表述。进度控制的目标能否实现，主要取决于处在关键线路上的工程内容能否按预定的时间完成。当然，同时要不发生非关键线路上的工作延误而成为关键线路的情况。

在大型、复杂建设工程的实施过程中，总会不同程度地发生局部工期延误的情况。这些延误对进度目标的影响应当通过网络计划定量计算。局部工期延误的严重程度与其对进度目标的影响程度之间并无直接的联系，更不存在某种等值或等比例的关系，这是进度控制与投资控制的重要区别，也是在进度控制工作中要加以充分利用的特点。

（二）系统控制

进度控制的系统控制思想与投资控制基本相同，但其具体内容和表现有所不同。在采取进度控制措施时，要尽可能采取可对投资目标和质量目标产生有利影响的进度控制措施。例如，完善的施工组织设计、优化的进度计划等。相对于投资控制和质量控制而言，进度控制措施可能对其他两个目标产生直接的有利作用，这一点显得尤为突出，应当予以足够的重视并加以充分利用，以提高目标控制的总体效果。

当然，采取进度控制措施也可能对投资目标和质量目标产生不利影响。一般来说，局部关键工作发生工期延误但延误程度尚不严重时，通过调整进度计划来保证进度目标是比较容易做到的，例如可以采取加班加点的方式，或适当增加施工机械和人力的投入。这时，就会对投资目标产生不利影响，而且由于夜间施工或施工速度过快，也可能对质量目标产生不利影响。因此，当采取进度控制措施时，不能仅仅保证进度目标的实现却不顾投资目标和质量目标，而应当综合考虑三大目标。根据工程进展的实际情况和要求以及进度控制措施选择的可能性，有以下 3 种处理方式：

（1）在保证进度目标的前提下，将对投资目标和质量目标的影响降低到最低程度。

（2）适当调整进度目标（延长计划总工期），不影响或基本不影响投资目标和质量目标。

（3）介于上述两者之间。

（三）全过程控制

关于进度控制的全过程控制，要注意以下三方面问题：

（1）在工程建设的早期就应当编制进度计划。为此，首先要澄清将进度计划狭隘地理解为施工进度计划的模糊认识；其次要纠正工程建设早期由于资料详细程度不够且可变因素很多而无法编制进度计划的错误观念。

业主方整个建设工程的总进度计划包括的内容很多，除施工外，还包括前期工作（如征地、拆迁、施工场地准备等）、勘察、设计、材料和设备采购、动用前准备等。由此可见，业主方的总进度计划对整个建设工程进度控制的作用是何等重要。工程建设早期所编制的业主方总进度计划不可能也没有必要达到承包商施工进度计划的详细程度，但也应达到一定的深度和细度，而且应当掌握“远粗近细”的原则，即对于远期工作，如工程施工、设备采购等，在进度计划中显得比较粗略，可能只反映到分部工程，甚至只反映到单位工程或单项工程；而对于近期工作，如征地、拆迁、勘察设计等，在进度计划中就显得比较具体。而所谓“远”和“近”，是相对概念，随着工程的进展，最初的远期工作就变成了近期工作，进度计划也应当相应地深化和细化。

在工程建设早期编制进度计划，是早期控制思想在进度控制中的反映。越早进行控制，进度控制的效果越好。

（2）在编制进度计划时要充分考虑各阶段工作之间的合理搭接。建设工程实施各阶段的工作是相对独立的，但不是截然分开的，在内容上有一定的联系，在时间上有一定的搭接。例如，设计工作与征地、拆迁工作搭接，设备采购和工程施工与设计搭接，装饰工程和安装工程施工与结构工程施工搭接，等等。搭接时间越长，建设工程的总工期就越短。但是，搭接时间与各阶段工作之间的逻辑关系有关，都有其合理的限度。因此，合理确定具体的搭接工作内容和搭接时间，也是进度计划优化的重要内容。

(3)抓好关键线路的进度控制。进度控制的重点对象是关键线路上的各项工作，包括关键线路变化后的各项关键工作，这样可取得事半功倍的效果。由此也可看出工程建设早期编制进度计划的重要性。如果没有进度计划，就不知道哪些工作是关键工作，进度控制工作就没有重点，精力分散，甚至可能对关键工作控制不力，而对非关键工作却全力以赴，结果是事倍功半。当然，对于非关键线路的各项工作，要确保其不要延误后而变为关键工作。

(四)全方位控制

对进度目标进行全方位控制要从以下几个方面考虑：

(1)对整个建设工程所有工程内容的进度都要进行控制，除单项工程、单位工程外，还包括区内道路、绿化、配套工程等的进度。这些工程内容都有相应的进度目标，应尽可能将它们的实际进度控制在进度目标之内。

(2)对整个建设工程所有工作内容的进度都要进行控制。建设工程的各项工作，诸如征地、拆迁、勘察、设计、施工招标、材料和设备采购、施工、动用前准备等，都有进度控制的任务。这里，要注意与全过程控制的有关内容相区别。在全过程控制的分析中，对这些工作内容侧重从各阶段工作关系和总进度计划编制的角度进行阐述。而在全方位控制的分析中，则是侧重从这些工作本身的进度控制进行阐述，可以说是同一问题的两个方面。实际的进度控制，往往既表现为对工程内容进度的控制，又表现为对工作内容进度的控制。

(3)对影响进度的各种因素都要进行控制。建设工程的实际进度受到很多因素的影响，例如，施工机械数量不足或出现故障；技术人员和工人的素质和能力低下；建设资金缺乏，不能按时到位；材料和设备不能按时、按质、按量供应；施工现场组织管理混乱，多个承包商之间施工进度不够协调；出现异常的工程地质、水文、气候条件；还可能出现政治、社会等风险。要实现有效的进度控制，必须对上述影响进度的各种因素都进行控制，采取措施减小或避免这些因素对进度的影响。

(4)注意各方面工作进度对施工进度的影响。任何建设工程最终都是通过施工将其建造起来的。从这个意义上讲，施工进度作为一个整体，肯定是在总进度计划中的关键线路上，任何导致施工进度拖延的情况，都将导致总进度的拖延。而施工进度的拖延往往是其他方面工作进度的拖延引起的。因此，要考虑围绕施工进度的需要来安排其他方面的工作进度。例如，根据工程开工时间和进度要求安排动拆迁和设计进度计划，必要时可分阶段提供施工场地和施工图纸；又如，根据结构工程和装饰工程施工进度的需要安排材料采购进度计划，根据安装工程进度的需要安排设备采购进度计划，等等。这样说，并不是否认其他工作进度计划的重要性，而恰恰相反，这正说明全方位进度控制的重要性，说明业主方总进度计划的重要性。

(五)进度控制的特殊问题

组织协调与控制是密切相关的，都是为实现建设工程目标服务的。在建设工程三大目标控制中，组织协调对进度控制的作用最为突出且最为直接，有时甚至能取得常规控制措施难以达到的效果。因此，为了有效地进行进度控制，必须做好与有关单位的协调工作。有关组织协调的具体内容见第五章第五节。

☆**重点提示**

建设工程进度控制的目标，是在满足投资和质量要求的前提下，力求使工程实际工期不超过计划工期，在控制过程中注意控制的系统性、全方位性和全过程性。

三、建设工程质量控制的含义

（一）建设工程质量控制的目标

建设工程质量控制的目标，就是通过有效的质量控制工作和具体的质量控制措施，在满足投资和进度要求的前提下，实现工程预定的质量目标。

这里，有必要明确建设工程质量目标的含义。

建设工程的质量首先必须符合国家现行的关于工程质量的法律、法规、技术标准和规范等的有关规定，尤其是强制性标准的规定。这实际上也就明确了对设计、施工质量的基本要求。从这个角度讲，同类建设工程的质量目标具有共性，不因其业主、建造地点以及其他建设条件的不同而不同。

建设工程的质量目标又是通过合同加以约定的，其范围更广、内容更具体。任何建设工程都有其特定的功能和使用价值。由于建设工程都是根据业主的要求而兴建的，不同的业主有不同的功能和使用价值要求，即使是同类建设工程，具体的要求也不同。因此，建设工程的功能与使用价值的质量目标是相对于业主的需要而言的，并无固定和统一的标准。从这个角度讲，建设工程的质量目标都具有个性。

因此，建设工程质量控制的目标就是要实现以上两方面的工程质量目标。由于工程共性，质量目标一般都有严格、明确的规定，因而质量控制工作的对象和内容都比较明确，也可比较准确、客观地评价质量控制的效果。而工程个性质量目标具有一定的主观性，有时没有明确、统一的标准，因而质量控制工作的对象和内容较难把握，对质量控制效果的评价与评价方法和标准密切相关。因此，在建设工程的质量控制工作中，要注意对工程个性质量目标的控制，最好能预先明确控制效果定量评价的方法和标准。另外，对于合同约定的质量目标，必须保证其不得低于国家强制性质量标准的要求。

（二）系统控制

建设工程质量控制的系统控制应从以下几方面考虑：

（1）避免不断提高质量目标的倾向。建设工程的建设周期较长，随着技术、经济水平的发展，会不断出现新设备、新工艺、新材料、新理念等，在工程建设早期（如可行性研究阶段）所确定的质量目标，到设计阶段和施工阶段有时就显得相对滞后。不少业主往往要求相应地提高质量标准，这样势必要增加投资，而且由于要修改设计、重新制订材料和设备采购计划，甚至将已经施工完毕的部分工程拆毁重建，也会影响进度目标的实现。因此，要避免这种倾向，首先，在工程建设早期确定质量目标时要有一定的前瞻性；其次，对质量目标要有一个理性的认识，不要盲目追求“最新”、“最高”、“最好”等目标；再次，要定量分析提高质量目标后对投资目标和进度目标的影响。在这一前提下，即使确实有必要适当提高质量标准，也要把对投资目标和进度目标的不利影响减少到最低程度。

（2）确保基本质量目标的实现。建设工程的质量目标关系到生命安全、环境保护等社会问题，国家有相应的强制性标准。因此，不论发生什么情况，也不论在投资和进度方面要付出多大的代价，都必须保证建设工程安全可靠、质量合格的目标予以实现。当然，如果投资代价太大而无法承受,可以放弃不建。另外,建设工程都有预定的功能,若无特殊原因,也应确保实现。严格地说,改变功能或删减功能后建成的建设工程与原定功能的建设工程是两个不同的工程,不宜直接比较,有时也难以评价其目标控制的效果。还需要说明的是,有些建设工程质量标准的改变可能直接导致其功能的改变。例如,原定的一条一级公路,由于质量控制不力,只达到二级公路的标准,就不仅是质量标准的降低,而本质是功能的改变。这不仅将大大降低其通车能力,而且将大大降低其社会效益。

(3)尽可能发挥质量控制对投资目标和进度目标的积极作用。这一点已在本章第二节关于三大目标之间统一关系的内容中说明,此处不赘述。

(三)全过程控制

建设工程总体质量目标的实现与工程质量的形成过程息息相关,因而必须对工程质量实行全过程控制。

建设工程的每个阶段都对工程质量的形成起着重要的作用,但各阶段关于质量问题的侧重点不同:在设计阶段,主要是解决"做什么"和"如何做"的问题,使建设工程总体质量目标具体化;在施工招标阶段,主要是解决"谁来做"的问题,使工程质量目标的实现落实到承包商;在施工阶段,通过施工组织设计等文件,进一步解决"如何做"的问题,通过具体的施工解决"做出来"的问题,使建设工程形成实体,将工程质量目标物化地体现出来;在竣工验收阶段,主要是解决工程实际质量是否符合预定质量的问题;而在保修阶段,则主要是解决已发现的质量缺陷问题。因此,应当根据建设工程各阶段质量控制的特点和重点,确定各阶段质量控制的目标和任务,以便实现全过程质量控制。

在建设工程的各个阶段中,设计阶段和施工阶段的持续时间较长,这两个阶段工作的"过程性"也尤为突出。例如,设计工作分为方案设计、初步设计、技术设计、施工图设计,设计过程就表现为设计内容不断深化和细化的过程。如果等施工图设计完成后才进行审查,一旦发现问题,造成的后果就很严重。因此,必须对设计质量进行全过程控制,也就是将对设计质量的控制落实到设计工作的过程中。又如,房屋建筑的施工阶段一般又分为基础工程、上部结构工程、安装工程和装饰工程等几个阶段,各阶段的工程内容和质量要求有明显区别,相应地对质量控制工作的具体要求也有所不同。因此,对施工质量也必须进行全过程控制,要把对施工质量的控制落实到施工各阶段的过程中。

还要说明的是,建设工程建成后,不可能像某些工业产品那样,可以拆卸或解体来检查内在的质量。这表明,建设工程竣工检验时难以发现工程内在的、隐蔽的质量缺陷,因而必须加强施工过程中的质量检验,而且在建设工程施工过程中,由于工序交接多、中间产品多、隐蔽工程多,若不及时检查,就可能使已经出现的质量问题被下道工序掩盖,将不合格产品误认为合格产品,从而留下质量隐患。这都说明对建设工程质量进行全过程控制的必要性和重要性。

(四)全方位控制

对建设工程质量进行全方位控制应从以下几方面着手:

(1)对建设工程所有工程内容的质量进行控制。建设工程是一个整体,其总体质量是各个组成部分质量的综合体现,也取决于具体工程内容的质量。如果某项工程内容的质量不合格,即使其余工程内容的质量都很好,也可能导致整个建设工程的质量不合格。因此,对建设工程质量的控制必须落实到其每一项工程内容,只有确实实现了各项工程内容的质量目标，才能保证实现整个建设工程的质量目标。

(2)对建设工程质量目标的所有内容进行控制。建设工程的质量目标包括许多具体的内容，例如，从外在质量、工程实体质量、功能和使用价值质量等方面可分为美观性、与环境协调性、安全性、可靠性、适用性、灵活性、可维修性等目标，还可以分为更具体的目标。这些具体质量目标之间有时也存在对立统一的关系，在质量控制工作中要注意加以妥善处理。这些具体质量目标是否实现或实现的程度如何，又涉及评价方法和标准。此外，对功能和使用价值质量目标要予以足够的重视，因为该质量目标的确很重要，而且其控制对象和方法与对工程实体质量的控制不同。为此，要特别注意对设计质量的控制，要尽可能作多方案的比较。

(3)对影响建设工程质量目标的所有因素进行控制。影响建设工程质量目标的因素很多，可以从不同的角度加以归纳和分类。例如，可以将这些影响因素分为人、机械、材料、方法和环境五个方面。质量控制的全方位控制，就是要对这五方面因素都进行控制。

(五)质量控制的特殊问题

质量控制还有两个特殊问题要加以说明。

第一个问题是对建设工程质量实行三重控制。

由于建设工程质量的特殊性，需要对其从以下三方面加以控制。

(1)实施者自身的质量控制，这是从产品生产者角度进行的质量控制。

(2)政府对工程质量的监督，这是从社会公众角度进行的质量控制。

(3)监理单位的质量控制，这是从业主角度或者说是从产品需求者角度进行的质量控制。对于建设工程质量，加强政府的质量监督和监理单位的质量控制是非常必要的，但决不能因此而淡化或弱化实施者自身的质量控制。

第二个问题是工程质量事故处理。

工程质量事故在建设工程实施过程中具有多发性特点。诸如基础不均匀沉降、混凝土强度不足、屋面渗漏、建筑物倒塌乃至一个建设工程整体报废等都有可能发生。如果说，拖延的工期、超额的投资还可能在以后的实施过程中挽回的话，那么，工程质量一旦不合格，就成了既定事实。不合格的工程，决不会随着时间的推移而自然变成合格工程。因此，对于不合格工程必须及时返工或返修，达到合格后才能进入下一工序才能交付使用；否则，拖延的时间越长，所造成的后果越严重。

由于工程质量事故具有多发性特点，因此应当对工程质量事故予以高度重视，从设计、施工以及材料和设备供应等多方面入手，进行全过程、全方位的质量控制，特别要尽可能做到主动控制、事前控制。在实施建设监理的工程上，减少一般性工程质量事故，杜绝工程质量重大事故，应当说是最基本的要求。为此，不仅监理单位要加强对工程质量事故的预控和处理，而且要加强工程实施者自身的质量控制，把减少和杜绝工程质量事故的具体措施落实到工程实施过程之中，落实到每一工序之中。

☆重点提示

建设工程质量控制的目标，是在满足投资和进度要求的前提下，实现工程预定的质量目标，在控制过程中注意控制的系统性、全方位性和全过程性。

第四节　建设工程目标控制的任务和措施

一、建设工程目标控制的任务

在建设工程实施的各阶段中，设计阶段、施工招标阶段、施工阶段的持续时间长且涉及的工作内容多，所以在以下内容中仅涉及这三个阶段目标控制的具体任务。

（一）设计阶段

1. 投资控制任务

在设计阶段，监理单位投资控制的主要任务是通过收集类似建设工程投资数据和资料，协助业主制定建设工程投资目标规划；开展技术经济分析等活动，协调和配合设计单位，力求使设计投资合理化；审核概（预）算，提出改进意见，优化设计，最终满足业主对建设工程投资的经济性要求。

设计阶段监理工程师投资控制的主要工作，包括对建设工程总投资进行论证，确认其可行性；组织设计方案竞赛或设计招标，协助业主确定对投资控制有利的设计方案；伴随着设计各阶段的成果输出制定建设工程投资目标划分系统，为本阶段和后续阶段投资控制提供依据；在保障设计质量的前提下，协助设计单位开展限额设计工作；编制本阶段资金使用计划，并进行付款控制；审查工程概算、预算，在保障建设工程具有安全可靠性、适用性的基础上，概算不超估算，预算不超概算；进行设计挖潜，节约投资；对设计进行技术经济分析、比较、论证，寻求一次性投资少而全寿命经济性好的设计方案等。

2. 进度控制任务

在设计阶段，监理单位设计进度控制的主要任务是根据建设工程总工期要求，协助业主确定合理的设计工期要求；根据设计的阶段性输出，由“粗”而“细”地制订建设工程总进度计划，为建设工程进度控制提供前提和依据；协调各设计单位一体化开展设计工作，力求使设计能按进度计划要求进行；按合同要求及时、准确、完整地提供设计所需要的基础资料和数据；与外部有关部门协调相关事宜，保障设计工作顺利进行。

设计阶段监理工程师进度控制的主要工作包括对建设工程进度总目标进行论证，确认其可行性；根据方案设计、初步设计和施工图设计制订建设工程总进度计划、建设工程总控制性进度计划和本阶段实施性进度计划，为本阶段和后续阶段进度控制提供依据；审查设计单位设计进度计划，并监督执行；编制业主方材料和设备供应进度计划，并实施控制；编制本阶段工作进度计划，并实施控制；开展各种组织协调活动等。

3. 质量控制任务

在设计阶段，监理单位设计质量控制的主要任务是了解业主建设需求，协助业主制订建设工程质量目标规划（如设计要求文件）；根据合同要求及时、准确、完善地提供设计工作所需的基础数据和资料；配合设计单位优化设计，并最终确认设计符合有关法规要求，符合技术、经济、财务、环境条件要求，满足业主对建设工程的功能和使用要求。

设计阶段监理工程师质量控制的主要工作，包括建设工程总体质量目标论证；提出设计要求文件，确定设计质量标准；利用竞争机制选择并确定优化设计方案；协助业主选择符合目标控制要求的设计单位；进行设计过程跟踪，及时发现质量问题，并及时与设计单位协调解决；审查阶段性设计成果，并根据需要提出修改意见；对设计提出的主要材料和设备进行比较，在价格合理的基础上确认其质量符合要求；做好设计文件验收工作等。

（二）施工招标阶段

1. 协助业主编制施工招标文件

施工招标文件是工程施工招标工作的纲领性文件，又是投标人编制投标书的依据和评标的依据。监理工程师在编制施工招标文件时，应当为选择符合要求的施工单位打下基础，为合同价不超过计划投资、合同工期符合计划工期要求、施工质量满足设计要求打下基础，为施工阶段进行合同管理、信息管理打下基础。

2. 协助业主编制标底

应当使标底控制在工程概算或预算以内，并用其控制合同价。

3. 做好投标资格预审工作

应当将投标资格预审看作公开招标方式的第一轮竞争择优活动。要抓好这项工作，为选择符合目标控制要求的承包单位做好首轮择优工作。

4. 组织开标、评标、定标工作

通过开标、评标、定标工作，特别是评标工作，协助业主选择出报价合理、技术水平高、社会信誉好、保证施工质量、保证施工工期、具有足够承包财务能力和较高施工项目管理水平的施工承包单位。

（三）施工阶段

1. 投资控制的任务

施工阶段建设工程投资控制的主要任务是通过工程付款控制、工程变更费用控制、预防并处理好费用索赔、挖掘节约投资潜力来努力实现实际发生的费用不超过计划投资。

为完成施工阶段投资控制的任务，监理工程师应做好以下工作：制订本阶段资金使用计划，并严格进行付款控制，做到不多付、不少付、不重复付；严格控制工程变更，力求减少变更费用；研究确定预防费用索赔的措施，以减少对方的索赔数额；及时处理费用索赔，并协助业主进行反索赔；根据有关合同的要求，协助做好应由业主方完成的，与工程进展密切相关的各项工作，如按期提交合格的施工现场，按质、按量、按期提供材料和设备等工作；做好工程计量工作；审核施工单位提交的工程结算书等。

2. 进度控制的任务

施工阶段建设工程进度控制的主要任务是通过完善建设工程控制性进度计划、审查施工单位施工进度计划、做好各项动态控制工作、协调各单位关系、预防并处理好工期索赔，以求实际施工进度达到计划施工进度的要求。

为完成施工阶段进度控制任务，监理工程师应当做好以下工作：根据施工招标和施工准备阶段的工程信息，进一步完善建设工程控制性进度计划，并据此进行施工阶段进度控制；审查施工单位施工进度计划，确认其可行性并满足建设工程控制性进度计划要求；制订业主方材料和设备供应进度计划并进行控制，使其满足施工要求；审查施工单位进度控制报告，督促施工单位做好施工进度控制；对施工进度进行跟踪，掌握施工动态；研究制定预防工期索赔的措施，做好处理工期索赔工作；在施工过程中，做好对人力、材料、机具、设备等的投入控制工作以及转换控制工作、信息反馈工作、对比和纠正工作，使进度控制定期连续进行；开好进度协调会议，及时协调有关各方关系，使工程施工顺利进行。

3. 质量控制的任务

施工阶段建设工程质量控制的主要任务是通过对施工投入、施工和安装过程、产出品进行全过程控制，以及对参加施工的单位和人员的资质、材料和设备、施工机械和机具、施工方案和方法、施工环境实施全面控制，以期按标准达到预定的施工质量目标。

为完成施工阶段质量控制任务，监理工程师应当做好以下工作：协助业主做好施工现场准备工作，为施工单位提交质量合格的施工现场；确认施工单位资质；审查确认施工分包单位；做好材料和设备检查工作，确认其质量；检查施工机械和机具，保证施工质量；审查施工组织设计；检查并协助搞好各项生产环境、劳动环境、管理环境条件；进行施工工艺过程质量控制工作；检查工序质量，严格工序交接检查制度；做好各项隐蔽工程的检查工作；做好工程变更方案的比选，保证工程质量；进行质量监督，行使质量监督权；认真做好质量鉴证工作；行使质量否决权，协助做好付款控制；组织质量协调会；做好中间质量验收准备工作；做好竣工验收工作；审核竣工图等。

☆**重点提示**

设计阶段、施工招标阶段、施工阶段的目标控制是建设工程中目标控制的重点。

二、建设工程目标控制的措施

为了取得目标控制的理想成果，应当从多方面采取措施实施控制，通常可以将这些措施归纳为组织措施、技术措施、经济措施、合同措施等四个方面。这四方面措施在建设工程实施的各个阶段的具体运用不完全相同。以下分别对这四方面措施作一概要性的阐述。

所谓组织措施，是从目标控制的组织管理方面采取的措施，如落实目标控制的组织机构和人员，明确各级目标控制人员的任务和职能分工、权力和责任、改善目标控制的工作流程等。组织措施是其他各类措施的前提和保障，而且一般不需要增加什么费用，运用得当可以收到良好的效果。尤其是对由于业主原因所导致的目标偏差，这类措施可能成为首选措施，故应予以足够的重视。

技术措施不仅对解决建设工程实施过程中的技术问题是不可缺少的，而且对纠正目标偏差亦有相当重要的作用。任何一个技术方案都有基本确定的经济效果，不同的技术方案就有着不同的经济效果。因此，运用技术措施纠偏的关键，一是要能提出多个不同的技术方案，二是要对不同的技术方案进行技术经济分析。在实践中，要避免仅从技术角度选定技术方案而忽视对其经济效果的分析论证。

经济措施是最易为人接受和采用的措施。需要注意的是，经济措施决不仅仅是审核工程量及相应的付款和结算报告，还需要从一些全局性、总体性的问题上加以考虑，往往可以取得事半功倍的效果。另外，不要仅仅局限在已发生的费用上。通过偏差原因分析和未完工程投资预测，可发现一些现有和潜在的问题将引起未完工程的投资增加，对这些问题应以主动控制为出发点，及时采取预防措施。由此可见，经济措施的运用决不仅仅是财务人员的事情。

由于投资控制、进度控制和质量控制均要以合同为依据，因此合同措施就显得尤为重要。对于合同措施要从广义上理解，除拟订合同条款、参加合同谈判、处理合同执行过程中的问题、防止和处理索赔等措施外，还要协助业主确定对目标控制有利的建设工程组织管理模式和合同结构，分析不同合同之间的相互联系和影响，对每一个合同作总体和具体分析等。这些合同措施对目标控制更具有全局性的影响，其作用也就更大。另外，在采取合同措施时要特别注意合同中所规定的业主和监理工程师的义务与责任。

☆**重点提示**

建设工程目标控制的措施：1. 组织措施；2. 技术措施；3. 经济措施；4. 合同措施。

练习题

一、单项选择题

1. 一般而言，建设工程的目标控制应是（　　）过程。

A. 非周期性的无限循环　　B. 非周期性的有限循环

C. 周期性的无限循环　　D. 周期性的有限循环

2. 建设工程的目标控制通常表现为（　　）循环过程。

A. 周期性的无限　　B. 周期性的有限　　C. 非周期性的无限　　D. 非周期性的有限

3. 由于工程项目系统本身的状态和外部环境是不断变化的，相应的就要求控制工作也随之变化，目标控制的能力和水平也要不断提高，这表明目标控制是一种（　　）过程。

A. 循环控制　　B. 动态控制　　C. 主动控制　　D. 反馈控制

4. 在被动控制过程的基本环节中，紧跟在反馈环节之后的是（　　）。

A. 投入　　B. 转换　　C. 对比　　D. 纠正

5. 控制流程由有限循环的若干环节组成，其中处于投入与反馈之间的环节是（　　）。

A. 转换　　B. 输出　　C. 对比　　D. 纠正

6. 建设工程中劳动力运用劳动资料将劳动对象转变成预定的产出品，最终输出完整的建设工程，这是控制流程中的（　　）环节。

A. 投入　　B. 反馈　　C. 转换　　D. 纠正

7. 在控制流程中对比环节的工作是将目标的实际值与计划值进行比较，以确定是否发生偏差，以投资目标为例进行对比工作时，下列描述正确的是（　　）。

A. 明确投资目标的实际值和计划值，目标随着工程的进展逐步细化

B. 在投资目标的各种表示形式中，各投资值之间的比较都是一次性的

C. 通常，目标的计划值分解较细，目标的实际值分解较粗

D. 只要建设工程的某项工作的实际进度比计划拖延了就可以认定为发生了偏差

8. 将控制类型划分为前馈控制和反馈控制的依据是（　　）。

A. 控制措施作用于控制对象的时间　　B. 控制信息的来源

C. 控制过程是否形成闭合回路　　D. 制定控制措施的出发点

9. 按控制措施制定的出发点分类，控制类型可分为（　　）。

A. 事前控制、事中控制、事后控制　　B. 前馈控制、反馈控制

C. 开环控制、闭环控制　　D. 主动控制、被动控制

10. 从主动控制是事前控制的角度来理解，主动控制的主要作用在于（　　）。

A. 及时纠偏　　B. 降低目标偏离的严重程度

C. 避免重蹈覆辙　　D. 防患于未然

11. 在建设工程实施过程中,如果仅仅采取被动控制措施,出现偏差是不可避免的,而且(　　),从而难以实现工程预定的目标。

A. 采取纠偏措施是不可能的　　B. 采取纠偏措施是不经济的

C. 偏差可能有累积效应　　D. 不能降低偏差的严重程度

12. 目标控制有主动控制和被动控制之分。下列关于主动控制和被动控制的表述中,正确的是(　　)。

A. 仅仅采取主动控制是不现实的　　B. 被动控制比主动控制的效果好

C. 主动控制是不经济的　　D. 以主动控制为主,被动控制为辅

13. 下列关于目标控制的表述中,正确的是(　　)。

A. 目标控制的效果和对目标控制效果的评价都是客观的

B. 目标控制的效果和对目标控制效果的评价都是主观的

C. 目标控制的效果是主观的,对目标控制效果的评价是客观的

D. 目标控制的效果是客观的,对目标控制效果的评价是主观的

14. 目标控制的效果直接取决于(　　)。

A. 目标控制效果的评价是否科学　　B. 目标控制措施是否得力

C. 目标规划的质量　　D. 目标计划的质量

15. 下列关于目标和计划的表述中,正确的是(　　)。

A. 应当根据计划来制定目标　　B. 计划必须保证目标的实现

C. 计划是对目标的进一步论证　　D. 目标是对计划的进一步论证

16. 在进行进度控制的全过程控制时,要注意(　　)。

A. 在工程建设早期编制的进度计划无须有深度和细度的要求

B. 建设工程实施各阶段的工作是相对独立、截然分开的

C. 进度控制的重点对象是关键线路上的各项工作

D. 非关键线路的各项工作延误后变为关键工作的也是进度控制的重点

17. 在建设工程目标控制中,相对而言,组织协调对(　　)的作用最为突出且最为直接。

A. 质量控制　　B. 投资控制　　C. 进度控制　　D. 系统控制

18. 从(　　)角度而言,同类建设工程的质量目标具有共性,不因业主、建造地点以及其他建设条件的不同而不同。

A. 建设工程的质量目标都是通过合同加以约定的

B. 建设工程的质量目标具有一定的主观性

C. 预先明确控制效果定量评价的方法和标准

D. 建设工程的质量必须符合国家现行的关于工程质量的法律、法规、技术标准和规范等

19. 在施工阶段,质量问题的侧重点是解决“如何做”并具体“做出来”,是将工程质量目标物化地体现出来。这体现了质量控制是(　　)。

A. 系统控制　　B. 全过程控制　　C. 全方位控制　　D. 三重控制

20. 政府对工程质量的监督,表现了(　　)进行的质量控制。

A. 从生产者角度　　B. 从需求者角度　　C. 从业主角度　　D. 从社会公众角度

21. 监理单位是从(　　)的角度出发对工程进行质量控制的。

A. 建设工程生产者　　B. 社会公众

C. 业主或建设工程需求者　　D. 项目的贷款方

二、多项选择题

1. 在设计信息反馈系统时,需要预先确定反馈信息的(　　),以使控制人员获得所需要的信息。

A. 内容　B. 来源　C. 传递路径　D. 真实性　E. 数量

2. 下列关于被动控制的表述,正确的有(　　)。

A. 被动控制是从实际输出中发现偏差,可起到避免重蹈覆辙的作用

B. 被动控制是一种有效的控制,但也是一种消极的控制

C. 被动控制是一种面对现实的控制,能够使工程恢复到计划状态

D. 被动控制不能降低目标偏离的可能性,但可以降低偏离的严重程度

E. 被动控制虽不能避免目标偏离,但能够将偏离控制在尽可能小的范围内

3. 被动控制也可以表述为其他不同的控制类型,下列表述正确的是(　　)。

A. 被动控制是一种事中控制和事后控制　　B. 被动控制是一种前馈控制

C. 被动控制是一种闭环控制　　D. 被动控制是一种面对未来的控制

E. 被动控制是一种面对现实的控制

4. 为做到主动控制与被动控制相结合,关键在于(　　)。

A. 扩大信息来源,即不仅要从本工程获得实施情况的信息,而且要从外部环境获得有关信息

B. 把握好输入环节,即不仅要输入纠正偏差的措施,而且要输入预防和纠正可能发生的偏差的措施

C. 认真研究和制定多种主动控制措施,尤其要重视那些基本上不需要耗费资金和时间的主动控制措施

D. 力求加大主动控制在控制过程中的比例

E. 应在对风险因素进行定量分析的基础上,通过技术经济分析来决定是否采取及采取什么主动控制措施

5. 为了进行有效的目标控制,必须做好两项重要的前提工作:(　　)。

A. 目标规划和计划　B. 合理确定并分解目标　C. 配备合适的目标控制人员

D. 合理组织目标控制的工作流程和信息流程　E. 组织

6. 对进度控制的全过程控制,下列表述正确的有(　　)。

A. 在工程建设的早期就应当编制进度计划

B. 在编制进度计划时要充分考虑各阶段工作之间的合理搭接

C. 抓好关键线路的进度控制

D. 对整个建设工程所有工作内容都要进行控制

E. 对影响进度的各种因素都要进行控制

7. 在对建设工程进度进行全方位控制时,要(　　)。

A. 确保基本质量目标的实现

B. 对建设工程所有工作内容的进度都进行控制

C. 在保证进度目标的前提下,将对投资和质量目标的影响降到最低程度

D. 在编制进度计划时充分考虑各阶段工作之间的合理搭接

E. 对影响进度的各种因素都进行控制

8. 下列说法,体现了建设工程质量控制的系统控制思想的是(　　)。

A. 合同约定的质量目标不得低于国家强制性质量标准的要求

B. 政府从社会公众角度对工程质量实施监督管理

C. 尽可能发挥质量控制对投资目标和进度目标的积极作用

D. 对工程质量不能盲目追求"最新"、"最高"、"最好"等目标

E. 确保基本质量目标的实现

9. 对建设工程质量进行全方位控制应从(　　)着手。

A. 对建设工程所有工程内容的质量进行控制

B. 对建设工程质量目标的所有内容进行控制

C. 对影响建设工程质量目标的所有因素进行控制

D. 确保基本质量目标的实现

E. 尽可能发挥质量控制对投资目标和进度目标的积极作用

10. 下列内容中,属于监理工程师设计阶段投资控制任务的是(　　)。

A. 严格控制工程变更　　B. 制订本阶段资金使用计划　　C. 审查工程概算、预算

D. 对建设工程总投资进行论证　　E. 进行付款控制

11. 监理单位对设计阶段质量控制的任务有(　　)。

A. 协助业主制定建设工程质量目标规划　　B. 优化设计

C. 限额设计　　D. 审查阶段性设计成果

E. 审查设计概算和施工图概算

12. 设计阶段监理工程师质量控制的主要工作包括(　　)。

A. 提出设计要求文件,确定设计质量标准

B. 利用竞争机制选择并确定优化设计方案

C. 编制本阶段工作进度计划,并实施控制

D. 开展各种组织协调活动

E. 协助业主选择符合目标控制要求的设计单位

13. 在建设工程施工招标阶段,监理单位目标控制的任务有(　　)。

A. 签订施工合同　　B. 依据工程量清单确定综合单价　　C. 对投标人进行资格预审

D. 组织开标、评标工作　　E. 确定中标人

14. 下列监理任务中,属于施工阶段质量控制任务的有(　　)。

A. 评审总承包单位资质　　B. 审查施工组织设计　　C. 审查确认分包单位资质

D. 做好工程变更方案的比选　　E. 组织质量协调会

15. 监理工程师对施工阶段进度控制的任务有(　　)。

A. 审查施工单位施工进度计划

B. 对施工投入、施工和安装过程、产出品进行全过程控制

C. 工程付款控制

D. 协调各单位关系、预防并处理好工期索赔

E. 完善建设工程控制性进度计划

16. 监理工程师在目标控制中采取的合同措施有(　　)。

A. 严格按合同规定审核结算报告并付款

B. 在拟定合同条款时注意严密性和全面性

C. 协助业主确定对目标控制有利的建设工程组织管理模式

D. 分析不同合同之间的相互联系和影响

E. 落实合同管理的机构和人员

第四章　建设工程风险管理

本章各节教学内容、教学要求及能力目标见表4-1。

表4-1　各节教学内容、教学要求及能力目标

章节	教学内容	教学要求	能力目标
第一节 风险管理 概述	1. 风险的定义与相关概念 2. 风险的分类 3. 建设工程风险与风险管理	理解风险的定义,了解风险的分类,以及建设工程风险与风险管理的内容	能对风险管理有基本认识
第二节 建设工程 风险识别	1. 风险识别的特点和原则 2. 风险识别的过程	掌握风险识别的特点和原则、过程、方法	能对常见风险进行识别、分类
第三节 建设工程 风险评价	1. 风险评价的作用 2. 风险量函数 3. 风险损失的衡量 4. 风险概率的衡量	理解风险评价的作用、风险函数的含义	能对风险损失及风险概率进行衡量
第四节 建设工程 风险对策	1. 风险回避 2. 损失控制 3. 风险自留 4. 风险转移 5. 风险对策决策过程	了解风险回避、损失控制、风险自留、风险转移的优缺点	能用建设工程风险对策对风险进行决策

第一节　风险管理概述

在任何建设工程中都存在风险。建设工程作为集经济、技术、管理、组织等各方面于一体的综合性社会活动,在各个方面都存在着不确定性。这些不确定性会造成建设工程实施的失控现象,如工期延长、成本增加、计划修改等,最终导致工程经济效益降低,甚至建设失败。因此,项目管理人员必须充分重视建设工程的风险管理,将其纳入建设工程管理之中。建设工程风险具有以下特点:

(1)建设工程风险大。

(2)参与工程建设的各方均有风险,但各方的风险不尽相同。

一、风险的定义与相关概念

(一)风险的定义

为学术界和实务界较为普遍接受的有以下两种定义:其一,风险就是与出现损失有关的不确定性;其二,风险就是在给定情况下和特定时间内,可能发生的结果之间的差异(或实

际结果与预期结果之间的差异)。当然,也可以考虑把这两种定义结合起来。由上述风险的定义可知,所谓风险要具备两方面条件:一是不确定性,二是产生损失后果,否则就不能称为风险。因此,肯定发生损失后果的事件不是风险,没有损失后果的不确定性事件也不是风险。

(二)与风险相关的概念

与风险相关的概念有风险因素、风险事件、损失、损失机会。

1. 风险因素

风险因素是指能产生或增加损失概率和损失程度的条件或因素,是风险事件发生的潜在原因,是造成损失的内在或间接原因,通常,风险因素可分为以下三种:

(1)自然风险因素。该风险因素是指有形的并能直接导致某种风险的事物。如冰雪路面、汽车发动机性能不良或制动系统故障等均可能引发车祸而导致人员伤亡。

(2)道德风险因素。为无形的因素,与人的品德修养有关,如人的品质缺陷或欺诈行为。

(3)心理风险因素。也是无形的因素,与人的心理状态有关,如投保后疏于对损失的防范,自认为身强力壮而不注意健康。

2. 风险事件

风险事件是指造成损失的偶发事件,是造成损失的外在原因或直接原因,如失火、雷电、地震、偷盗、抢劫等事件。要注意把风险事件与风险因素区别开来,例如,汽车的制动系统失灵导致车祸中人员伤亡,这里制动系统失灵是风险因素,而车祸是风险事件。

3. 损失

损失是指非故意的、非计划的和非预期的经济价值的减少,通常以货币单位来衡量。损失一般可分为直接损失和间接损失两种,也有的分为直接损失、间接损失和隐蔽损失三种。其实,对损失后果进行分析时,对损失如何分类不重要,重要的是要找出一切已经发生和可能发生的损失,尤其是对间接损失和隐蔽损失要进行深入分析;即使做不到定量分析,至少要进行定性分析,以便对损失后果有一个比较全面而客观的估计。

4. 损失机会

损失机会是指损失出现的概率。概率分为客观概率和主观概率两种。客观概率是某事件在长时期内发生的频率。客观概率的确定主要有以下三种方法:一是演绎法;二是归纳法;三是统计法,需要有足够多的统计资料。

主观概率是个人对某事件发生可能性的估计。主观概率的结果受到很多因素的影响。如果采用主观概率,应当选择在某一特定事件方面专业知识水平较高、实践经验较为丰富的人来估计。对于工程风险的概率,在统计资料不够充分的情况下,以专家作出的主观概率代替客观概率是可行的,必要时可综合多个专家的估计结果。对损失机会这个概念,要特别注意其与风险的区别。

(三)风险因素、风险事件、损失与风险之间的关系

风险因素引发风险事件,风险事件导致损失,而损失所形成的结果就是风险。为了预防风险、降低风险损失,力求控制风险因素,同时尽可能提高其他三方面的稳定性。

二、风险的分类

风险可根据不同的角度进行分类,常见的风险分类方式有以下几种。

（一）按风险的后果分

按风险的后果可分为纯风险和投机风险。纯风险是指只会造成损失而不会带来收益的风险。例如自然灾害，一旦发生，将会导致重大损失，甚至人员伤亡；如果不发生，只是不造成损失而已，不会带来额外的收益。此外，政治、社会方面的风险一般也表现为纯风险。投机风险则是指既可能造成损失，也可能创造额外收益的风险。投机风险具有极大的诱惑力，人们常常注意其有利可图的一面，而忽视其带来厄运的可能。纯风险与投机风险两者往往同时存在。例如房产所有人就同时面临纯风险——财产损失和投机风险——经济形势变化所引起的房产价值的升降。两者还有一个重要区别。在相同的条件下，纯风险重复出现的概率较大，表现出某种规律性，因而人们可以较成功地预测其发生的概率，从而相对容易采取措施防范；而投机风险则不然，其重复出现的概率较小，所谓“机不可失，时不再来”，因而预测的准确性相对较差，也就较难防范。

（二）按风险产生的原因分

按风险产生的原因可分为政治风险、社会风险、经济风险、自然风险、技术风险等。其中，经济风险的界定可能会有一定的差异，例如金融风险可作为独立的一类风险；另外需要注意的是，除自然风险和技术风险是相对独立的外，政治风险、社会风险和经济风险之间存在一定的联系，有时表现为相互影响，有时表现为因果关系，难以截然分开。

（三）按风险的影响范围分

按风险的影响范围大小可将风险分为基本风险和特殊风险。基本风险是指作用于整个经济或大多数人群的风险，具有普遍性，如战争、自然灾害、高通货膨胀率等。显然，基本风险的影响范围大，其后果严重。特殊风险是指仅作用于某一特定单体（如个人或企业）的风险，不具有普遍性，例如偷车、抢银行、房屋失火等。特殊风险的影响范围小，虽然就个体而言，其损失有时亦相当大，但相对于整个经济而言，其后果不严重。在某些情况下，特殊风险与基本风险很难严格加以区分。基本风险与特殊风险的界定有时需要考虑具体的出发点。

当然，风险还可以按照其他方式分类。例如，按风险分析依据可以将风险分为客观风险和主观风险；按风险分布情况可以将风险分为国别（地区）风险、行业风险；按风险潜在损失形态可将风险分为财产风险、人身风险和责任风险，等等。

三、建设工程风险与风险管理

对建设工程风险的认识，要明确以下几点。

（一）建设工程风险大

第一，建设工程风险因素和风险事件发生的概率均较大，其中有些风险因素和风险事件的发生概率很大。这些风险因素和风险事件一旦发生，往往造成比较严重的后果。明确这一点，有利于确立风险意识，只有从思想上重视建设工程的风险问题，才有可能对建设工程风险进行主动的预防和控制。第二，参与工程建设的各方均有风险，但即使是同一风险事件，对建设工程不同参与方造成的后果也有时迥然不同。

（二）风险管理过程

风险管理就是一个识别、确定和度量风险，并制订、选择和实施风险处理方案的过程。风险管理过程包括风险识别、风险评价、风险对策决策、实施决策、检查五方面内容。

（1）风险识别：是指通过一定的方式，系统而全面地识别出影响建设工程目标实现的风险事件并加以适当归类的过程，必要时，还需对风险事件的后果作出定性的估计。

(2)风险评价。

(3)风险对策决策：是确定建设工程风险事件最佳对策组合的过程。一般来说，风险管理中所运用的对策有以下四种：风险回避、损失控制、风险自留和风险转移。

(4)实施决策：对风险对策所作出的决策还需要进一步落实到具体的计划和措施。

(5)检查。

(三)风险管理的目标确定

风险管理的目标确定一般要满足以下几个基本要求：

(1)风险管理目标与风险管理主体(如企业或建设工程的业主)总体目标的一致性。

(2)目标的现实性，即确定目标要充分考虑其实现的客观可能性。

(3)目标的明确性，以便正确选择和实施各种方案，并对其效果进行客观的评价。

(4)目标的层次性，从总体目标出发，根据目标的重要程度，区分风险管理目标的主次，以利于提高风险管理的综合效果。

风险管理的具体目标还需要与风险事件的发生联系起来。就建设工程而言，在风险事件发生前，风险管理的首要目标是使潜在损失最小，这一目标要通过最佳的风险对策组合来实现。其次，是减少忧虑及相应的忧虑价值。忧虑价值是比较难以定量化的，但由于对风险的忧虑，分散和耗用建设工程决策者的精力和时间，却是不争的事实。最后，是满足外部的附加义务。

建设工程风险管理的目标通常更具体地表述为：

(1)实际投资不超过计划投资。

(2)实际工期不超过计划工期。

(3)实际质量满足预期的质量要求。

(4)建设过程安全。

因此，从风险管理目标的角度分析，建设工程风险可分为投资风险、进度风险、质量风险和安全风险。

(四)建设工程项目管理与风险管理的关系

风险管理是项目管理理论体系的一部分。但是，在项目管理理论体系中，风险管理并不是与投资控制、进度控制、质量控制、合同管理、信息管理、组织协调并列的一个独立的部分，而是将以上六个方面与风险有关的内容综合而成的一个独立的部分。建设工程项目管理的目标即目标控制的目标，与风险管理的目标是一致的。从某种意义上说，可以认为风险管理是为目标控制服务的。

建设工程目标规划和计划都是着眼于未来，充满着风险因素和风险事件。通过风险管理可以定量分析和评价各种风险因素和风险事件对建设工程预期目标和计划的影响，从而使目标规划更合理，使计划更可行。对于大型、复杂的建设工程，如果不从早期开始就进行风险管理的话，则很难保证其目标规划的合理性和计划的可行性。

风险对策都是为风险管理目标服务的，也就是为目标控制服务的。从这个角度看，风险对策是目标控制措施的重要内容。风险对策的具体内容体现了主动控制与被动控制相结合的要求，而且相对于一般的目标控制措施而言，风险对策更强调主动控制，这不仅体现在预防计划和措施上，而且表现在预先准备好但等到风险事件发生才及时采取的应对措施上。

因此，如果不从风险管理的角度选择适当的风险对策，目标控制的效果就大大降低。

第二节 建设工程风险识别

一、风险识别的特点和原则

（一）风险识别的特点

（1）个别性。任何风险都有与其他风险不同之处，没有两个风险是完全一致的。不同类型建设工程的风险不同；同一建设工程如果建造地点不同，其风险也不同；即使是建造地点确定的建设工程，如果由不同的承包商承建，其风险也不同。风险识别时尤其要注意这些不同之处，突出风险识别的个别性。

（2）主观性。风险识别都是由人来完成的，由于个人的专业知识水平（包括风险管理方面的知识）、实践经验等方面的差异，同一风险由不同的人识别的结果就会有较大的差异。风险本身是客观的，但风险识别是主观行为。风险识别时尽可能减少主观性对风险识别结果的影响，要做到这一点，关键在于提高风险识别的水平。

（3）复杂性。建设工程所涉及的风险因素和风险事件均很多，而且关系复杂、相互影响，给风险识别带来很强的复杂性。因此，建设工程风险识别对风险管理人员要求很高，并且需要准确、详细的依据，尤其是定量的资料和数据。

（4）不确定性。这一特点可以说是主观性和复杂性的结果。由风险的定义可知，风险识别本身也是风险。因而避免和减少风险识别的风险也是风险管理的内容。

（二）风险识别的原则

（1）由粗及细，由细及粗。由粗及细是指对风险因素进行全面分析，并通过多种途径对工程风险进行分解，逐渐细化，以获得对工程风险的广泛认识，从而得到工程初始风险清单。而由细及粗是指从工程初始风险清单的众多风险中，根据同类建设工程的经验以及对拟建建设工程具体情况的分析和风险调查，确定那些对建设工程目标实现有较大影响的工程风险，作为主要风险，即作为风险评价以及风险对策决策的主要对象。

（2）严格界定风险内涵并考虑风险因素之间的相关性。对各种风险的内涵要严格加以界定，不要出现重复和交叉现象。另外，还要尽可能考虑各种风险因素之间的相关性，如主次、因果、互斥、正相关、负相关关系等。应当说，在风险识别阶段考虑风险因素之间的相关性有一定难度，但至少要做到严格界定风险内涵。

（3）先怀疑，后排除。先考虑其是否存在不确定性，要通过认真的分析进行确认或排除。

（4）排除与确认并重。对于肯定可以排除和肯定可以确认的风险应尽早予以排除和确认；对于一时既不能排除又不能确认的风险再作进一步的分析，予以排除或确认；最后，对于肯定不能排除但又不能肯定予以确认的风险按确认考虑。

（5）必要时，可做试验论证。对于那些按常规方法难以判定其是否存在，也难以确定其对建设工程目标影响程度的风险，尤其是技术方面的风险，必要时可做试验论证，如抗震试验、风洞试验等。这样做的结论可靠，但要以付出费用为代价。

二、风险识别的过程

建设工程自身及其外部环境的复杂性，给人们全面、系统地识别工程风险带来了许多具体的困难，同时要求明确建设工程风险识别的过程。建设工程风险识别的方法与风险管理理论中提出的一般的风险识别方法有所不同，因而其风险识别的过程也有所不同。建设工程的风险识别往往是通过对经验数据的分析、风险调查、专家咨询以及试验论证等方式，在对建设工程风险进行多维分解的过程中，认识工程风险，建立工程风险清单。

风险识别的结果是建立建设工程风险清单。在建设工程风险识别过程中，核心工作是建设工程风险分解和识别建设工程风险因素、风险事件及后果。

（一）建设工程风险的分解

建设工程风险的分解可以按以下途径进行：

（1）目标维：即按建设工程目标进行分解，也就是考虑影响建设工程投资、进度、质量和安全目标实现的各种风险。

（2）时间维：即按建设工程实施的各个阶段进行分解，也就是考虑建设工程实施不同阶段的不同风险。

（3）结构维：即按建设工程组成内容进行分解，也就是考虑不同单项工程、单位工程的不同风险。

（4）因素维：即按建设工程风险因素的分类分解，如政治、社会、经济、自然、技术等方面的风险，常用的组合分解方式是由时间维、目标维和因素维三方面从总体上进行建设工程风险的分解。

（二）风险识别的方法

风险识别的方法有专家调查法、财务报表法、流程图法、初始清单法、经验数据法和风险调查法。对于建设工程的风险识别来说，仅仅采用一种风险识别方法是远远不够的，一般都应综合采用两种或多种风险识别方法，才能取得较为满意的结果，而且不论采用何种风险识别方法组合，都必须包含风险调查法。从某种意义上讲，前五种风险识别方法的主要作用在于建立初始风险清单，而风险调查法的作用则在于建立最终的风险清单。

第三节　建设工程风险评价

系统而全面地识别建设工程风险只是风险管理的第一步，对认识到的工程风险还要作进一步的分析，也就是风险评价。风险评价可以采用定性和定量两大类方法。定性风险评价方法有专家打分法、层次分析法等，其作用在于区分出不同风险的相对严重程度以及根据预先确定的可接受的风险水平作出相应的对策。定量风险评价方法有敏感性分析、盈亏平衡分析、决策树、随机网络等，大多有较为确定的适用范围。

一、风险评价的作用

通过定量方法进行风险评价的作用主要表现在：一是更准确地认识风险。风险识别的作用仅仅在于找出建设工程所可能面临的风险因素和风险事件。通过定量方法进行风险评价，可以定量地确定建设工程各种风险因素和风险事件发生的概率大小或概率分布，及其发生后对建设工程目标影响的严重程度或损失严重程度。其中，损失严重程度又可从两方面来反映：一方面是不同风险的相对严重程度，据此可以区分主要风险和次要风险；另一方面是各种风险的绝对严重程度，据此可以了解各种风险所造成的损失后果。二是保证目标规划的合理性和计划的可行性。建设工程数据库包含了各种风险作用于建设工程实施全过程的实际结果，但是没有具体反映工程风险的信息，充其量只有关于重大工程风险的简单说明。也就是说，建设工程数据库只能反映各种风险综合作用的后果，而不能反映各种风险各自作用的后果。由于建设工程风险的个别性，只有对特定建设工程的风险进行定量评价，才能正确反映各种风险对建设工程目标的不同影响，才能使目标规划的结果更合理、更可靠，使在此基础上制订的计划具有现实的可行性。三是合理选择风险对策，形成最佳风险对策组合。风险对策的适用性需从效果和代价两方面考虑。风险对策的效果表现在降低风险发生概率和（或）降低损失严重程度的幅度，有些风险对策（如损失控制）在这一点上较难准确地量度；风险对策一般要付出一定的代价，一般都可准确地量度。而定量风险评价的结果是各种风险的发生概率及其损失的严重程度。因此，在选择风险对策时，应将不同风险对策的适用性与不同风险的后果结合起来考虑，对不同的风险选择最适宜的风险对策，从而形成最佳的风险对策组合。

二、风险量函数

在定量评价建设工程风险时，首要工作是将各种风险的发生概率及其潜在损失定量化，这一工作也称为风险衡量。所谓风险量，是指各种风险的量化结果，其数值大小取决于各种风险的发生概率及其潜在损失。如果以 R 表示风险量，P 表示风险的发生概率，q 表示潜在的损失，则 R 可以表示为 p 和 q 的函数，即 $R = f(p, q)$。

上式反映的是风险量的基本原理，具有一定的通用性，其应用前提是能通过适当的方式建立关于 p 和 q 的连续性函数。在风险管理理论和方法中，在多数情况下是以离散形式来定量表示风险的发生概率及其损失，与风险量有关的另一个概念是等风险量曲线，就是由风险量相同的风险事件所形成的曲线，不同等风险量曲线所表示的风险量大小与其与风险坐标原点的距离成正比，即距原点越近，风险量越小；反之，则风险量越大。

三、风险损失的衡量

风险损失的衡量就是定量确定风险损失值的大小。建设工程风险损失包括以下几方面。

（一）投资风险

投资风险导致的损失可以直接用货币形式来表现，即法规、价格、汇率和利率等的变化或资金使用安排不当等风险事件引起的实际投资超出计划投资的数额。

（二）进度风险

导致的损失由以下部分组成：

（1）货币的时间价值。进度风险的发生可能会对现金流动造成影响，在利率的作用下，引起经济损失。

（2）为赶上计划进度所需的额外费用。包括加班的人工费、机械使用费和管理费等一切因追赶进度所发生的非计划费用。

(3)延期投入使用的收入损失。这方面损失的计算相当复杂,不仅仅是延误期间内的收入损失,还可能由于产品投入市场过迟而失去商机,从而大大降低市场份额,因而这方面的损失有时是相当巨大的。

(三)质量风险导致的损失

质量风险导致的损失包括事故引起的直接经济损失,以及修复和补救等措施发生的费用以及第三者责任损失等,可分为以下几个方面:

(1)建筑物、构筑物或其他结构倒塌所造成的直接经济损失。

(2)复位纠偏、加固补强等补救措施和返工的费用。

(3)造成工期延误的损失。

(4)永久性缺陷对于建设工程使用造成的损失。

(5)第三者责任的损失。

(四)安全风险

安全风险包括:

(1)受伤人员的医疗费用和补偿费。

(2)财产损失,包括材料、设备等财产的损毁或被盗。

(3)因引起工期延误带来的损失。

(4)为恢复建设工程正常实施所发生的费用。

(5)第三者责任损失。

在此,第三者责任损失为建设工程实施期间,因意外事故可能导致的第三者的人身伤亡和财产损失所作的经济赔偿以及必须承担的法律责任。

由以上四方面风险的内容可知,投资增加可以直接用货币来衡量;进度的拖延则属于时间范畴,同时会导致经济损失;而质量事故和安全事故既会产生经济影响又可能导致工期延误和第三者责任,显得更加复杂。而第三者责任除法律责任外,一般是以经济赔偿的形式来实现的。因此,这四方面的风险最终都可以归纳为经济损失。需要指出的是,在建设工程实施过程中,某一风险事件的发生往往会同时导致一系列损失。例如,地基的坍塌引起塔吊的倒塌,并进一步造成人员伤亡和建筑物的损坏,以及施工被迫停止等。这表明,这一地基坍塌事故影响了建设工程所有的目标——投资、进度、质量和安全,从而造成相当大的经济损失。

四、风险概率的衡量

衡量建设工程风险概率有两种方法:相对比较法和概率分布法。一般而言,相对比较法主要是依据主观概率,而概率分布法的结果则接近于客观概率。

(一)相对比较法

相对比较法由美国风险管理专家提出,表示如下:

(1)“几乎是0”:这种风险事件可认为不会发生。

(2)“很小的”:这种风险事件虽有可能发生,但现在没有发生并且将来发生的可能性也不大。

(3)“中等的”:这种风险事件偶尔会发生,并且能预期将来有时会发生。

(4)“一定的”:这种风险事件一直在有规律地发生,并且能够预期未来也是有规律地发生。在这种情况下,可以认为风险事件发生的概率较大。在采用相对比较法时,建设工程风险导致的损失也将相应划分成重大损失、中等损失和轻度损失,从而在风险坐标上对建设工程风险定位,反映出风险量的大小。

(二)概率分布法

概率分布法的常见表现形式是建立概率分布表。为此,需参考外界资料和本企业历史资料。在运用时还应当充分考虑资料的背景和拟建建设工程的特点。由此可见,概率分布表中的数字可能是因工程而异的。

风险评价的作用:通过定量方法进行风险评价的作用主要表现在:一是更准确地认识风险。通过定量方法进行风险评价,可以定量地确定建设工程各种风险因素和风险事件发生的概率大小或概率分布,及其发生后对建设工程目标影响的严重程度或损失严重程度。二是保证目标规划的合理性和计划的可行性。建设工程数据库只能反映各种风险综合作用的后果,而不能反映各种风险各自作用的后果。由于建设工程风险的个别性,只有对特定建设工程的风险进行定量评价,才能正确反映各种风险对建设工程目标的不同影响,才能使目标规划的结果更合理、更可靠,使在此基础上制订的计划具有现实的可行性。三是合理选择风险对策,形成最佳风险对策组合。

第四节　建设工程风险对策

一、风险回避

风险回避就是以一定的方式中断风险源,使其不发生或不再发展,从而避免可能产生的潜在损失。采用风险回避这一对策时,有时需要作出一些牺牲,但较之承担风险,这些牺牲比风险真正发生时可能造成的损失要小得多。从以上分析可知,在某些情况下,风险回避是最佳对策。在采用风险回避对策时需要注意以下问题。首先,回避一种风险可能产生另一种新的风险。其次,回避风险的同时也失去了从风险中获益的可能性。最后,回避风险可能不实际或不可能。总之,虽然风险回避是一种必要的,有时甚至是最佳的风险对策,但应该承认这是一种消极的风险对策。如果处处回避、事事回避,其结果只能是停止发展,直至停止生存,因此应当勇敢地面对风险,这就需要适当运用风险回避以外的其他风险对策。

二、损失控制

(一)损失控制的概念

损失控制是一种主动、积极的风险对策。损失控制可分为预防损失和减少损失两方面工作。预防损失措施的主要作用在于降低或消除(通常只能做到减少)损失发生的概率,而减少损失措施的作用在于降低损失的严重性或遏制损失的进一步发展,使损失最小化。一般来说,损失控制方案都应当是预防损失措施和减少损失措施的有机结合。

(二)制定损失控制措施的依据和代价

制定损失控制措施必须以定量风险评价的结果为依据,才能确保损失控制措施具有针对性,取得预期的控制效果。风险评价时特别要注意间接损失和隐蔽损失。制定损失控制措施还必须考虑其付出的代价,包括费用和时间两方面代价,而时间方面的代价往往还会引起费用方面的代价。损失控制措施的最终确定,需要综合考虑损失控制措施的效果及其相应的代价。由此可见,损失控制措施的选择也应当进行多方案的技术经济分析和比较。

(三)损失控制计划系统

就施工阶段而言,该计划系统一般应由预防计划(有文献称为安全计划)、灾难计划和应急计划三部分组成。

1. 预防计划

预防计划的目的在于有针对性地预防损失的发生,其主要作用是降低损失发生的概率,在许多情况下也能在一定程度上降低损失的严重性。在损失控制计划系统中,预防计划的内容最广泛,具体措施最多,包括组织措施、管理措施、合同措施、技术措施。组织措施的首要任务是明确各部门和人员在损失控制方面的职责分工,以使各方人员都能为实施预防计划而有效地配合;还需要建立相应的工作制度和会议制度;必要时,还应对有关人员(尤其是现场工人)进行安全培训等。采取管理措施,既可采取风险分隔措施,将不同的风险单位分离间隔开来,将风险局限在尽可能小的范围内,以避免某一风险发生时,产生连锁反应或互相牵连,如将木工加工场设在远离办公用房的位置;也可采取分散措施,通过增加风险单位以减轻总体风险的压力,达到共同分摊总体风险的目的,如在涉外工程结算中采用多种货币组合的方式付款,分散汇率风险。合同措施除要保证整个建设工程总体合同结构合理、不同合同之间不出现矛盾外,还要注意合同具体条款的严密性,并作出与特定风险相应的规定,如要求承包商加强履约保证和预付款保证等。技术措施是在建设工程施工过程中常用的预防损失措施,如地基加固、周围建筑物防护、材料检测等。与其他几方面措施相比,技术措施的显著特征是必须付出费用和时间两方面的代价,应当慎重比较后选择。

2. 灾难计划

灾难计划是一组事先编制好的、目的明确的工作程序和具体措施,为现场人员提供明确的行动指南,使其在各种严重的、恶性的紧急事件发生后,不至于惊慌失措,也不需要临时讨论研究应对措施,可以做到从容不迫、及时、妥善地处理,从而减少人员伤亡以及财产和经济损失。灾难计划是针对严重风险事件制定的,其内容应满足以下要求:

(1)安全撤离现场人员。

(2)援救及处理伤亡人员。

(3)控制事故的进一步发展,最大限度地减少资产和环境损害。

(4)保证受影响区域的安全尽快恢复正常。灾难计划在严重风险事件发生或即将发生时付诸实施。

3. 应急计划

应急计划是在风险损失基本确定后的处理计划,其宗旨是使因严重风险事件而中断的工程实施过程尽快全面恢复,并减少进一步的损失,使其影响程度减至最小。应急计划不仅要制定所要采取的相应措施,而且要规定不同工作部门相应的职责。应急计划应包括的内容:调整整个建设工程的施工进度计划,并要求各承包商相应调整各自的施工进度计划;调整材料、设备的采购计划,并及时与材料、设备供应商联系,必要时,可能要签订补充协议;准备保险索赔依据,确定保险索赔的额度,起草保险索赔报告;全面审查可使用的资金情况,必要时需调整筹资计划等。

三、风险自留

风险自留就是将风险留给自己承担，是从企业内部财务的角度应对风险。风险自留与其他风险对策的根本区别在于，它不改变建设工程风险的客观性质，即既不改变工程风险的发生概率，也不改变工程风险潜在损失的严重性。

（一）风险自留的类型

风险自留可分为非计划性风险自留和计划性风险自留两种类型。

1. 非计划性风险自留

由于风险管理人员没有意识到建设工程某些风险的存在，或者不曾有意识地采取有效措施，以致风险发生后只好由自己承担。这样的风险自留就是非计划性的和被动的。

导致非计划性风险自留的主要原因有：

（1）缺乏风险意识。这往往是建设资金来源与建设工程业主的直接利益无关造成的，也可能是由于缺乏风险管理理论的基本知识而造成的。

（2）风险识别失误。原因可能是所采用的风险识别方法过于简单和一般化，没有针对建设工程风险的特点；或者缺乏建设工程风险的经验数据或统计资料；或者没有针对特定建设工程进行风险调查等，未能意识到某些风险的存在。

（3）风险评价失误。在风险识别正确的情况下，风险评价的方法不当可能导致风险评价结论错误。不该忽略的风险忽略了。

（4）风险决策延误。在风险识别和风险评价均正确的情况下，可能由于迟迟没有作出相应的风险对策决策，而某些风险已经发生，使本不会作出风险自留选择的那些风险成为自留风险。

（5）风险决策实施延误。分为两种情况：一种是主观原因，即行动迟缓，对已作出的风险对策迟迟不付诸实施或实施工作进展缓慢；另一种是客观原因，某些风险对策的实施需要时间，如损失控制的技术措施需要较长时间才能完成，保险合同的谈判也需较长时间等，而在这些风险对策实施尚未完成之前却已发生了相应的风险，成为事实上的自留风险。对于大型、复杂的建设工程来说，风险管理人员几乎不可能识别出所有的工程风险。非计划性风险自留有时是无可厚非的，因而也是一种适用的风险处理策略。但是，风险管理人员应当尽量减少风险识别和风险评价的失误，要及时作出风险对策决策，并及时实施决策，从而避免被迫承担重大和较大的工程风险。总之，虽然非计划性风险自留不可能不用，但应尽可能少用。

2. 计划性风险自留

计划性风险自留是主动的、有意识的、有计划的选择，是风险管理人员在经过正确的风险识别和风险评价后作出的风险对策决策，是整个建设工程风险对策计划的一个组成部分。也就是说，风险自留决不可能单独运用，而应与其他风险对策结合使用。在实行风险自留时，应保证重大和较大的建设工程风险已经进行了工程保险或实施了损失控制计划。

计划性风险自留的计划性主要体现在风险自留水平和损失支付方式两方面。所谓风险自留水平，是指选择哪些风险事件作为风险自留的对象。确定风险自留水平可以从风险量数值大小的角度考虑，一般应选择风险量小或较小的风险事件作为风险自留的对象。计划性风险自留还应从费用、期望损失、机会成本、服务质量和税收等方面与工程保险比较后才能得出结论。损失支付方式的含义比较明确，即在风险事件发生后，对所造成的损失通过什么方式或渠道来支付。

（二）损失支付方式

计划性风险自留应预先制订损失支付计划，常见的损失支付方式有以下几种。

1. 从现金净收入中支出

在财务上并不对自留风险作特别的安排，在损失发生后从现金净收入中支出，或将损失费用记入当期成本。非计划风险自留通常都是采用这种方式。这种方式不能体现计划性风险自留的“计划性”。

2. 建立非基金储备

设立一定数量的备用金，但其用途并不是专门针对自留的风险，其他原因引起的额外费用也在其中支出，甚至一些不属于风险管理范畴的额外费用。

3. 自我保险

设立一项专项基金（亦称为自我基金），专门用于自留风险造成的损失。该基金的设立不是一次性的，而是每期支出，相当于定期支付保险费，因而称为自我保险。这种方式若用于建设工程风险自留，需作适当的变通，如将自我基金（或风险费）在施工开工前一次性设立。

4. 母公司保险

这种方式只适用于存在总公司与子公司关系的集团公司，往往是在难以投保或自保较为有利的情况下运用。从子公司的角度来看，与一般的投保无异，收支较为稳定，税赋可能得益（是否按保险处理，取决于该国的规定）；从母公司的角度，可采用适当的方式进行资金运作，使这笔基金增值，也可再以母公司的名义向保险公司投保。对于建设工程风险自留来说，这种方式可用于特大型建设工程（有众多的单项工程和单位工程），或长期有较多建设工程的业主，如房地产开发（集团）公司。

（三）风险自留的适用条件

计划性风险自留至少要符合以下条件之一才应予以考虑：

（1）别无选择。有些风险既不能回避，又不可能预防，且没有转移的可能性，只能自留，这是一种无奈的选择。

（2）期望损失不严重。风险管理人员对期望损失的估计低于保险公司的估计。

（3）损失可准确预测。在此，仅考虑风险的客观性。这一点实际上是要求建设工程有较多的单项工程和单位工程，满足概率分布的基本条件。

（4）企业有短期内承受最大潜在损失的能力。对于建设工程的业主来说，与此相应的是要具有短期内筹措大笔资金的能力。

（5）投资机会很好（或机会成本很大）。

（6）内部服务优良。

四、风险转移

风险转移是建设工程风险管理中非常重要而且广泛应用的一项对策，分非保险转移和保险转移两种形式。根据风险管理的基本理论，建设工程的风险应由有关各方分担，而风险分担的原则是：任何一种风险都应由最适宜承担该风险或最有能力进行损失控制的一方承担。符合这一原则的风险转移是合理的,可以取得双赢或多赢的结果。例如,项目决策风险应由业主承担,设计风险应由设计方承担,而施工技术风险应由承包商承担,等等。否则,风险转移就可能付出较高的代价。

(一)非保险转移

非保险转移又称为合同转移,因为这种风险转移一般是通过签订合同的方式将工程风险转移给非保险人的对方当事人。建设工程风险最常见的非保险转移有以下三种情况:

(1)业主将合同责任和风险转移给对方当事人。在这种情况下,被转移者多数是承包商。例如,在合同条款中规定,业主对场地条件不承担责任;又如,采用固定总价合同将涨价风险转移给承包商,等等。

(2)承包商进行合同转让或工程分包。承包商中标承接某工程后,可能由于资源安排出现困难而将合同转让给其他承包商,以避免由于自己无力按合同规定时间建成工程而遭受违约罚款;或将该工程中专业技术要求很强而自己缺乏相应技术的工程内容分包给专业分包商,从而更好地保证工程质量。

(3)第三方担保。担保方所承担的风险仅限于合同责任,即由于委托方不履行或不适当履行合同以及违约所产生的责任。第三方担保的主要表现是业主要求承包商提供履约保证和预付款保证(在投标阶段还有投标保证)。非保险转移的优点主要体现在:一是可以转移某些不可保的潜在损失,如物价上涨、法规变化、设计变更等引起的投资增加;二是被转移者往往能较好地进行损失控制,如承包商相对于业主能更好地把握施工技术风险,专业分包商相对于总包商能更好地完成专业性强的工程内容。但是,非保险转移的媒介是合同,这就可能因为双方当事人对合同条款的理解发生分歧而导致转移失效。另外,在某些情况下,可能因被转移者无力承担实际发生的重大损失而导致仍然由转移者来承担损失。非保险转移一般要付出一定的代价,有时转移代价可能超过实际发生的损失,从而对转移者不利。

(二)保险转移

保险转移通常直接称为保险,对于建设工程风险来说,则为工程保险。通过购买保险,建设工程业主或承包商作为投保人将本应由自己承担的工程风险(包括第三方责任)转移给保险公司,从而使自己免受风险损失。保险转移得到广泛运用,原因在于其符合风险分担的基本原则,即保险人较投保人更适宜承担有关的风险。优点是:建设工程在发生重大损失后可以从保险公司及时得到赔偿,使建设工程实施能不中断地、稳定地进行,从而最终保证建设工程的进度和质量,也不致因重大损失而增加投资;还可使决策者和风险管理人员对建设工程风险的担忧减少,从而可集中精力研究和处理建设工程实施中的其他问题,提高目标控制的效果;保险公司可向业主和承包商提供较为全面的风险管理服务,从而提高整个建设工程风险管理的水平。

保险这一风险对策的缺点首先表现在机会成本增加。其次,工程保险合同的内容较为复杂,保险费没有统一固定的费率,需根据特定建设工程的类型、建设地点的自然条件(包括气候、地质、水文等条件)、保险范围、免赔额的大小等加以综合考虑,因而保险合同谈判常常耗费较多的时间和精力。在进行工程保险后,投保人可能产生心理麻痹而疏于损失控制计划,以致增加实际损失和未投保损失。

在作出进行工程保险这一决策之后,还需考虑与保险相关的几个具体问题:一是保险的安排方式,即究竟是由承包商安排保险计划还是由业主安排保险计划;二是选择保险类别和保险人，一般是通过多家比选后确定，也可委托保险经纪人或保险咨询公司代为选择；三是可能要进行保险合同谈判，这项工作最好委托保险经纪人或保险咨询公司完成，但免赔额的数额或比例要由投保人自己确定。

需要说明的是，工程保险并不能转移建设工程的所有风险，一方面是因为存在不可保风险，另一方面是因为有些风险不宜保险。因此，对于建设工程风险，应将工程保险与风险回避、损失控制和风险自留结合起来运用。对于不可保风险，必须采取损失控制措施；即使对于可保风险，也应采取一定的损失控制措施，这有利于改变风险性质，达到降低风险量的目的，从而改善工程保险条件，节省保险费。

五、风险对策决策过程

风险管理人员在选择风险对策时，要根据建设工程的自身特点，从系统的观点出发，从整体上考虑风险管理的思路和步骤，从而制定一个与建设工程总体目标相一致的风险管理原则。这种原则需要指出风险管理各基本对策之间的联系，为风险管理人员进行风险对策决策提供参考。

练习题

1. 建设工程风险的两个基本特点是什么？
2. 简述风险管理的基本过程。
3. 风险识别有哪些特点？应遵循什么原则？

第五章　建设工程监理组织

本章各节教育内容、教学要求及能力目标见表5-1。

表5-1　各节教学内容、教学要求及能力目标

章节	教学内容	教学要求	能力目标
第一节　组织的基本原理	1. 组织和组织结构 2. 组织设计 3. 组织机构活动的基本原理	熟悉组织和组织结构的概念,组织设计方法、原则,以及组织机构活动基本原理	理解组织和组织设计的概念与特点
第二节　建设工程组织管理基本模式与监理模式	1. 平行承发包模式与监理模式 2. 设计、施工总分包模式与监理模式 3. 项目总承包模式与监理模式 4. 项目管理总承包模式及监理模式	掌握平行承发包模式、设计或施工总分包模式、项目总承包模式、项目总承包管理模式的特点,以及适用的监理模式	掌握建设工程组织管理基本模式,能绘制各种管理模式示意图以及监理模式示意图并说明其优缺点
第三节　建设工程监理实施程序与原则	1. 建设工程监理实施程序 2. 建设工程监理实施原则	熟悉建设工程监理实施程序及实施原则	能理解建设工程监理实施程序及实施原则的内涵
第四节　项目监理机构	1. 建立项目监理机构的步骤 2. 项目监理机构的组织形式 3. 项目监理机构的人员配备及职责分工	掌握建立项目监理机构的步骤、项目监理机构的组织形式,了解项目监理机构的人员配备及职责分工	全面掌握项目监理机构的组织形式、优缺点、适用条件,并绘制组织形式图
第五节　建设工程监理的组织协调	1. 建设工程监理组织协调概述 2. 项目监理机构组织协调的工作内容 3. 建设工程监理组织协调的方法	熟悉项目监理机构组织协调的工作内容及工作方法	理解组织协调的概念,熟悉组织协调的范围、层次、工作内容和方法

第一节　组织的基本原理

一、组织和组织结构

(一)组织的基本概念

组织是对某一特定人群的称谓,也是管理的一项重要职能。所谓组织,就是为了使系统

达到它的特定目标，使全体参加者经分工与协作以及设置不同层次的权利和责任制度而构成的一种人的集合体。组织包含有以下三个层次的含义：

(1)目标是组织存在的前提。

(2)分工与协作是组织的活动方式。

(3)不同层次的权力和责任制度是实现组织活动和组织目标的条件。

组织作为生产的四大要素之一，与其他三大要素(劳动力、劳动对象、劳动工具)相比具有以下特点：在生产过程中，不具有可替换性；可使其他要素合理配合后而增值；是由一定的组织结构和要素组成的体系，因而具有系统性；会随着环境的变化而不断地发展和变化。随着社会化大生产的发展，以及其他生产要素的增加和复杂程度的提高，组织在生产活动中的作用也日益凸显。

(二)组织结构的含义

组织内部各构成部分和各部分间所确立的较为稳定的相互关系和联系方式，称为组织结构。组织结构的基本内涵包括：①确定正式关系与职责的形式；②向组织各个部门或个人分派任务和各种活动的方式；③协调各个分离活动和任务的方式；④组织中的权力、地位和等级关系。

(三)组织结构与职权的关系

组织结构与职权形态之间存在着一种直接的相互关系。组织结构为职权关系提供了一定的格局。组织中的职权指的是组织中成员之间的关系，而不是某个成员的属性，职权关系的格局就是组织结构。组织中存在着一定的职级，一定的职级对应着一定的组织结构，不同的职级有不同的权力。职权的概念是与合法的行使某一职位的权力紧密相关的，而且是以下级服从上级的命令为基础的。

(四)组织结构与职责的关系

组织结构与各部门、各成员的职责和责任的分配存在直接关系。在组织中，职位是与具体的部门和人员相对应的，只要有职位就有职权，而只要有职权也就有职责。组织结构为职责的分配和确定奠定了基础，而组织的管理则是以机构和人员职责的分配与确定为基础的，利用组织结构可以评价组织的各个成员的功绩与过错，从而使组织的各项活动有效地开展起来。

(五)组织结构图

组织结构图是通过绘制能表明组织的正式职权和联系网络的图来描述组织，它是组织结构简化了的抽象模型。但是，它不能准确完整地表述组织结构，例如它不能说明一个对其下级所具有的职权程度，以及平级职位之间相互作用的横向关系。尽管如此，它仍然是一种表示组织结构的好方法。

(六)组织的构成

组织作为一个系统是由一系列相互依存、相互联系、相互制约的要素构成的，主要包括工作专门化、部门化、命令链、管理幅度和管理层次、集权与分权、正规化等要素。

二、组织设计

组织设计就是对组织活动和组织结构的设计过程，也是对一个组织的结构进行规划、构造、创新或再构造，以便从组织结构上确保组织目标的有效实现。具体来说，应遵循以下要点：第一，组织设计是管理者在系统中建立最有效相互关系的一种合理化、有意识的过程；第二，这个过程既要考虑系统的外部要素，又要考虑系统的内部要素；第三，组织设计的结果是形成组织结构。有效的组织设计在提高组织活动效能方面起着重大的作用。

（一）组织构成因素

组织构成一般呈上小下大的形式，由管理层次、管理跨度、管理部门和管理职能四大因素组成。各因素是密切相关、相互制约的，在进行组织设计时，必须考虑各因素间的平衡与衔接。

1. 合理的管理层次

管理层次是指从最高管理者到实际工作人员等级层次的数量。管理层次通常分为决策层、中间控制层和操作层。决策层的任务是确定管理组织的目标和大政方针，它必须精干高效；中间控制层主要是参谋、咨询以及直接调动和组织人力、物力、财力等具体活动内容的，其人员应有较高的业务工作能力和实干精神并能坚决贯彻管理指令；操作层是从事操作和完成具体任务的，其人员应有熟练的作业技能。这三个层次的职能和要求不同，标志着不同的职责和权限，同时也反映出组织系统中的人数变化规律。它犹如一个倒三角，从上到下权责递减，人数递增。值得注意的是，管理层次不宜过多，否则是一种浪费，也会使信息传递慢、指令走样、协调困难。

2. 合理的管理跨度

管理跨度是指一名上级管理人员所直接管理的下级人数。这是由于一个人的能力和精力都是有限的，因此一个上级领导人能够直接、有效地指挥下级的数目也是有一定限度的。管理跨度的大小主要取决于需要协调的工作量，下级数目按算术级数增长的话，其直接的领导者需要协调的关系数目则按几何级数增长，两者的关系通常用下式表示：

$$领导者需协调的关系数目 = n\left(\frac{2^n}{2} + n - 1\right)$$

式中 n 为下级数目。

影响管理跨度的因素很多，主要包括管理人员的性格、才能、个人精力、授权程度以及被管理者的素质等因素。此外，还与职能的难易程度、工作地点远近、工作的相似程度、工作制度和程序等客观因素有关。要确定合理的管理跨度，需要积累经验并在实践中进行调整。

3. 合理的管理部门

部门的划分要根据组织目标与工作内容确定，形成既有相互分工又有相互配合的组织系统。如果部门划分不合理，会造成控制、协调的困难，也会造成人浮于事，浪费人力、物力、财力。因此，组织中各个部门的合理划分对发挥组织效应是十分重要的。

4. 合理的管理职能

组织设计中确定各部门的职能，要达到以下两个方面的效果：一是使纵向的领导、检查、指挥灵活，指令传递快速，信息反馈及时；二是使横向各部门间相互联系、协调一致，使各部门能够有职有责、尽职尽责。

（二）组织设计原则

现代组织的设置包括组织结构和组织运行制度两个方面的内容。一般来说，要遵循以下原则。

1. 目标原则

目标原则是指组织设置的目标，就是选择组织存在的依据。组织设置必须紧紧围绕组织的生存和发展来进行,无论是组织局部的具体设置,还是组织整体框架的确定,都必须以实现组织目标作为基本原则。

2. 集权与分权统一的原则

在项目监理机构设计中,集权就是总监理工程师掌握所有监理大权,各专业监理工程师只是其命令的执行者;分权是指在总监理工程师的授权下,各专业监理工程师在各自管理的范围内有足够的决策权,总监理工程师主要起协调作用。项目监理机构是采取集权形式还是分权形式是相对而言的,要根据建设工程的特点,监理工作的重要性,总监理工程师的能力、精力及各专业监理工程师的工作经验、工作能力、工作态度等因素进行综合考虑。

3. 专业分工与协作统一的原则

分工就是按照提高监理专业化程度和工作效率的要求,把现场监理组织的目标、任务分成各级、各部门,每个人的目标、任务,明确干什么、怎么干、谁来干。协作就是在分工的基础上要求不同部门、专业相互配合,形成统一的整体,避免各自为政,相互扯皮。

在分工中应强调:尽可能地按照专业化要求来设置组织机构,工作上要有严密的分工,每个人所承担的工作,应力求达到较熟悉的程度,这样才能提高效率。在协作中应强调:主动协调是至关重要的,对于协作中的各项关系,应逐步走上规范化、程序化,应有具体可行的协调配合办法。总之,在监理组织中,强调应有明确分工,在提高监理目标控制深度的同时,又要强调全体人员的协作与配合,使目标控制不被孤立地、割裂地看待。

4. 权责一致的原则

所谓权责一致,就是在项目监理机构中应明确划分职责、权力范围,做到责任和权力相一致。从组织结构的规律来看,一定的人总是在一定的岗位上担任一定的职务,这样就产生了与岗位职务相适应的权力和责任,只有做到有职、有权、有责,才能使组织机构正常运行。由此可见,组织的权责是相对预定的岗位职务来说的,不同的岗位职务应有不同的权责。权责不一致对组织的效能损害是很大的,权大于责就容易产生瞎指挥、滥用权力的官僚主义;责大于权就会影响管理人员的积极性、主动性、创造性,使组织缺乏活力。

5. 才职相称的原则

每项工作都应该确定为完成该工作所需要的知识和技能,每个人的知识和技能也必须满足他所担负的职责的要求。所以,应该对每个人通过考察他的学历与经历,进行测试及面谈等,了解其知识、经验、才能、兴趣等,进行评审比较。职务设计和人员评审都应采用科学的方法,使每个人现有的和可能有的才能与其职务上的要求相适应。

6. 稳定性与适应性相结合的原则

组织的设置要有一定的稳定性,包括目标及目标制约下的功能块和自由度,都要在一定的时间内稳定不变,组织才有存在的必要,才能发挥其应有的作用。同时应该看到组织的发展不能脱离外部环境,组织总是处在与外部环境的互动中。也就是说,随着组织内外部环境与条件的变化,组织也要相应地发生变化和发展,即组织也要有适应性。

7. 系统原则

组织运作的整体效率是一个系统性的过程,组织机构的设置要简化流程,保证信息畅通、决策迅速、部门协调;充分考虑交叉业务活动的统一协调;应对新情况、新问题,避免管理真空;保持管理的整体性。

8. 效率原则

组织的意义在于追求组织目标的实现，同时将付出的代价降到最低，效率原则是衡量任何组织结构的基础，组织如果能使人们以最小的失误或代价来实现目标，就是有效率的。

三、组织机构活动的基本原理

组织机构的目标必须通过组织机构活动来实现。组织活动应遵循如下基本原则。

（一）要素有用性原则

一个组织机构中的基本要素有人力、物力、财力、信息、时间等。一切要素都有作用，这是要素的共性，然而要素不仅有共性，还要有个性。例如，同样是监理工程师，由于专业、知识、能力、经验等水平的差异，所起的作用也就不同，因此管理者在组织活动过程中不但要看到一切要素都有作用，还要具体分析各要素的特殊性，以便充分发挥每一要素的作用。

运用要素有用性原理，首先应看到人力、物力、财力等要素在组织活动中的有用性，充分发挥各要素的作用，根据各要素作用的大小、主次、好坏进行合理安排、组合和使用，尽最大可能提高各要素的有用率。

（二）动态相关性原则

组织机构处在静止的状态是相对的，处在运动的状态是绝对的。组织机构内部各要素之间既相互联系，又相互制约；既相互依存，又相互排斥，这种相互作用推动组织活动的进行与发展。这种相互作用的因子，叫作相关因子。充分发挥相关因子的作用，是提高组织管理效应的有效途径。事物在组合过程中，由于相关因子的作用，可以发生质变。一加一可以等于二，也可以大于二，还可以小于二。整体效应不等于其各局部效应的简单相加，这就是动态相关性原理。组织管理者的重要任务就在于使组织机构活动的整体效应大于其局部效应之和，否则，组织就失去了存在的意义。

（三）主观能动性原理

人和宇宙中的万物，运动是其共有的根本属性，他们都是客观存在的物质，不同的是，人是有生命、有思想、有感情、有创造力的，人会制造和使用工具进行劳动，并在劳动中改造世界，同时也改造自己；能继承并在劳动中运用和发展前人的知识。人是生产力中最活跃的因素，组织活动效果关键在于人的主观能动性的发挥，组织管理者不应过分地强调客观原因。

（四）规律效应性原理

规律就是客观事物内部的、本质的、必然的联系。只有按照客观规律开展组织活动才能取得良好的组织效应。组织管理者在管理过程中要掌握规律，按规律办事，把注意力放在抓事物内部的、本质的、必然的联系上，以达到预期的目标，取得良好的效应。一个成功的管理者必须努力揭示规律，研究规律，坚决按规律办事。

第二节　建设工程组织管理基本模式与监理模式

目前，我国的建设工程项目的组织管理形成了以建设单位为主导，以监理单位为管理核心，以承包商为主要实施力量的结构体系。三者以合同为依据，以经济为纽带，形成了三位一体的组织管理模式。建设工程项目组织管理模式对建设工程的规划、控制、协调起着重要作用,组织管理模式不同,其合同体系和管理特点也不同,采用的监理模式也不相同。本节主要介绍建设工程组织管理的基本模式与监理模式。

一、平行承发包模式与监理模式

(一)平行承发包模式

建设工程项目在发包时,发包方将建设工程的设计、施工以及材料设备采购的任务经过分解分别发包给若干个设计单位、施工单位和材料设备供应单位,并分别与各方签订承包合同,这种承发包形式就是平行承发包模式,各设计单位之间的关系是平行的,各施工单位之间的关系、各材料设备供应单位之间的关系也是平行的,没有主次之分。

采用这种平行承发包模式首先应合理地进行工程建设任务的分解,然后进行分类综合,确定每个合同的发包内容,以便选择适当的承建单位。进行任务分解,确定合同数量、内容时应考虑以下因素:

(1)工程情况。建设工程的性质、规模、结构等是决定合同数量和内容的重要因素。

(2)市场情况。

(3)贷款协议要求。

平行承发包模式的优点是:

(1)有利于缩短工期。设计和施工任务经过分解分别发包,设计阶段与施工阶段可以形成搭接关系,缩短整个建设工程工期。

(2)有利于质量控制。整个工程经过分解分别发包给不同的承包商,可以在合同约束下形成相互制约关系,使每一部分都能较好地实现质量要求。

(3)有利于发包方选择承包商。在我国的建筑市场中,专业性强、规模较小的承包商占很大比例,这种模式的合同内容比较单一、合同价值小、风险小,使大、中、小型承包商都能够参与竞争。发包方可以在很大的范围内选择承包商,为提高择优性创造了条件。

平行承发包模式的缺点是:

(1)合同数量多,造成合同管理困难。合同关系复杂,使建设工程系统内结合部位适量增加,组织协调工作量大。应加强合同管理的力度,加强各承建单位之间的横向协调工作,使工作有条不紊地进行。

(2)投资控制难度大。这主要表现在:总合同价不易确定,影响投资控制实施;工程招标任务量大,需控制多项合同价;在施工过程中设计变更和修改更多,导致投资增加。

(二)监理模式

与建设工程平行承发包模式相对应的监理模式有以下两种主要形式。

1. 业主委托一家监理单位监理

这种监理委托模式是指业主只委托一家监理单位为其进行监理服务,如图 5-1 所示。这种模式对监理单位要求较高,要求被委托的监理单位要具有较强的合同管理能力与组织协调能力,并能做好全面的监理规划工作。监理单位可以指定一名总监理工程师,组建多个监理分支机构,对承建单位分别实施监理。在具体监理过程中,总监理工程师主要做好总体协调工作,加强横向联系,保证建设工程监理工作的有效运行。

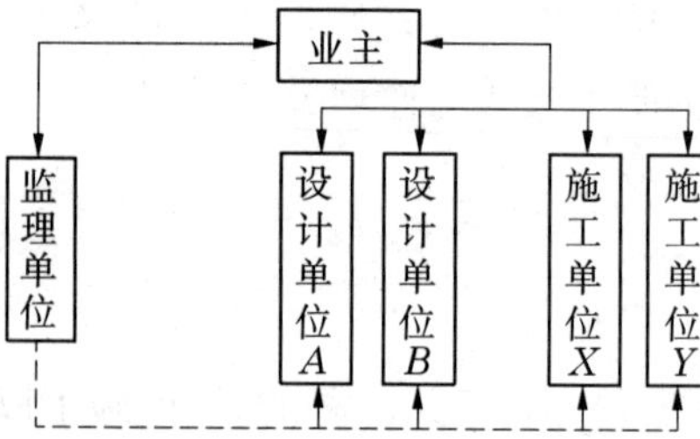

图 5-1 业主委托一家监理企业监理模式

2. 业主委托多个监理单位监理

这种监理委托模式是指业主委托多个监理单位为其进行监理服务，如图 5-2 所示。在这种模式下，业主将工程项目监理任务分别委托给几家监理单位，分别对不同的承建商实施监理，业主分别与多家监理单位签订委托监理合同，各监理单位之间的相互协作与配合由业主进行。这种模式下监理单位的监理对象相对单一，便于管理，但是建设工程监理工作被肢解，各监理单位各负其责，整体性不强，缺少对建设工程进行的总体规划与协调控制。

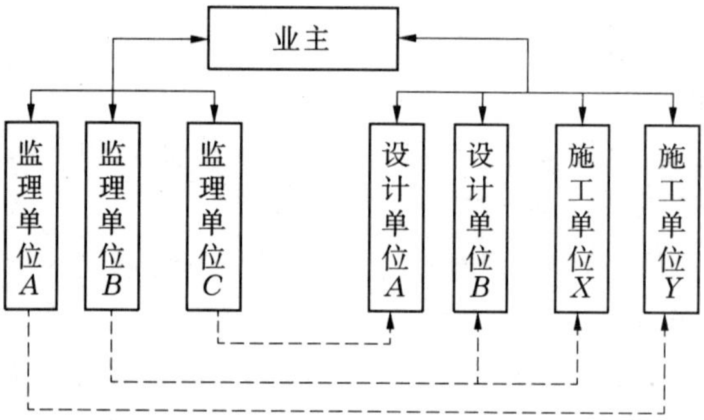

图 5-2 业主委托多家监理企业监理模式

二、设计、施工总分包模式与监理模式

(一)设计、施工总分包模式

设计、施工总分包模式是指工程项目的发包方将全部工程项目的设计和施工任务发包给一个设计单位或一个施工单位作为总包单位，总包单位可以将其部分任务再分包给其他承包单位，形成一个设计总包合同以及若干个分包合同的结构模式。其特点是：将工程项目分为设计阶段和施工阶段，分别总承包给一个设计单位和一个施工单位，允许总承包单位进一步分包。

设计、施工总分包模式的优点如下：

(1)有利于建设工程的组织管理。由于业主只与一个设计总包单位或一个施工总包单位签订合同，工程合同数量较少，有利于业主的合同管理，也使业主协调工作量减小，可发挥监理工程师与总包单位多层次协调的积极性。

(2)有利于投资控制。总包合同价格可以较早确定，监理单位也易于控制。

(3)有利于质量控制。在质量方面，既有分包单位的自控，又有总包单位的监督，还有工程监理单位的检查认可，对质量控制有利。

(4)有利于工期控制。总包单位具有控制的积极性,分包单位之间也有相互制约的作用,有利于总体进度的协调控制,也有利于监理工程师控制进度。

设计、施工总分包模式的缺点如下:

(1)建设周期较长。在设计和施工均采用总分包模式时,由于设计图纸全部完成后才能进行施工总包的招标,不仅不能将设计阶段与施工阶段搭接,而且施工招标需要的时间也较长。

(2)总包报价较高。对于规模较大的建设工程来说,通常只有大型承建单位才具有总包的资格和能力,竞争相对不很激烈,对于分包出去的工程,总包单位都要在分包报价的基础上加收管理费而向业主报价。

(二)监理模式

对设计、施工总分包模式,业主可以委托一家监理单位进行全程监理,如图 5-3 所示,其优点是监理单位可以对设计阶段和施工阶段进行统筹考虑、总体规划,在监理工作中把握工程项目的核心要素和总体工作思路;业主也可以对设计阶段和施工阶段分别委托监理单位,其优点是监理单位的专门化程度较高,监理任务相对较轻。

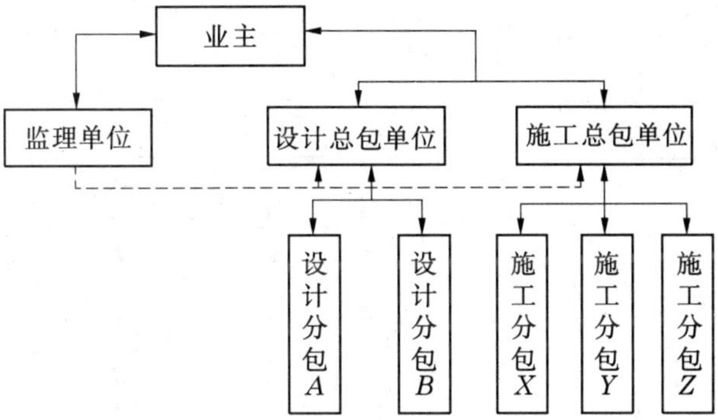

图 5-3 设计、施工总分包模式下业主委托一家监理企业的模式

三、项目总承包模式与监理模式

(一)项目总承包模式

项目总承包模式是指发包方将工程设计、施工、材料和设备采购等工程全部发包给一家公司承包,由其实施设计、施工和采购工作,最后向发包方交出一个已达到使用条件的建筑产品,按这种模式发包的工程也称为"交钥匙工程"。

项目总承包模式的优点如下:

(1)合同关系简单,组织协调量小,协调工作简单。发包方只与项目总承包单位签订一份合同,合同关系单一,许多协调工作量转移到项目总承包单位。

(2)建设周期短,易于控制。由于设计阶段和施工阶段由总承包单位统筹安排,使两个阶段能够有机地融合在一起,能够做到设计阶段与施工阶段相互搭接,因此对进度目标控制有利。

(3)有利于投资控制。通过设计与施工的统筹考虑可以提高项目的经济性,从价值工程或全寿命费用的角度可以取得明显的经济效果,但这并不意味着项目总承包的价格低。

项目总包模式的缺点如下：

(1)招标发包工作难度大。总包合同内容复杂,合同条款很难准确确定,虽然合同只有一个,但容易产生合同争议,因此很难控制,合同管理难度较大。

(2)业主择优选择承包方范围小。项目总承包的承包范围广、内容涉及的专业面宽,介入项目时间早,工程信息未知数多,因此承包方要承担较大的风险,要求承包商具有很高的资质和雄厚的经济技术实力。而具有这种能力的承包单位数量较少,发包方选择承包商的范围有限,这往往会导致竞争弱,合同价较高。

(3)质量控制难度大。其原因是质量标准难以控制,加大了外部控制的难度,质量制约机制薄弱,缺少相互制约机制。

(二)监理模式

在项目总承包模式下,由于业主和总承包单位签订的是总承包合同,宜采用业主委托一家监理单位提供监理服务,如图5-4所示。在这种模式下,监理工作时间跨度大,监理工程师应具备较全面的知识,重点做好合同管理工作,因此对监理单位的资质、经济实力和监理工程师的知识素质要求都比较高。

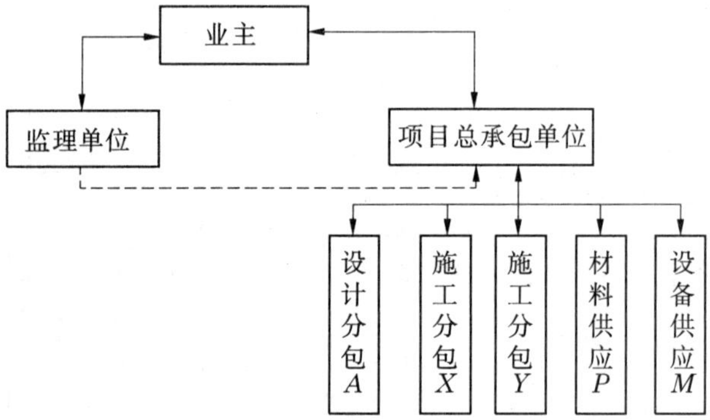

图5-4　项目总承包模式条件下的监理委托模式

四、项目管理总承包模式及监理模式

(一)项目管理总承包模式

所谓项目管理总承包模式,是指发包方将工程项目发包给一个专门从事项目组织管理的单位,再由其分包给若干个设计、施工和材料设备供应单位,并在实施中进行项目管理的承包模式。其主要特点是该承包单位只承担工程项目的管理工作,而不直接进行设计、施工和材料设备的供应工作。设计、施工工作由其分包给设计、施工和材料设备供应单位完成。

项目管理总承包模式的优点是:①项目管理专业化程度高;②合同关系简单;③有利于工程投资、工程质量和工程进度控制。缺点是:项目管理单位承担风险的能力较弱,而承担的风险很高,发包方的工程项目风险增大。

(二)监理模式

在项目管理总承包模式下,宜采用委托一家监理单位建立的模式,这种模式对监理单位的资质、经济实力和监理工程师的知识素质要求比较高,尤其是合同管理的能力。

第三节　建设工程监理实施程序与原则

一、建设工程监理实施程序

（一）确定项目总监理工程师，成立项目监理机构

监理企业在承揽工程项目监理任务时，在参与项目的投标、拟订监理方案，以及与项目业主商签订监理委托合同时，就应选派称职的人员主持工作，在监理任务确定并签订监理委托合同后，该主持人即可作为项目的总监理工程师。项目总监理工程师是监理公司派出履行监理合同的全权负责人，行使监理合同规定的权限，领导项目监理部的工作，对外向业主负责，对内向公司负责。

监理机构的人员构成是监理投标书中的重要内容，是业主在评标过程中认可的。总监理工程师在组建项目监理机构时，应根据监理大纲内容和签订的委托监理合同内容组建，并在监理规划和具体实施计划执行中进行及时的调整。

（二）收集和熟悉相关资料

收集和熟悉与建立相关的资料，以作为开展建设监理工作的依据。相关资料的内容和种类主要包括：

（1）反映工程项目特征的有关资料。

（2）反映当地工程建设政策、法规的有关资料。

（3）反映工程所在地区技术经济状况等建设条件的资料。

（4）反映同类工程项目建设情况的有关资料。

（三）编制建设工程监理规划

建设工程监理规划是在建设工程委托监理合同签订后制定的指导监理工作开展的纲领性文件，它是在项目总监理工程师的主持下，根据工程项目建设委托监理项目和项目业主的要求，在充分收集和详细分析研究工程建设监理项目有关资料的基础上，结合监理企业的具体条件编制，主要起着对建设工程监理工作全面规划和进行监督指导的重要作用。

（四）制定各专业监理实施细则

在监理规划的指导下，为具体指导投资控制、质量控制、进度控制的进行，还需结合建设工程实际情况，制定相应的实施细则。

（五）规范化的开展监理工作

监理工作的规范化主要体现在以下三个方面：

（1）工作的时序性。工作的时序性是指监理的各项工作都应按一定的逻辑顺序先后展开，从而使监理工作能有效的达到目标而不致造成工作状态的无序和混乱。

（2）职责分工的严密性。建设监理工作是由不同专业、不同层次的专家群体共同来完成的，他们之间严密的职责分工是协调进行监理工作的前提和实现监理目标的重要保证。

（3）工作目标的确定性。在职责分工的基础上，每一项监理工作的具体目标都应是确定的，完成的时间也应有时限规定，从而能通过报表资料对监理工作及其效果进行检查和考核。

（六）参与验收，签署建设工程监理意见

建设工程施工完成后，监理单位应在正式验交前组织竣工预验收。在预验收中发现的问题，应及时与施工单位沟通，提出整改要求。监理单位应参加业主组织的工程竣工验收，签署监理单位意见。

（七）向业主提交建设工程监理档案资料

建设工程监理工作完成后，监理单位向业主提交的监理档案资料应在委托监理合同文件中约定。监理单位提交的资料应符合有关规范规定的要求，一般应包括设计变更、工程变更资料，监理指令性文件，各种签证资料等档案资料。

（八）进行监理工作总结

监理工作总结应包括以下几部分内容：

（1）向业主提交的监理工作总结。其内容主要包括：监理委托合同履行情况概述；就任务或监理目标完成情况的评价；由业主提供的供监理活动使用的办公用房、车辆、试验设施等的清单；表明监理工作终结的说明等。

（2）向社会监理单位提交的监理工作总结。其内容主要包括：监理工作的经验，可以是采用某种监理技术、方法的经验，也可以是采用某种经济措施、组织措施等的经验，以及签订监理委托合同方面的经验和如何处理好与业主、承包单位的关系的经验等。

（3）监理工作中存在的问题及改进的建议，也一并及时加以总结，以指导今后的监理工作，并向政府有关部门提出政策建议，不断提高我国工程建设监理的水平。

二、建设工程监理实施原则

监理单位受业主委托对建设工程实施监理时，应遵守以下基本原则。

（一）公正、独立、自主的原则

监理工程师在建设工程监理中必须尊重科学、尊重事实，组织各方协同配合，维护有关各方的合法权益。为此，必须坚持公正、独立、自主的原则。业主与承建单位虽然都是独立运行的经济主体，但他们追求的经济目标有差异，监理工程师应在按合同约定的权、责、利关系的基础上，协调双方的一致性。只有按合同的约定建成工程，业主才能实现投资的目的，承建单位也才能实现自己生产产品的价值，取得工程款和实现盈利。

（二）权责一致的原则

监理工程师承担的职责应与业主授予的权限相一致。监理工程师的监理职权依赖于业主的授权。这种权力的授予，除体现在业主与监理单位之间签订的委托监理合同之中，还应作为业主与承建单位之间建设工程合同的条件。监理工程师在明确业主提出的监理目标和监理工作内容要求后，应与业主协商，明确相应的授权，达成共识后明确反映在委托监理合同中及建设工程合同中。总监理工程师代表监理单位全面履行建设工程委托监理合同，承担合同中确定的监理方向业主所承担的义务和责任。因此，在委托监理合同实施中，监理单位应给总监理工程师充分授权，体现权责一致的原则。

（三）总监理工程师负责制原则

总监理工程师是工程监理全部工作的负责人，总监理工程师负责制的内涵包括：

（1）总监理工程师是工程监理的责任主体。责任是总监理工程师负责制的核心，它构成了对总监理工程师的工作压力与动力，也是确定总监理工程师权力和利益的依据。

(2)总监理工程师是工程监理的权力主体。根据总监理工程师承担的责任要求,总监理工程师全面领导建设工程的监理工作,包括组建项目监理机构,主持编制建设工程监理规划,组织实施监理活动,对监理工作进行监督、总结。

(四)严格监理、热情服务的原则

严格监理,就是各级监理人员严格按照国家政策、法规、规范、标准和合同控制建设工程的目标,依照既定的程序和制度,认真履行职责,对承建单位进行严格监理。监理工程师还应为业主提供热情的服务,"应运用合理的技能,谨慎而勤奋的工作"。由于业主一般不熟悉建设工程管理与技术业务,监理工程师应按照委托监理合同的要求多方位、多层次地为业主提供良好的服务,维护业主的正当权益。但是,不能因此而一味向各承建商单位转嫁风险,从而损害承建单位的经济利益。

(五)综合效益的原则

建设工程监理活动既要考虑业主的经济效益,也必须考虑与社会效益和环境效益的有机统一。只有在符合宏观经济效益、社会效益和环境效益的条件下,业主投资项目的微观经济效益才能实现。

第四节　项目监理机构

一、建立项目监理机构的步骤

不论工程建设项目的大小,监理企业在组织成立项目监理机构时,一般都应按以下步骤进行。

(一)确定项目监理机构目标

建设工程监理目标是项目监理机构建立的前提,项目监理机构的建立应根据委托监理合同中确定的监理目标,制定总目标并明确划分监理机构的分解目标。

(二)确定监理工作内容

根据监理目标和委托监理合同中规定的监理任务,明确列出监理工作内容,并进行分类归并及组合。监理工作的归并及组合应便于监理目标控制,并综合考虑监理工程的组织管理模式、工程结构特点、合同工期要求、工程复杂程度、工程管理及技术特点;还应考虑监理单位自身组织管理水平、监理人员数量、技术业务特点等。

(三)项目监理机构的组织结构设计

1.选择组织结构形式

组织结构形式选择的基本原则是:有利于工程合同管理,有利于监理目标控制,有利于决策指挥,有利于信息沟通。

2.确定管理层次与管理跨度

项目监理机构中一般应有三个层次:

(1)决策层,由总监理工程师和其他助手组成,主要根据建设工程委托监理合同的要求和监理活动内容进行科学化、程序化决定与管理。

(2)中间控制层(协调层和执行层),由各专业监理工程师组成,具体负责监理规划的落实、监理目标控制及合同实施的管理。

(3)作业层(操作层),主要由监理员、检查员等组成,具体负责监理活动的操作实施。管理跨度的确定应考虑监理人员的素质、管理活动的复杂性和相似性、监理业务的标准化程度、各项规章制度的建立健全情况、建设工程的集中或分散情况等,按监理工作实际需要确定。

3. 划分项目监理机构部门

依据监理机构目标、监理机构可利用的人力和物力资源以及合同结构情况,将投资控制、质量控制、进度控制、合同管理、组织协调等监理工作内容按不同的职能活动或子项分解形成相应的职能管理部门或子项目管理部门。

4. 制定岗位职责及考核标准

岗位职务及职责的确定,要有明确的目的性,不可因人设事。根据责权一致的原则,应进行适当的授权,以承担相应的职责;并应确定考核标准,对监理人员的工作进行定期考核,包括考核内容、考核标准及考核时间。

5. 安排监理人员

根据监理工作的任务,确定监理人员的合理分工,包括专业监理工程师和监理员,必要时可配备总监理工程师代表。监理人员的安排除应考虑个人素质外,还应考虑人员总体构成的合理性和协调性。

我国《建设工程监理规范》规定,项目总监理工程师应由具有 3 年以上同类工程监理工作经验的人员担任;总监理工程师代表应由具有 2 年以上同类工程监理工作经验的人员担任;专业监理工程师应由具有 1 年以上同类工程监理工作经验的人员担任,并且项目监理机构的监理人员应专业配套、数量满足建设工程监理工作的需要。

(四)制定工作流程和信息流程

为使监理工作科学、有序进行,应按监理工作的客观规律制定工作流程和信息流程,规范化地开展监理工作。图 5-5 所示为施工阶段监理工作流程。

二、项目监理机构的组织形式

项目监理组织形式的设计应遵循集中与分权统一、专业分工与协作统一、管理跨度与分层统一、权责一致、才职相称、效率和弹性的原则。同时,还应考虑委托监理合同规定的服务内容、服务期限、工程项目的特点(工程类别、规模、技术复杂程度、工程环境等)、工程项目承发包模式、业主委托的任务以及监理单位自身的条件。常用的项目监理组织形式有直线制、职能制、直线职能制和矩阵制。

(一)直线制监理组织形式

直线制是早期采用的一种项目管理形式,来自于军事组织系统,它是一种线性组织结构,其本质就是使命令线性化。这种组织形式的特点是项目监理机构中任何一个下级只接受唯一上级的命令。各级部门主管人员对所属部门的问题负责,项目监理机构中不再另设投资控制、进度控制、质量控制及合同管理等职能部门,如图 5-6 所示。

这种组织形式适用于能划分为若干相对独立的子项目的大、中型建设工程。总监理工程师负责整个工程的规划、组织和指导,并负责整个工程范围内各方面的指挥、协调工作;子项目监理组分别负责子项目的目标控制,具体领导现场专业或专项监理组的工作。如果业主委托监理单位对建设工程实施阶段全过程监理,项目监理机构的部门还可按不同的建设

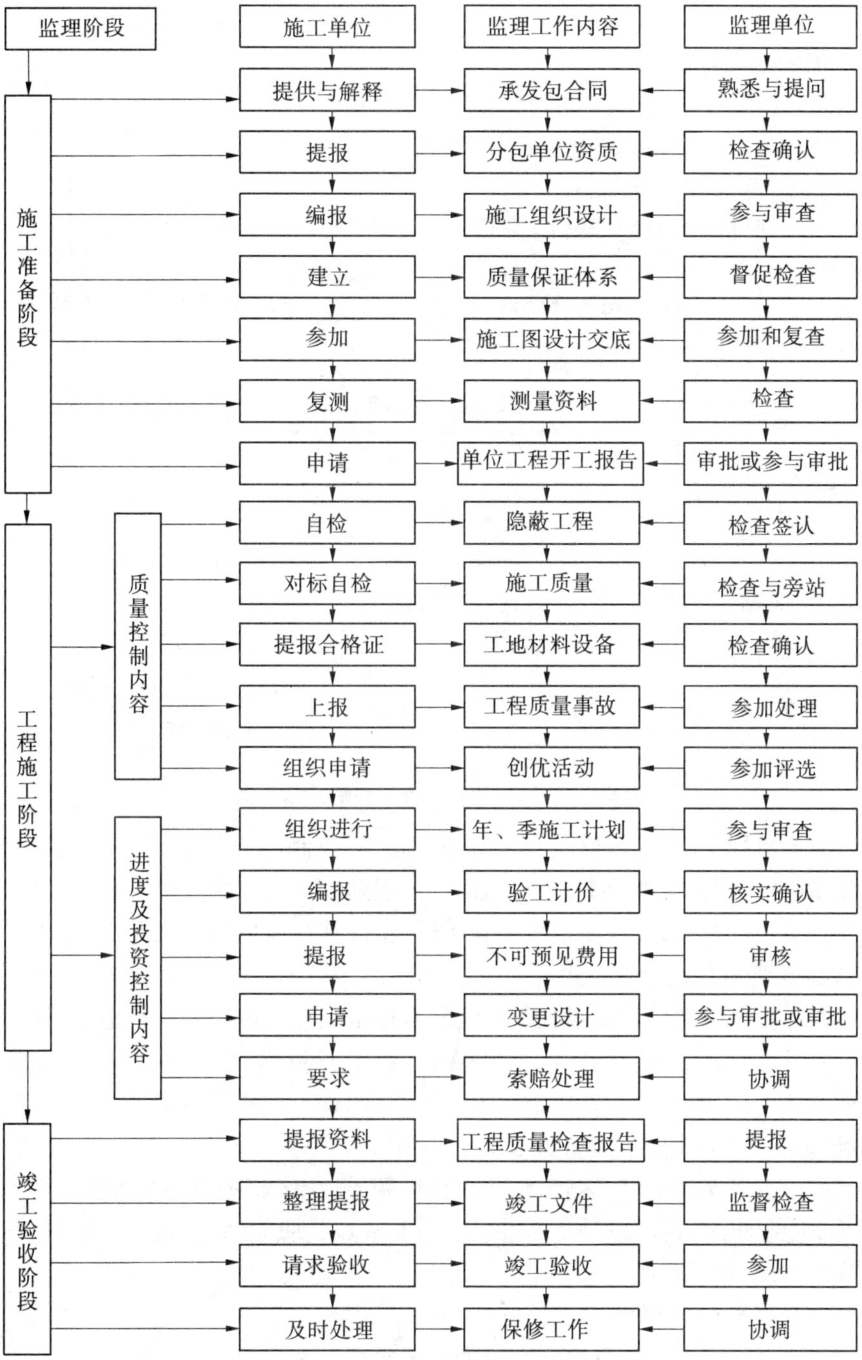

图 5-5 施工阶段监理工作流程

阶段分解设立直线制监理组织形式。对于小型建设工程,监理单位也可以采用按专业内容分解的直线制监理组织形式。直线制监理组织形式的主要优点是组织机构简单、权力集中、命令统一、职责分明、决策迅速、隶属关系明确。缺点是实行没有职能部门的“个人管理”,

这就要求总监理工程师熟悉各种业务，掌握多种知识技能，成为"全能"式人物。

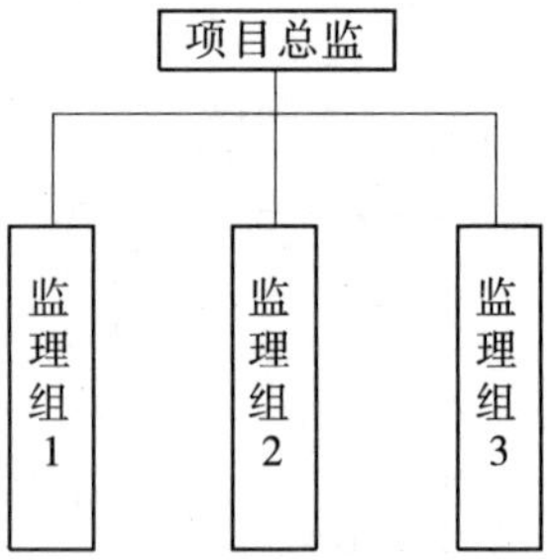

图 5-6　直线制项目监理组织形式示意图

（二）职能制监理组织形式

职能制监理组织形式是把管理部门和人员分为两类：一类是以子项目监理为对象的直线指挥部门和人员，另一类是以投资控制、进度控制、质量控制及合同管理为对象的职能部门和人员。监理机构内的职能部门按总监理工程师授予的权力和监理职责有权对指挥部门发布指令。此种组织形式一般适用于大、中型建设工程，如果子项目规模较大，也可以在子项目层设置职能部门，如图 5-7 所示。

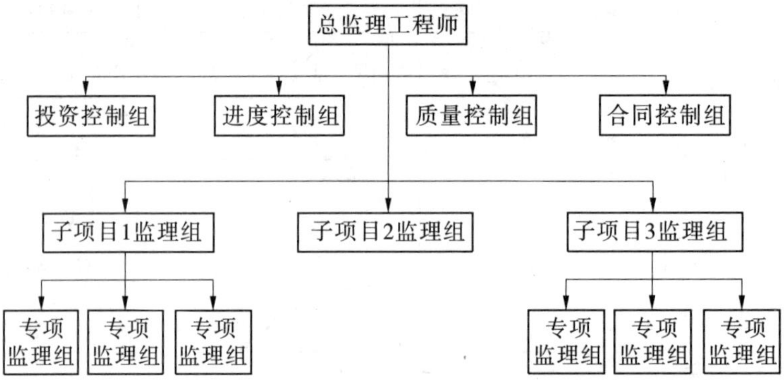

图 5-7　职能制项目监理组织形式示意图

这种组织形式的主要优点是加强了项目监理目标控制的职能化分工，能够发挥职能机构的专业管理作用，提高管理效率，减轻总监理工程师的负担。缺点是由于直线指挥部门人员受职能部门多头指令，如果这些指令相互矛盾，将使其在监理工作中无所适从。

（三）直线职能制监理组织形式

直线职能制监理组织形式是吸收了直线制监理组织形式和职能制监理组织形式的优点而形成的一种组织形式。直线指挥部门拥有对下级实行指挥和发布命令的权力，并对该部门的工作全面负责；职能部门是直线指挥人员的参谋，他们只能对指挥部门进行业务指导，而不能对指挥部门直接进行指挥和发布命令，如图 5-8 所示。

这种形式一方面保持了直线制组织实行直线领导、统一指挥、职责清楚的优点，另一方面又保持了职能制组织目标管理专业化的优点；其缺点是职能部门与指挥部门易产生矛盾，信息传递路线长，不利于互通情报。

（四）矩阵制监理组织形式

矩阵制监理组织形式是由纵横两套管理系统组成的矩阵性组织结构，一套是纵向的职能系统，另一套是横向的子项目系统。两套管理系统在监理工作中是相互融合的关系，两者协同以共同解决问题，如图 5-9 所示。

这种形式的优点是加强了各职能部门的横向联系，具有较大的机动性和较强的适应性，把上下左右集权与分权实行最优的结合，有利于解决复杂难题，有利于监理人员业务能力的培养。缺点是纵横向协调工作量大，处理不当会造成扯皮现象，产生矛盾。

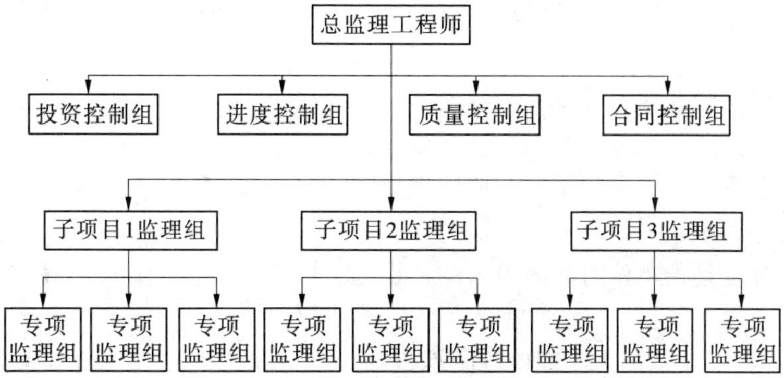

图 5-8 直线职能制监理组织形式

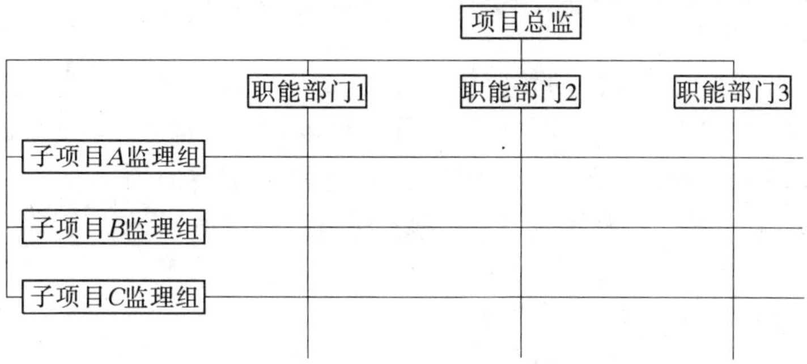

图 5-9 矩阵制项目监理组织形式示意图

三、项目监理机构的人员配备及职责分工

（一）项目监理机构的人员配备

项目监理机构中配备监理人员的数量和专业应根据监理的任务范围、内容、期限，以及工程的类别、规模、技术复杂程度、工程环境等因素综合考虑，并应符合委托监理合同中对监理深度和密度的要求，能体现项目监理机构的整体素质，满足监理目标控制的要求，形成整体素质高的监理组织，以满足监理目标控制的要求。项目监理机构的人员包括项目总监理工程师、专业监理工程师、监理员（含试验员）及必要的行政文秘人员。在组建时必须注意人员合理的专业结构、职称结构。

1. 项目监理机构的人员结构

项目监理机构的人员结构包括以下两方面的内容：

（1）合理的专业结构。由与监理工程的性质及业主对工程监理的要求相适应的各专业人员组成，也就是各专业人员要配套。当监理工程局部有某些特殊性，或业主提出某些特殊的监理要求而需要采用某种特殊的监控手段时，将这些局部的专业性强的监控工作另行委托给有相应资质的咨询机构来承担，也应视为保证了人员合理的专业结构。

（2）合理的技术职务、职称结构。应根据建设工程的特点和建设工程监理工作的需要确定其技术职称、职务结构。合理的技术职称结构表现在高级职称、中级职称和初级职称有与监理工作要求相称的比例。一般来说，决策阶段、设计阶段的监理，具有高级职称及中级职称的人员在整个监理人员构成中应占绝大多数；施工阶段的监理，可由较多的初级职称人员从事实际操作。初级职称是指助理工程师、技术员，还可包括具有相应能力的实践经验丰富的工人。

2. 项目监理机构监理人员数量的确定

1）影响项目监理机构人员数量的主要因素

影响项目监理机构人员数量的主要因素如下：

（1）工程建设强度。

工程建设强度是指单位时间内投入的建设工程资金的数量，用下式表示：

$$\text{工程建设强度} = \text{投资} / \text{工期}$$

其中，投资和工期是指由监理单位所承担的那部分工程的建设投资和工期。一般投资费用可按工程估算、概算或合同价计算，工期根据进度总目标及其分目标计算。显然，工程建设强度越大，需投入的项目监理人数越多。

（2）建设工程复杂程度。

建设工程涉及因素有设计活动多少、工程地点位置、气候条件、地形条件、工程地质、施工方法、工程性质、工期要求、材料供应、工程分散程度等。根据各项因素的具体情况，可将工程分为若干工程复杂程度等级。不同等级的工程需要配备的项目监理人员数量有所不同。例如，分成简单、一般、一般复杂、复杂、很复杂五级。显然，简单工程需要的项目监理人员较少，而复杂工程需要的项目监理人员较多。

（3）监理单位的业务水平。

每个监理单位的业务水平和对某类工程的熟悉程度不完全相同，在监理人员素质、管理水平和监理的设备手段等方面也存在差异，这都会直接影响到监理效率的高低。高水平的监理单位可投入较少的监理人力完成一个建设工程的监理工作，而一个经验不多或管理水平不高的监理单位则需投入较多的监理人力。根据自己的实际情况制定监理人员需要量定额。

（4）项目监理机构的组织结构和任务职能分工。

组织结构情况关系到具体的监理人员配备，务必使项目监理机构任务职能分工的要求得到满足，必要时，还需根据项目监理机构的职能分工对监理人员的配备作进一步的调整。有时监理工作需要委托专业咨询机构或专业检测、检验机构进行，当然，项目监理机构的监理人员数量可适当减少。

2）项目监理机构人员数量的确定方法

项目监理机构人员数量的确定方法可按如下步骤进行：

（1）项目监理机构人员需要量定额。根据监理工程师的监理工作内容和工程复杂程度等级，测定、编制项目监理机构监理人员需要量定额。

（2）确定工程建设强度。

（3）确定工程复杂程度。

（4）根据工程复杂程度和工程建设强度套用监理人员需要量定额。

$$\text{项目监理机构人员数量} = \text{需要量定额} \times \text{工程建设强度}$$

（5）根据实际情况确定监理人员数量。施工阶段项目监理机构的监理人员数量一般不少于 3 人。项目监理机构的监理人员数量和专业配备应随工程施工进展情况作相应的调整，从而满足不同阶段监理工作的需要。

如某工程根据监理组织结构情况决定每个机构各类监理人员如下：

监理总部（含总监、总监助理和总监办公室）：监理工程师 2 人，监理员 2 人，行政文秘员 2 人。子项目 1 监理组：监理工程师 4 人，监理员 12 人，行政文秘员 1 人。子项目 2 监理组：监理工程师 3 人，监理员 11 人，行政文秘员 1 人。

（二）项目监理机构各类人员的基本职责

监理人员的基本职责应按照工程建设阶段和建设工程的情况确定。施工阶段，按照《建设工程监理规范》的规定，项目总监理工程师、总监理工程师代表、监理员和信息管理员应分别履行以下职责。

1. 总监理工程师（项目负责人）

项目总监理工程师是监理公司派出履行监理合同的全负责人，行使监理合同规定的权限，领导项目监理部的工作，对外向业主负责，对内向公司负责，具体职责是：

（1）组织领导项目监理部人员贯彻执行有关政策、法规、规范、标准和监理公司的质量体系文件，检查、监督监理人员履行岗位职责。

（2）负责编制监理规划（含质量计划），组织编制各专业监理细则，并组织实施。

（3）按照监理合同管好所监理的工程，用技术和组织措施对工程的质量、工期、投资进行有效的控制。

（4）组织审查施工组织设计、施工技术方案、施工进度计划、现场安全生产和文明施工措施。

（5）审核和确认承包方提出的分承包方，对检验和试验分承包方评价审定。

（6）组织工程例会和其他工程技术协调会。

（7）签署工程开工报告、停工指令、复工指令等监理管理性文件。

（8）审批监理过程的一般不合格的评审，重大不合格工程应上报分管经理。

（9）向业主提供有关工程的质量、进度、投资的情况报告。

（10）检查工程的质量、进度、投资的实际控制情况，验收分项分部工程。

（11）审签工程付款报表和其他申报表。

（12）妥善协调解决合同履行过程中的争议。

（13）组织工程竣工检查，审签竣工资料，主持审核工程结算。

（14）组织编制并审核监理月报。

（15）组织质量记录的整理，审核监理归档资料。

（16）主持工程项目监理工作总结，组织编制监理工作总结报告。

副总监理工程师协助总监理工程师工作。总监理工程师代表，受总监理工程师委托在总监理工程师不在现场时行使总监理工程师职责和权力。

2. 监理工程师

监理工程师的具体职责是：

（1）负责本专业监理工作，按照监理合同对本专业工程的质量、进度、投资进行有效的控制和协调管理。

（2）参与编制监理规划（含质量计划），制定并实施本专业监理细则，对三控制提出有效的技术管理措施。

（3）验证业主和承包方提供的本专业文件和技术资料。确保文件的完整、准确和有效。

(4)核签本专业设计变更会签单。

(5)审查承包方提供的本专业施工方案,技术措施。对施工过程实施监理控制。

(6)审查本专业的原材料、构件、设备的质保资料和实体,对可疑部分提出查验要求。

(7)督促检查承包方严格履行施工承包合同和有关技术标准。

(8)审查承包方的专业管理性报表和质量报验报表,确认中间交工证书、检查验收过程质量。

(9)对施工现场的搬运、贮存、包装、防护和交付进行监督检查。

(10)审查承包方报送本专业的工程进度、质量、费用报表。

(11)经济专业监理工程师编制"付款证书",报总监理工程师。

(12)整理审核竣工资料并按时移交信息员。

(13)推行统计技术的应用。

(14)准确填写监理日记。

3. 监理员

监理员的具体职责是:

(1)协助监理工程师工作,执行监理工程师的指令和交办的工作。

(2)对施工过程的关键工序、关键部位进行旁站监理,监控施工过程质量,处理一般性技术问题,防止出现不合格现象。如发现重大技术、质量问题,应及时报告监理工程师。

(3)进行规定的抽检试验,监督施工承包方的检验和试验过程。

(4)准备监理例会有关资料。

(5)准确填写监理日记。

4. 信息管理员

信息管理员的具体职责是:

(1)复核各专业监理工程师签报的已完工程的工程量和工程实物量,核定月度工程进度款额。

(2)每天收集和阅读各专业监理工程师及监理员的监理日记,并向项目总监理工程师口头汇报工程质量、进度等情况。

(3)登录监理台账,协助总监理工程师编制监理月报。

(4)参加监理方召集或有监理工程师参加的工地会议,整理会议纪要并印发有关监理文件。

(5)负责项目监理部使用的计算机软硬件的维护和管理。

(6)负责项目监理部文件、资料、图书的收发、保管、借阅、传递和立卷、编目、归档工作。

(7)负责质量记录的控制管理,包括收集、标识、编目、保管、查阅、归档等。

(8)管理项目监理部的办公用品、劳保用品、工程检测器具。

(9)协助项目总监理工程师进行考勤。

(10)记录每天的天气情况。

第五节　建设工程监理的组织协调

建设监理目标的实现,需要监理工程师有较强的专业知识和对监理程序的有效执行,还有一个重要方面,就是要有较强的组织协调能力。通过组织协调,使得影响项目监理目标实现的各个方面处于统一体中,使得项目体系结构均衡,监理工作实施和运行过程顺利。

一、建设工程监理组织协调概述

(一)组织协调的概念

协调就是联结、联合、调和所有的活动及力量,使各方配合得适当,其目的是促使各方协同一致,以实现预定目标。协调工作应贯穿于整个建设工程实施及其管理过程中。

建设工程系统就是一个由人员、物质、信息等构成的人为组织系统。项目监理机构的协调管理就是在三个界面之间,对所有的活动及力量进行联结、联合、调和的工作。要把系统作为一个整体来研究和处理,因为总体的作用规模要比各子系统的作用规模之和大。组织协调工作最为重要,也最为困难,是监理工作能否成功的关键,只有通过积极的组织协调才能实现整个系统全面协调控制的目的。

(二)组织协调的范围和层次

建设工程项目主要包含三个主要的组织系统,即项目业主、承建商和监理。而整个建设项目又处在社会的大环境之中,项目的组织协调工作包括系统的内部协调,即项目业主、承建商和监理之间的协调,也包括系统的外部协调,如政府部门、金融组织、社会团体、服务单位、新闻媒体以及周边群众等的协调。项目监理机构协调的范围分为系统内部的协调和系统外部的协调,系统外部协调又分为近外层协调和远外层协调。近外层和远外层的主要区别是,建设工程与近外层关联单位一般有合同关系,与远外层关联单位一般没有合同关系,如图 5-10 所示。

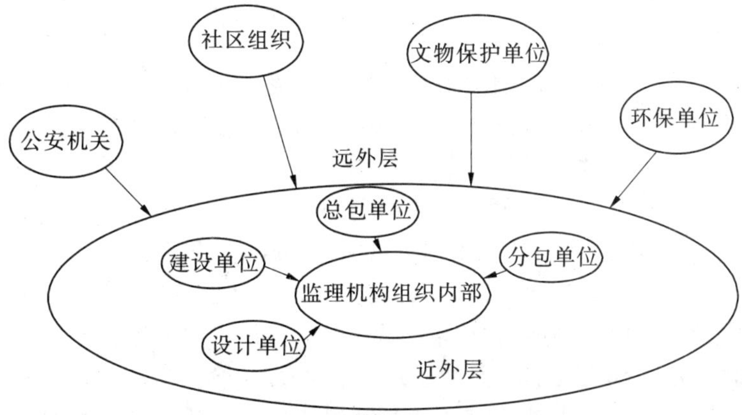

图 5-10　项目监理组织协调的范围和层次

二、项目监理机构组织协调的工作内容

(一)项目监理机构内部的协调

1. 项目监理机构内部人际关系的协调

项目监理机构的工作效率很大程度上取决于人际关系的协调,总监理工程师应首先抓好人际关系的协调,激励项目监理机构成员。

(1)在人员安排上要量才录用。根据个人专长进行安排,做到人尽其才;人员的搭配应注意能力互补和性格互补，人员配置应尽可能少而精，防止力不胜任和忙闲不均现象。

（2）在工作委任上要职责分明。每一个岗位都应订立明确的目标和岗位责任制，应通过职能清理，使管理职能不重不漏，做到事事有人管，人人有专责，同时明确岗位职权。

（3）在成绩评价上要实事求是。发扬民主作风，实事求是评价。

（4）在矛盾调解上要恰到好处。要多听取项目监理机构成员的意见和建议，及时沟通，使人员始终处于团结、和谐、热情高涨的工作气氛之中。

2. 项目监理机构内部组织关系的协调

项目监理机构内部组织关系的协调可从以下几方面进行：

（1）在目标分解的基础上设置组织机构，根据工程对象及委托监理合同所规定的工作内容，设置配套的管理部门。

（2）明确规定每个部门的目标、职责和权限，最好以规章制度的形式作出明文规定。

（3）事先约定各个部门在工作中的相互关系。有主办、牵头和协作、配合之分。

（4）建立信息沟通制度，通过工作例会、业务碰头会、发会议纪要、工作流程图或信息传递卡等方式来沟通信息，使局部了解全局，服从并适应全局需要。

（5）及时消除工作中的矛盾或冲突。总监理工程师应采用民主的作风，激励各个成员的工作积极性；采用公开的信息政策；经常性地指导工作，和成员一起商讨、多倾听意见和建议。

3. 项目监理机构内部需求关系的协调

项目监理机构内部需求关系的协调可从以下环节进行：

（1）对监理设备、材料的平衡。建设工程监理开始时，要做好监理规划和监理实施细则的编写工作，提出合理的监理资源配置，要注意抓好期限上的及时性、规格上的明确性、数量上的准确性、质量上的规定性。

（2）对监理人员的平衡。要抓住调度环节，注意各专业监理工程师的配合。监理力量的安排必须考虑到工程进展情况，作出合理的安排，以保证工程监理目标的实现。

（二）监理工程师与业主的协调

监理工程师应从以下几方面加强与业主的协调：

（1）监理工程师首先要理解建设工程总目标、理解业主的意图。

（2）利用工作之便做好监理宣传工作，促进业主对监理工作的理解，特别是对建设工程管理各方职责及监理程序的理解；主动帮助业主处理建设工程中的事务性工作，以自己规范化、标准化、制度化的工作去影响和促进双方工作的协调一致。

（3）尊重业主，让业主一起投入建设工程全过程。必须执行业主的指令，使业主满意。对业主提出的某些不适当的要求，只要不属于原则问题，都可先执行，然后利用适当时机、适当方式加以说明或解释；对于原则性问题，可采取书面报告等方式说明原委，尽量避免发生误解，以使建设工程顺利实施。

（三）监理工程师与承包商的协调

（1）坚持原则，实事求是，严格按规范、规程办事，讲究科学态度。监理工程师应强调各方面利益的一致性和建设工程总目标；应鼓励承包商将建设工程实施状况、实施结果和遇到的困难和意见向监理汇报，以寻找对目标控制可能的干扰。

（2）协调不仅是方法、技术问题，更多的是语言艺术、感情交流和用权适度问题。有时尽管协调意见是正确的,但由于方式或表达不妥,反而会激化矛盾。而高超的协调能力则往往能起到事半功倍的效果,令各方面都满意。

(3)施工阶段的协调工作内容如下:

①与承包商项目经理关系的协调。既懂得坚持原则,又善于理解承包商项目经理的意见,工作方法灵活,随时可能提出或愿意接受变通办法的监理工程师肯定受欢迎。

②进度问题的协调。实践证明,有两项协调工作很有效:一是业主和承包商双方共同商定一级网络计划,并由双方主要负责人签字,作为工程施工合同的附件;二是设立提前竣工奖,由监理工程师按一级网络计划节点考核,分期支付阶段工期奖,如果整个工程最终不能保证工期,由业主从工程款中将已付的阶段工期奖扣回并按合同规定予以罚款。

③质量问题的协调。在质量控制方面应实行监理工程师质量签字认可制度。对设计变更或工程内容的增减,监理工程师要认真研究,合理计算价格,与有关方面充分协商,达成一致意见,并实行监理工程师签证制度。

④对承包商违约行为的处理。应该考虑自己的处理意见是否是监理权限以内的;要有时间期限的概念。对不称职的承包商项目经理或某个工地工程师,证据足够可正式发出警告;万不得已时有权要求撤换。

⑤合同争议的协调。首先采用协商解决的方式,协商不成才由当事人向合同管理机关申请调解;只有当严重违约而造成重大损失且不能得到补偿时才采用仲裁或诉讼手段。

⑥对分包单位的管理。主要是对分包单位明确合同管理范围,分层次管理。将总包合同作为一个独立的合同单元进行投资、进度、质量控制和合同管理,不直接和分包合同发生关系。对分包合同中的工程质量、进度进行直接跟踪监控,通过总包商进行调控、纠偏。分包商在施工中发生的问题,由总包商负责协调处理,必要时,监理工程师帮助协调。当分包合同条款与总包合同发生抵触时,以总包合同条款为准。分包合同不能解除总包商对总包合同所承担的任何责任和义务。分包合同发生的索赔问题,一般由总包商负责,涉及总包合同中业主义务和责任时,由总包商通过监理工程师向业主提出索赔,由监理工程师进行协调。

⑦处理好人际关系。

(四)监理工程师与设计单位的协调

监理单位必须协调与设计单位的工作,以加快工程进度,确保质量,降低消耗。

(1)真诚尊重设计单位的意见,在设计单位向承包商介绍工程概况、设计意图、技术要求、施工难点等时,注意将标准过高、设计遗漏、图纸差错等问题解决在施工之前;施工阶段,严格按图施工;结构工程验收、专业工程验收、竣工验收等工作,约请设计代表参加;若发生质量事故,认真听取设计单位的处理意见,等等。

(2)施工中发现设计问题,应及时按工作程序向设计单位提出,以免造成大的直接损失;若监理单位掌握比原设计更先进的新技术、新工艺、新材料、新结构、新设备,可主动与设计单位沟通;协调各方达成协议,约定一个期限,争取设计单位、承包商的理解和配合。

(3)注意信息传递的及时性和程序性。需要注意,监理单位和设计单位没有合同关系,监理单位主要是和设计单位做好交流工作,协调要靠业主的支持。设计单位应就其设计质量对建设单位负责。工程监理人员发现工程设计不符合建筑工程质量标准或者合同约定的质量要求的,应当报告建设单位要求设计单位改正。

（五）监理工程师与政府部门及其他单位（金融组织、社会团体、新闻媒介等）的协调

1. 与政府部门的协调

（1）工程质量监督站是由政府授权的对工程质量监督的实施机构，对委托监理的工程，质量监督站主要是核查勘察设计单位、施工单位和监理单位的资质，监督这些单位的质量行为和工程质量。监理单位在进行工程质量控制和质量问题处理时，要做好与工程质量监督站的交流与协调。

（2）重大质量、安全事故，在承包商采取急救、补救措施的同时，应敦促承包商立即向政府有关部门报告情况，接受检查和处理。

（3）建设工程合同应送公证机关公证，并报政府建设管理部门备案；协助业主的征地、拆迁、移民等工作要争取政府有关部门支持和协作；现场消防设施的配置，宜请消防部门检查认可；要敦促承包商在施工中注意防止环境污染，坚持做到文明施工。

2. 协调与社会团体的关系

争取社会各界对建设工程的关心和支持，这是一种争取良好社会环境的协调。对本部分的协调工作，从组织协调的范围看是属于远外层的管理。对远外层关系的协调，应由业主主持，监理单位主要是协调近外层关系。如果业主将部分或全部远外层关系协调工作委托监理单位承担，则应在委托监理合同专用条件中明确委托的工作和相应的报酬。

三、建设工程监理组织协调的方法

监理工程师组织协调可采用如下方法。

（一）会议协调法

会议协调法是建设工程监理中最常用的一种协调方法，实践中常用的会议协调法包括第一次工地会议、监理例会、专业性监理会议等。

1. 第一次工地会议

（1）第一次工地会议是建设工程尚未全面展开前，履约各方相互认识、确定联络方式的会议，也是检查开工前各项准备工作是否就绪并明确监理程序的会议。

（2）第一次工地会议应在项目总监理工程师下达开工令之前举行，会议由建设单位主持召开，监理单位、总承包单位的授权代表参加，也可要求分包单位参加，必要时邀请有关设计单位人员参加。

第一次工地会议应包括以下主要内容：

（1）建设单位、承包单位和监理单位分别介绍各自驻现场的组织机构、人员及其分工。

（2）建设单位根据委托监理合同宣布对总监理工程师的授权。

（3）建设单位介绍工程开工准备情况。

（4）承包单位介绍施工准备情况。

（5）建设单位和总监理工程师对施工准备情况提出意见和要求。

（6）总监理工程师介绍监理规划的主要内容。

（7）研究确定各方在施工过程中参加工地例会的主要人员，召开工地例会周期、地点及主要议题。

第一次工地会议纪要应由项目监理机构负责起草，并经与会各方代表会签。

2. 监理例会

(1)监理例会是由总监理工程师主持，按一定程序召开的，研究施工中出现的计划、进度、质量及工程款支付等问题的工地会议。

(2)监理例会应当定期召开，宜每周召开一次。

(3)参加人包括项目总监理工程师(也可为总监理工程师代表)、其他有关监理人员、承包商项目经理、承包单位其他有关人员。需要时，还可邀请其他有关单位代表参加。

(4)会议的主要议题。

(5)会议纪要：由项目监理机构起草，经与会各方代表会签，然后分发给有关单位。

3. 专业性监理会议

除定期召开工地监理例会外，还应根据需要组织召开一些专业性协调会议，例如加工订货会、业主直接分包的工程内容承包单位与总包单位之间的协调会、专业性较强的分包单位进场协调会等，均由监理工程师主持会议。

(二)交谈协调法

交谈包括面对面的交谈和电话交谈两种形式。无论是内部协调还是外部协调，这种方法使用频率都是相当高的。其作用在于：

(1)保持信息畅通。本身没有合同效力及其方便性和及时性，所以建设工程参与各方之间及监理机构内部都愿意采用。

(2)寻求协作和帮助。采用交谈方式请求协作和帮助比采用书面方式实现的可能性要大。

(3)及时发布工程指令。监理工程师一般都采用交谈方式先发布口头指令，这样，一方面可以使对方及时地执行指令，另一方面可以和对方进行交流，了解对方是否正确理解了指令。随后再以书面形式加以确认。

(三)书面协调法

当会议或者交谈不方便或不需要时，或者需要精确地表达自己的意见时，就会用到书面协调的方法。书面协调方法的特点是具有合同效力，一般常用于以下几个方面：

(1)不需要双方直接交流的书面报告、报表、指令和通知等。

(2)需要以书面形式向各方提供详细信息和情况通报的报告、信函和备忘录等。

(3)事后对会议记录、交谈内容或口头指令的书面确认。

(四)访问协调法

访问法主要用于外部协调，有走访和邀访两种形式。走访是指监理工程师在建设工程施工前或施工过程中，对与工程施工有关的各政府部门、公共事业机构、新闻媒介或工程毗邻单位等进行访问，向他们解释工程的情况，了解他们的意见。邀访是指监理工程师邀请上述各单位(包括业主)代表到施工现场对工程进行指导性巡视，了解现场工作。多数情况下有关各方不了解工程、不清楚现场的实际情况，一些不恰当的干预会对工程产生不利影响，此时，该法可能相当有效。

(五)情况介绍法

情况介绍法通常是与其他协调方法紧密结合在一起的，它可能是在一次会议前，或是一次交谈前，或是一次走访或邀访前向对方进行的情况介绍。形式上主要是口头的，有时也伴有书面的。介绍往往作为其他协调的引导，目的是使别人首先了解情况。

练习题

1. 什么是组织？组织设计要遵循哪些基本原则？

2. 工程项目承发包模式有哪些？它们的特点及与之相应的监理模式是什么？

3. 建立项目监理组织有哪些主要步骤？

4. 如何做好项目监理机构的人员配备？

5. 如何做好项目监理组织的协调工作？常用的协调方法有哪些？

6. 某监理单位与业主签订委托监理合同后，在实施建设工程之前，应建立项目监理机构。

监理机构在组建项目监理机构时，按以下步骤进行：

(1)确定监理工作内容。

(2)确定项目监理机构目标。

(3)制定工作流程和信息流程。

(4)设计项目监理机构的组织结构。

问题：

①组建项目监理机构时的步骤是否妥当？请写出正确的步骤。

②项目监理机构的组织形式和规模应根据哪些因素来确定？

③组织机构形式选择的基本原则是什么？

第六章 建设工程监理规划

本章各节教学内容、教学要求及能力目标见表6-1。

表6-1 各节教学内容、教学要求及能力目标

章节	教学内容	教学要求	能力目标
第一节 建设工程监理规划概述	1. 建设工程监理工作文件的构成 2. 建设监理规划的作用	1. 了解建设工程监理工作文件的构成 2. 熟悉建设工程监理规划的作用	1. 掌握监理大纲、监理规划、监理实施细则的基本内容 2. 掌握监理大纲、监理规划、监理实施细则三者之间的关系 3. 掌握监理规划的作用,能够加以应用
第二节 建设工程监理规划的编写	1. 建设工程监理规划编写的依据 2. 建设工程监理规划编写的要求	1. 了解建设工程监理规划编写的依据 2. 熟悉建设工程监理规划编写的要求	1. 掌握建设工程监理规划编写的依据 2. 根据建设工程监理规划编写的要求,编制监理规划
第三节 建设工程监理规划的内容及其审核	1. 建设工程监理规划的内容 2. 建设工程监理规划的审核	1. 掌握建设工程监理规划的基本内容 2. 了解建设工程监理规划的审核依据	1. 掌握工程监理规划的基本内容 2. 能够按照要求编写工程监理规划

第一节 建设工程监理规划概述

一、建设工程监理工作文件的构成

建设工程监理工作文件是指监理单位投标时编制的监理大纲、监理合同签订以后编制的监理规划和专业监理工程师编制的监理实施细则。建设工程监理大纲和监理实施细则是与监理规划相互关联的两个重要监理文件,它们与监理规划一起共同构成监理规划系列性文件。它们三者都是建设工程监理工作文件的组成部分,有着明显的依据性关系。在编写监理规划时,一定要严格根据监理大纲的有关内容来编写;在制定监理实施细则时,一定要在监理规划的指导下进行。

(一)监理大纲

监理大纲是监理单位在业主开始委托监理的过程中,特别是在业主进行监理招标过程中,为承揽到监理业务而编写的监理方案性文件,故又称监理方案。

监理单位编制监理大纲有以下两个作用:一是使业主认可监理大纲中的监理方案,从而

承揽到监理业务；二是为项目监理机构今后开展监理工作制订基本的方案。为使监理大纲的内容和监理实施过程紧密结合，监理大纲的编制人员应当是监理单位经营部门或技术管理部门人员，也应包括拟定的总监理工程师。总监理工程师参与编制监理大纲有利于监理规划的编制。

监理大纲的内容应当根据业主所发布的监理招标文件的要求而制定，一般来说，应该包括如下主要内容。

1. 拟派往项目监理机构的监理人员情况介绍

在监理大纲中，监理单位需要介绍拟派往所承揽或投标工程的项目监理机构的主要监理人员，并对他们的资格情况进行说明。其中，应该重点介绍拟派往投标工程的项目总监理工程师的情况，这往往决定承揽监理业务的成败。

2. 拟采用的监理方案

监理单位应当根据业主所提供的工程信息，并结合自己为投标所初步掌握的工程资料，制订出拟采用的监理方案。监理方案的具体内容包括项目监理机构的方案、建设工程三大目标的具体控制方案、工程建设各种合同的管理方案、项目监理机构在监理过程中进行组织协调的方案等。

3. 将提供给业主的阶段性监理文件

在监理大纲中，监理单位还应该明确未来工程监理工作中向业主提供的阶段性的监理文件，这将有助于满足业主掌握工程建设过程的需要，有利于监理单位顺利承揽该建设工程的监理业务。

（二）监理规划

监理规划是监理单位接受业主委托并签订委托监理合同之后，在项目总监理工程师的主持下，根据委托监理合同，在监理大纲的基础上，结合工程的具体情况，广泛收集工程信息和资料的情况下制定的，经监理单位技术负责人批准，用来指导项目监理机构全面开展监理工作的指导性文件。

从内容范围上讲，监理大纲与监理规划都是围绕着整个项目监理机构所开展的监理工作来编写的，但监理规划的内容要比监理大纲更翔实、更全面。

监理规划的编写要求：

（1）基本构成内容当力求统一；

（2）具体内容应具有针对性；

（3）监理规划应当遵循建设工程的运行规律；

（4）项目总监理工程师是监理规划编写的主持人；

（5）监理规划一般要分阶段编写；

（6）监理规划的表达方式应当格式化、标准化；

（7）监理规划应该经过审核。

（三）监理实施细则

监理实施细则又简称监理细则，其与监理规划的关系可以比作施工图设计与初步设计的关系。也就是说，监理实施细则是根据监理规划，由专业监理工程师主持，针对工程项目中某一专业或某一方面监理工作编写的，并经总监理工程师批准的操作性文件。

监理实施细则是在监理规划的指导下编写的，其内容具有局部性，是围绕着自己部门的主要工作编写的。其编写主持人一般是项目监理机构中某个部门的负责人。对中型及以上或专业性较强的建设工程项目,项目监理机构应编制监理实施细则。监理实施细则应符合监理规划的要求,并应结合建设工程项目的专业特点,做到详细、具体,具有可操作性。在监理工作实施过程中,监理实施细则应根据实际情况进行补充、修改和完善。监理实施细则的主要内容,应包括专业工程的特点、监理工作的流程、监理工作的控制要点及目标值以及监理工作的方法及措施等。监理实施细则的作用是指导本专业或本子项目具体监理业务的开展。

(四)监理大纲、监理规划与监理实施细则三者之间的关系

监理大纲、监理规划、监理实施细则是相互关联的,都是建设工程监理工作文件的组成部分,它们之间存在着明显的依据性关系。在编写规划时,一定要严格根据监理大纲的有关内容来编写;在制定监理实施细则时,一定要在监理规划的指导下进行。

一般来说,监理单位开展监理活动应当编制以上工作文件,但这也不是一成不变的。对于简单的监理活动,只编写监理实施细则就可以了,而有些建设工程也可以制定较详细的监理规划,而不再编写监理实施细则。

(五)监理规划与监理实施细则间的区别

监理规划与监理实施细则间的区别见表6-2。

表6-2　监理规划与监理实施细则间的区别

监理文件	编者对象	主要编制人	编制审批人	编制时间	编制作用	关联性
监理规划	项目整体	总监理工程师主持,专业监理工程师编制	监理单位技术负责人	委托监理合同签订并收到设计文件后	指导开展监理功能工作的纲领性文件	1. 均为构成项目监理系列文件的组成文件 2. 存在依据性关系 3. 随着项目的进展,都需要不断补充修改和完善 4. 都是为完成项目监理服务工作编制的文件
监理实施细则	某些专业或某一方面监理工作	各专业监理工程师	总监理工程师	相应工程施工开始前	针对某一专业或某一方面监理工作开展的操作性文件	

☆**重点提示**

建设工程监理工作文件的构成:1. 监理大纲;2. 监理规划;3. 监理实施细则。

监理大纲、监理规划与监理实施细则三者之间的关系:监理大纲、监理规划、监理实施细则是相互关联的,都是建设工程监理工作文件的组成部分,它们之间存在着明显的依据性关系。

二、建设工程监理规划的作用

监理规划的基本作用就是指导项目监理机构全面开展监理工作。建设工程监理的中心目的是协助业主实现建设工程的总目标。监理规划需要对项目监理机构开展的各项监理工作做出全面、系统的组织和安排,包括确定监理工作目标,制定监理工作程序,确定目标控制、合同管理、信息管理、组织协调等各项措施和确定各项工作的方法与手段。建设工程监理规划的主要作用如下。

(一)指导监理机构全面开展监理工作

建设监理的中心任务是协助业主实现建设工程的总目标。因此,项目监理机构事先需要制订一套全面的、系统的、长期的监理工作计划,也就是要通过项目监理规划来指导项目监理工作的开展。监理规划的制定需要在充分地研究和分析工程项目的目标、技术、管理、环境和参与工程建设各方情况的基础上,对开展的各项监理工作做出全面、系统的组织和安排。它包括确定监理目标,制订监理计划,安排目标控制、合同管理、信息管理、组织协调等各项工作,并确定明确的、具体的、符合项目要求的工作内容、工作方法、监理措施、工作程序和工作制度来指导项目监理机构进行所监理项目的监理工作,以便实现建设工程总目标。

(二)监理规划是主管机构对监理单位监督管理的依据

建设监理主管机构对社会上的工程监理企业均实施监督、管理和指导,对其管理水平、监理人员素质、专业配套能力和监理业绩等进行核查和考评,以便确认它的资质和资质等级。为此,除进行一般性的工程监理企业资质管理外,重要的是通过工程监理企业的实际监理工作来认定它的水平。而工程监理企业的实际水平如何可以从监理规划和其实施中体现出来。因此,监理规划是建设监理主管机构监督、管理和指导工程监理企业开展建设工程监理活动的重要依据。

(三)监理规划是业主确认监理单位履行合同的主要依据

监理规划是业主确认监理单位是否全面、认真履行工程建设监理委托合同的重要依据。作为监理的委托方,业主需要而且有权对监理单位履行工程建设监理合同的情况进行了解、确认和监督。监理规划是监理单位是否全面履行监理合同的主要说明性文件,它全面地体现监理单位如何落实业主所委托的各项监理工作,是业主了解、确认和监督监理单位履行监理合同的重要资料。监理规划应当能够全面、详细地为业主监督监理合同的履行提供依据。

(四)监理规划是监理单位内部考核的依据和重要的存档资料

监理规划的基本作用是指导项目监理组织全面开展监理工作,它的内容随着工程的进展而逐步调整、补充和完善,它在一定程度上真实反映了一个工程项目监理的全貌,是最好的监理过程的综合性记录。因此,监理单位、业主都把它们作为重要的存档资料。

☆重点提示

现阶段建设工程监理规划的作用:1. 指导项目监理机构全面开展监理工作;2. 监理规划是建设监理主管机构对监理单位监督管理的依据;3. 监理规划是业主确认监理单位履行合同的主要依据;4. 监理规划是监理单位内部考核的依据和重要的存档资料。

第二节　建设工程监理规划的编写

一、建设工程监理规划编写的依据

监理规划必须根据监理合同和监理项目的实际情况来制定,编制前应收集工程项目和其他有关资料，这样才能使编制的监理规划详细而符合实际，从而正确地指导监理工作的实施。

（一）编制监理规划时，必须详细了解项目资料

编制监理规划时，必须详细了解有关项目的资料。

1. 工程建设方面的法律、法规

（1）国家颁布的有关工程建设的法律、法规。这是工程建设相关法律、法规的最高层次。在任何地区或任何部门进行工程建设，都必须遵守国家颁布的工程建设方面的法律、法规。

（2）工程所在地或所属部门颁布的与工程建设相关的法规、规定和政策。一项建设工程必然是在某一地区实施的，也必然是归属于某一部门的，这就要求工程建设必须遵守建设工程所在地颁布的与工程建设相关的法规、规定和政策，同时也必须遵守工程所属部门颁布的与工程建设相关的规定和政策。

（3）工程建设的各种标准、规范。工程建设的各种标准、规范也具有法律地位，也必须遵守和执行。

2. 政府批准的工程建设文件

（1）政府工程建设主管部门批准的可行性研究报告、立项批文。

（2）政府规划部门确定的规划条件、土地使用条件、环境保护要求、市政管理规定。

3. 建设工程监理合同

（1）监理单位和监理工程师的权利和义务。

（2）监理工作范围和内容。

（3）有关监理规划方面的要求。

4. 其他建设工程合同

其他建设工程合同在编写监理规划时，也要考虑其他建设工程合同关于业主和承建单位权利和义务的内容。

5. 项目业主的正当要求

根据监理单位应竭诚为客户服务的宗旨，在不超出合同职责范围的前提下，监理单位应最大限度地满足业主的正当要求。

6. 工程实施过程中输出的有关工程信息

（1）方案设计、初步设计、施工图设计。

（2）工程实施状况。

（3）工程招标投标情况。

（4）重大工程变更。

（5）外部环境变化等。

7. 监理大纲

监理大纲中的监理组织计划，拟投入的主要监理人员，投资、进度、质量控制方案，合同管理方案，信息管理方案，定期提交给业主的监理工作阶段性成果等内容都是监理规划编写的依据。

（二）监理规划编制的依据

监理规划是监理单位如何实现项目目标管理的一份内部文件。监理单位接受监理任务后，根据工程情况组成项目监理班子，在总监理工程师领导下组织各专业监理工程师对工程项目分析研究，根据工程特点及监理程序制定内部管理办法及目标。

它的重点在于分析工程的重点部位及可能出现的隐患，制定有预见性的监控方法，建立相应的监理工作制度。监理规划较监理大纲更详细、具体，如同设计文件中“初步设计”的作用，它的着眼点是监理方法及技术要求。

编制监理规划应依据：

(1)建设工程的相关法律、法规及项目审批文件。

(2)与建设工程项目有关的标准、设计文件、技术资料。

(3)监理大纲、委托监理合同文件以及与建设工程项目相关的合同文件。

监理规划编制依据见表6-3。

表6-3　监理规划编制依据

编制依据	资料名称	
反映项目特征的资料	设计阶段监理	(1)可行性研究报告或计划任务书。 (2)项目立项批文。 (3)工程设计基础资料。 (4)城市接口资料
	施工阶段监理	(1)设计图纸和施工说明书。 (2)施工组织设计大纲。 (3)施工合同及其他工程建设合同。 (4)施工许可资料
反映业主对项目监理要求的资料	委托监理合同：反映监理工作范围和内容 项目监理大纲	
反映项目建设条件的资料	(1)当地的气象资料和工程地质及水文地质勘测资料。 (2)当地建筑材料供应状况的资料。 (3)当地交通、能源和市政公用设施的资料	
反映当地建设政策、法规方面的资料	(1)工程建设程序。 (2)招标投标和建设监理制度。 (3)工程造价管理制度等。 (4)有关的法律、法规、规定及有关政策。	
工程建设方面的法律、法规、规范、规程、标准	中央、地方和部门的政策、法律、法规，包括勘测、设计、施工、质量验评等方面的法定、规程、标准等	

(三)监理规划编制程序和原则

监理规划编制程序和原则如下：

(1)监理规划应在签订委托监理合同及收到设计文件后开始编制，完成后必须经监理单位技术负责人审核批准，并应在召开第一次工地会议前报送建设单位。

(2)监理规划应由总监理工程师主持，专业监理工程师参加编制。

(3)监理规划的内容应有针对性，做到控制目标明确、控制措施有效、工作程序合理、工作制度健全、职责分工清楚,对监理实施工作有指导作用。

(4)监理规划应有时效性,在项目实施过程中,视情况变化宜做必要的调整。在调整时应由总监理工程师组织监理工程师研究修改,按原报审程序经过批准后报建设单位。

☆重点提示

建设工程监理规划编写的依据包括:1. 建设工程的相关法律、法规及项目审批文件;2. 与建设工程项目有关的标准、设计文件、技术资料;3. 监理大纲、委托监理合同文件以及与建设工程项目相关的合同文件。

二、建设工程监理规划编写的要求

监理规划是指导项目监理部全面开展监理工作的指导性文件,监理规划的编制应针对项目的实际情况,明确项目监理机构的工作目标,确定具体的监理工作制度、程序、方法和措施,并应具有可操作性。在工程项目监理过程中,总监理工程师应指导、组织项目部全体成员贯彻执行监理规划。

(一)监理规划编制审核的程序应符合的规定

监理规划编制审核的程序应符合下列规定:

(1)监理规划应在签订委托监理合同及收到设计文件后开始编制,完成后须经监理单位技术负责人审核批准,并应在召开第一次工地会议前报送建设单位。

(2)监理规划应由总监理工程师主持、专业监理工程师参加编制。

(二)编制监理规划的依据

(1)建设工程的相关法律、法规及项目审批文件。

(2)与建设工程项目有关的标准、设计文件、技术资料。

(3)监理大纲、委托监理合同文件以及与建设工程项目相关的合同文件。

(三)监理规划应包括的内容

监理规划应包括以下主要内容:

(1)工程项目概况。

(2)监理工作范围。

(3)监理工作内容。

(4)监理工作目标。

(5)监理工作依据。

(6)项目监理机构的组织形式。

(7)项目监理机构的人员配备计划。

(8)项目监理机构的人员岗位职责。

(9)监理工作程序。

(10)监理工作方法及措施。应包括质量控制、进度控制、投资控制方法及保证质量、保证如期竣工及投资控制的措施。

(11)监理工作制度。主要指项目监理组织内部应建立的工作制度。

(12)监理设施。应包括三方面设施:建设单位应提供的设施,监理工作需要的办公、交通、通信、生活设施;项目监理机构应配备工程项目相应的检测设备或工具;应满足本项目工程监理工作需要的常规检测设备和工具;大中型项目应实施监理工作的计算机辅助管理设施等。

在监理工作实施过程中,如实施情况或条件发生重大变化而需要调整监理规划,应由总监理工程师组织专业监理工程师研究修改,按原报审程序经过批准后报建设单位。

☆**重点提示**

监理规划是指导项目监理部全面开展监理工作的指导性文件,监理规划的编制应针对项目的实际情况,明确项目监理机构的工作目标,确定具体的监理工作制度、程序、方法和措施,并应具有可操作性。在工程项目监理过程中,总监理工程师应指导、组织项目部全体成员贯彻执行监理规划。

第三节　建设工程监理规划的内容及其审核

一、建设工程监理规划的内容

(一) 工程项目概况

(1)工程项目名称。

(2)工程项目建设地点。

(3)工程项目组成及建筑规模见表6-4。

表6-4　工程项目组成及建筑规模

序号	工程名称	单位	工程数量

(4)主要建筑结构类型见表6-5。

表6-5　主要建筑结构类型

工程名称	基础	主体结构	设备	…	装修

(5)预计工程投资总额。

(6)工程项目结合工期。

(7)工程质量目标。

(8)设计单位及承包单位名称、项目负责人见表6-6、表6-7。

表 6-6　设计单位名称及项目负责人

设计单位	设计内容	负责人

表 6-7　承包单位名称及项目负责人

承包单位	承包工程内容	负责人

(9)简述工程项目特点。

(二)工程项目监理工作范围

1. 工程项目监理阶段

工程项目监理阶段是指工程建设监理企业所承担监理任务的工程项目建设阶段,在监理合同中有明确的规定。

(1)工程项目立项阶段的监理。

(2)工程项目设计阶段的监理。

(3)工程项目招标的监理。

(4)工程项目施工的监理。

(5)工程项目保修阶段的监理。

2. 工程项目监理的范围

工程项目监理企业所承担的工程项目监理的范围,可能是全部工程项目,也可能是某单位工程项目,也可能是专业工程,这在监理合同中已确定,但在监理规划中仍要列表详细纳入并作说明。

(三)工程项目监理工作内容

1. 工程项目决策阶段

(1)投资项目的决策咨询。

(2)项目可行性研究。

(3)技术经济论证。

(4)编制工程建设概算。

(5)组织设计任务书编制。

2. 设计阶段

(1)结合工程项目特点,收集设计所需的技术经济材料。

(2)编写设计要求文件。

(3)协助业主组织工程项目设计方案竞赛,协助业主选择好勘察设计单位。

(4)拟定和商谈设计委托合同内容。

(5)向设计单位提供设计所需基础资料。

(6)配合设计单位开展技术经济分析,搞好设计方案的优化。

(7)配合设计进度,组织设计与有关部门,如消防、土地、人防、防汛、园林以及供水、供电、供气、供热、电信等部门的协调工作。

(8)做好各设计单位之间的协调工作。

(9)参与主要设备、材料的选择。

(10)审核工程估算、概算。

(11)审核主要设备、材料清单。

(12)审核工程项目设计图纸。

3. 施工招标阶段

(1)拟订工程项目施工招标方案并征得业主同意。

(2)准备工程项目施工招标条件。

(3)办理施工招标申请。

(4)编写施工招标文件。

(5)标底经业主认可后,报送所在地方建设主管部门审核。

(6)协助业主进行工程项目施工招标工作。

(7)组织现场勘察与答疑会,回答投标人提出的问题。

(8)协助业主开标、评标及决标。

(9)协助业主与中标单位商签承包合同。

4. 施工阶段

(1)施工阶段质量控制。

(2)施工阶段进度控制。

(3)施工阶段投资控制。

(4)合同管理。

(5)信息管理。

(6)委托的其他服务。

(四)工程项目监理工作目标

(1)投资目标及其分解。

(2)工期目标及其阶段里程碑目标。

(3)质量总目标及其分解。

(五)项目监理工作依据

工程项目监理规划必须根据监理委托合同和监理项目的实际情况来制定。编制前应收集有关资料作为编制依据。

(六)项目监理机构的组织形式

某矩阵式监理机构的组织形式示例见图 6-1。

采用矩阵式监理组织形式时要注意,在具体工作中要确保指令的唯一性,明确规定当指

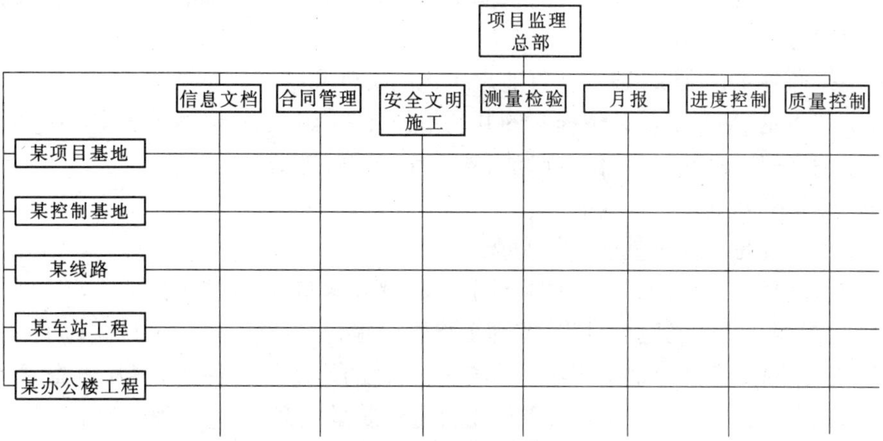

图 6-1　某矩阵式监理机构的组织形式

令发生矛盾时，应执行哪一个指令。

示例的监理项目总部共设五个项目组，每组各设项目总监理工程师及其代表各一名。此外，另有总监理工程师领导下的信息文档、合同管理、安全文明施工、测量检验、月报、进度控制、质量控制等职能部门，有利于总监理工程师对整个项目实施规划、协调和指导，有利于统一监理工作的要求和规范化，又能发挥子项目组工作班子的积极性，强化责任制。

（七）项目监理机构的人员配备计划

项目监理机构的人员配备计划表（见表 6-8）中的监理人员数量应与监理大纲或监理投标文件一致，并详细注明职称及专业等，按表 6-8 格式填报，要求填入真实到位人数，对某些兼职监理人员，要说明参加本工程监理的确切时间，以便核查，以免名单开列数与实际数不相符而发生纠纷，这是监理工作中易出现的问题，必须避免。

表 6-8　项目监理机构的人员配备计划表

序号	姓名	性别	年龄	职称或职务	本工程拟担任岗位	专业特长	以往承担过的主要工程及岗位
1							
2							
⋮							

（八）项目监理机构的人员岗位职责

1. 总监理工程师的岗位职责

（1）确定项目监理机构人员的分工和岗位职责。

（2）主持编写项目监理规划、审批项目监理实施细则，并负责管理项目监理机构的日常工作。

（3）审查分包单位的资质，并提出审查意见。

(4)检查和监督监理人员的工作,根据工程项目的进展情况可进行监理人员调配,对不称职的监理人员应调换其工作。

(5)主持监理工作会议,签发项目监理机构的文件和指令。

(6)主持审定、签署承包单位提交的开工报告、施工组织设计、技术方案、进度计划。

(7)主持审核、签署承包单位的申请、支付证书和竣工结算。

(8)主持审查和处理工程变更。

(9)主持审查与工程质量事故的调查。

(10)调解建设单位与承包单位的合同争议、处理索赔、审批工程延期。

(11)组织编写并签发监理月报、监理工作阶段报告、专题报告和项目监理工作总结。

(12)主持审核、签认分部工程项目和单位工程的质量检验评定资料,审查承包单位的竣工申请,组织监理人员对待验收的工程项目进行质量检查,参与工程项目的竣工验收。

(13)主持整理工程项目的监理资料。

2. 总监理工程师代表的岗位职责

(1)负责总监理工程师指定或交办的监理工作。

(2)按总监理工程师的授权,行使总监理工程师的部分职责和权力。

3. 总监理工程师代表不具备的职责和权力

特别应指出,总监理工程师不得将下列工作委托总监理工程师代表:

(1)主持编写项目监理规划、审批项目监理实施细则。

(2)签发工程开工/复工报审表、工程暂停令、工程款支付证书、工程竣工报验单。

(3)审核签认竣工结算。

(4)调解建设单位与承包单位的合同争议,处理索赔,审批工程延期。

(5)根据工程项目的进展情况进行监理人员的调配,调换不称职的监理人员。

4. 专业监理工程师应履行的岗位职责

(1)负责编制本专业的监理实施细则。

(2)负责本专业监理工作的具体实施。

(3)组织、指导、检查和监督本专业监理员的工作,当人员需要调整时,向总监理工程师提出建议。

(4)审查承包单位提交的涉及本专业的计划、方案、申请、变更,并向总监理工程师提出报告。

(5)负责本专业分项工程验收及隐蔽工程验收。

(6)定期向总监理工程师提交本专业监理工作实施情况报告,对重大问题及时向总监理工程师汇报和请示。

(7)根据本专业监理工作实施情况做好监理日记。

(8)负责本专业监理资料的收集、汇总及整理,参与编写监理月报。

(9)核查进场材料、设备、构配件的原始凭证、检测报告等质量证明文件及其质量情况,根据实际情况认为有必要时对进场材料、设备、构配件进行平行检验,合格时予以签认。

(10)负责本专业的工程计量工作,审核工程计量的数据和原始凭证。

(11)根据总体计划、年计划、月计划、旬计划对照工程实际进展情况,发现偏差及时提出调整意见,并向总监理工程师汇报。

(12)对总监理工程师签认的工程计量单、申报单或合格工程量及建设单位认可的索赔进行汇总,根据合同文件要求进行计算,确认支付数额,经总监理工程师签署后提交建设单位。

(13)审核承包单位的工程预算,按施工阶段控制工程造价。

(14)整理汇总各项计划统计、计量、支付资料,以便查询和竣工后作为资料归档。

5. 监理员应履行的岗位职责

(1)在专业监理工程师的指导下开展现场监理工作。

(2)检查承包单位投入工程项目的人力、材料、主要设备及其使用、运行状况,并做好检查记录。

(3)复核或从施工现场直接获取工程计量的有关数据并签署原始凭证。

(4)按设计图及有关标准,对承包单位的工艺过程或施工工序进行检查和记录,对加工制作及工序施工质量检查结果进行记录。

(5)担任旁站工作,发现问题及时指出并向专业监理工程师报告。

(6)做好监理日记和有关的监理记录。

(九)项目监理工作程序

可根据所监理的工程实际情况、监理合同要求,加以选择后结合工程项目特点作适当调整,以供在制定监理规划中的监理工作程序时参考。

(十)项目监理工作方法及措施

1. 质量控制

(1)质量目标分解。

(2)质量控制的原则。

(3)工程质量控制流程。

(4)质量控制措施。

(5)工程质量事故的处理。

(6)原材料、构配件、设备、钢筋、混凝土、模板的预控。

2. 进度控制

(1)进度控制的原则。

(2)进度控制的内容。

(3)进度控制工作流程。

(4)进度控制的措施。

(5)进度表的格式。

3. 投资控制

(1)投资控制原则。

(2)投资控制内容。

(3)投资控制措施。

(4)工程计量及支付报表。

4. 信息管理

(1)信息资料编码系统。

(2)信息目录表。

(3)信息管理制度。

(4)信息签认流程。

5. 合同管理

(1)合同结构图。

(2)合同执行措施。

(3)合同管理制度。

(4)索赔。

6. 施工阶段监理工作的主要方法

施工阶段监理工作的主要方法见表6-9所列,以供参考。

表6-9　施工阶段监理工作的主要方法

序号	监理方法	实施办法
1	巡视、旁站	监理人员在项目施工期间,应在施工现场对承包单位的施工活动进行跟踪监督。发现问题便可及时指令承包单位予以纠正,以减少质量缺陷的发生,保证工程的质量和进度
2	测量	监理工程师利用测量手段,在工程开工前核查工程的定位放线;在施工过程中控制工程的轴线和高程;在工程完工验收时测量各部分的几何尺度、高度等,发现问题,指令承包单位即时纠正
3	试验、平行检验	监理工程师对项目或材料的质量评价,必须通过试验、平行检验取得数据后进行,不允许采用经验、目测或感觉评价质量
4	严格执行监理程序	未经监理工程师批准开工申请的项目不能开工,这就强化了承包单位做好开工前的各项准备工作的意识;没有监理工程师的付款证书,承包单位就得不到工程付款,这就保证了监理工程师的核心地位
5	指令性文件	监理工程师应充分利用指令性文件,对任何事项发出书面指示,并督促承包单位严格遵守与执行监理工程师的书面指示
6	工地会议	监理工程师与承包单位讨论施工过程中出现的各种问题,必要时,可邀请建设单位或有关人员参加。监理工程师可通过工地会议方式发出有关指示
7	专家会议	对于复杂的技术问题,监理工程师可召开专家会议研究讨论。根据专家意见和合同条件,再由监理工程师做出结论,这样可减少监理工程师处理复杂技术问题的片面性
8	计算机辅助管理	监理工程师利用计算机,对计量支付、工程质量、工程进度及合同条件进行辅助管理
9	停止支付	监理工程师应充分利用合同赋予的在支付方面的权力,承包单位的任何工程若达不到合同要求,都有权拒绝支付承包单位的工程款项,以约束承包单位认真按合同规定的条件完成各项任务
10	会见承包单位	当承包单位无视监理工程师的指示,违反合同条件及规范、标准进行工程活动时,由总监理工程师(或其代表)邀见承包单位的主要负责人,指出承包单位在工程上存在的问题的严重性和可能造成的后果,并提出挽救问题的建议,如仍不听劝告,监理工程师可进一步采取制裁措施

7. 监理工作的措施

(1)监理工作的措施有组织、技术、经济和合同方面的措施。

(2)组织措施可委任执行人员,授予相应职权,确定职责,制定相应监理工作考核标准,对实施过程中的工作进行考评、评估,以改进工作,挖掘潜在的工作能力,加强相互沟通。在控制过程中激励、调动和发挥实现目标的积极性、创造性,采取适当的、有效的组织措施,保证目标的实现。

(3)技术措施是通过技术来解决问题,对多个可行的技术方案通过研究、分析、比较,加以优选、技术经济论证,寻求降低投资的有效途径,确保质量的技术措施等。

(4)经济措施是监理工程师通过一切有效经济手段来达到项目目标的最优实施,这要求监理广泛收集、加工、整理项目经济信息和数据。

(5)合同措施是监理工程师通过对承包合同的严格管理,监督承包单位切实履行合同,确保工程质量、工期及造价达到预定目标值。总监理工程师应正确、及时地签发工程暂停及复工令;项目监理机构要管理好工程变更,正确处理索赔、工程延期及工程延误。

(十一)监理工作制度

1. 项目立项阶段

(1)可行性研究报告评审制度。

(2)工程匡算审核制度。

2. 设计阶段

(1)设计大纲、设计要求编写及审核制度。

(2)设计委托合同管理制度。

(3)设计咨询。

(4)设计方案评审办法。

(5)工程估算、概算审核制度。

(6)施工图纸审核制度。

(7)设计费用支付签认。

(8)设计协调会制度。

3. 施工招标阶段

(1)招标准备工作有关规定。

(2)编制招标文件有关规定。

(3)标底编制及审核制度。

(4)合同条件拟订及审核制度。

(5)组织招标实务有关规定等。

4. 施工阶段

(1)施工图纸会审及设计交底制度。

(2)施工组织设计审核制度。

(3)工程开工审批制度。

(4)工程材料、半成品质量检验制度。

(5)隐蔽工程分项(部)工程质量验收制度。

(6)单位工程、单项工程中间验收制度。

(7)技术经济签证制度。

(8)设计变更处理制度。

(9)现场协调会及会议纪要签发制度。

(10)施工备忘录签发制度。

(11)工程款支付签认制度。

(12)工程索赔签发制度等。

5. 项目监理机构内部工作制度

(1)监理机构工作会议制度。

(2)监理机构人员岗位职责制度。

(3)对外行文审批制度。

(4)建立监理工作日志制度。

(5)监理周报、月报制度。

(6)技术、经济资料及档案管理制度。

(7)监理机构人员业绩考核及奖惩制度。

(十二)监理设施

(1)项目监理机构应当在项目监理工作中应用计算机辅助管理。

(2)应当根据工程项目类别、规模、技术复杂程度、监理项目所在地的环境条件,按监理合同的约定,配备满足监理工作需要的检测设备、仪器和工具。

(3)应配备必要的影像设备。

(4)项目监理机构应将拥有的监理设施(设备、仪器、工具、照相机、摄像机等)列表,注明数量和规格,并指定专人负责管理。

☆重点提示

建设工程监理规划的具体内容。

二、建设工程监理规划的审核

监理单位的技术主管部门是内部审核单位,其负责人应当签认。监理规划审核的内容主要包括以下几项。

(一)监理范围、工作内容及监理目标的审核

依据监理招标文件和委托监理合同,看其是否理解了业主对该工程的建设意图,监理范围、监理工作内容是否包括了全部委托的工作任务,监理目标是否与合同要求和建设意图相一致。

(二)项目监理组织机构结构的审核

1. 组织机构

在组织形式、管理模式等方面是否合理,是否结合了工程实施的具体特点,是否能够与业主的组织关系和承包方的组织关系相协调等。

2. 人员配备

(1)派驻监理人员的专业满足程度:不仅考虑专业监理工程师能否满足开展监理工作的需要,而且要看其专业监理人员是否覆盖了工程实施过程中的各种专业要求,以及高、中级职称和年龄结构的组成。

(2)人员数量的满足程度:主要审核从事监理工作人员在数量和结构上的合理性。

(3)专业人员不足时采取的措施是否恰当:大中型建设工程中,对拟临时聘用的监理人员的综合素质应认真审核。

(4)派驻现场人员计划表:大中型建设工程中,应对各阶段所派驻现场监理人员的专业、数量计划是否与建设工程的进度计划相适应进行审核;还应平衡正在其他工程上执行监理业务的人员,是否能按预定计划进入本工程参加监理工作。

(三)工作计划审核

在工程进展中各个阶段的工作实施计划是否合理、可行,审查其在每个阶段中如何控制建设工程目标以及组织协调的方法。

(四)投资、进度、质量控制方法和措施的审核

对三大目标的控制方法和措施应重点审查,看其如何应用组织、技术、经济、合同措施保证目标的实现,方法是否科学、合理、有效。

(五)监理工作制度审核

主要审查监理的内、外工作制度是否健全。

☆重点提示

建设工程监理规划的审核:1.监理范围、工作内容及监理目标的审核;2.项目监理机构结构的审核;3.工作计划审核;4.投资、进度、质量控制方法和措施的审核;5.监理工作制度审核。

为了更好地理解本章内容,书后列有监理投标文件、监理大纲、工程项目监理规划、监理实施细则案例。

练习题

一、单项选择题

1.下列文件中,由专业监理工程师编制并报总监理工程师批准后实施的操作性文件是(　　)。

A.监理规划　B.监理实施细则　C.监理大纲　D.监理月报

2.下列关于监理大纲、监理规划和监理实施细则之间关系的表述中,正确的是(　　)。

A.监理大纲的内容比监理规划的内容更全面、更翔实

B.监理实施细则应在监理规划的基础上进行编写

C.监理大纲应按监理规划的有关内容编写

D.三者编写顺序为监理规划、监理大纲和监理实施细则

3.监理大纲可以由(　　)主持编写。

A.总监理工程师代表　B.拟任总监理工程师

C.总监理工程师　D.专业监理工程师

4.与监理规划相比,监理实施细则更具有(　　)。

A.全面性　B.系统性　C.指导性　D.可操作性

5.下列关于监理大纲、监理规划、监理实施细则的表述中,错误的是(　　)。

A. 它们共同构成了建设工程监理工作文件

B. 监理单位开展监理活动必须编制上述文件

C. 监理规划依据监理大纲编制

D. 监理实施细则经总监理工程师批准后实施

6. 监理规划要随着工程项目展开进行不断地补充、修改和完善,这是监理规划编写的(　　)要求。

A. 应当遵循建设工程的运行规律

B. 应当分阶段编写

C. 基本内容应力求统一

D. 具体内容应有针对性

7. 建设单位领取了施工许可证,但因故不能按期开工,应当向发证机关申请延期,延期(　　)。

A. 以两次为限,每次不超过 3 个月　　B. 以一次为限,最长不超过 3 个月

C. 以两次为限,每次不超过 1 个月　　D. 以一次为限,最长不超过 1 个月

8.《建设工程安全生产管理条例》规定,分包单位应当服从总承包单位的安全生产管理,分包单位不服从管理导致生产安全事故的,(　　)。

A. 由总承包单位承担主要责任

B. 由分包单位承担主要责任

C. 由总承包单位和分包单位共同承担主要责任

D. 由分包单位承担责任,总承包单位不承担责任

9.《建设工程质量管理条例》规定,建设工程发包单位不得迫使承包方以(　　)。

A. 低于市场的价格竞标,不得任意压缩合理工期

B. 低于成本的价格竞标,不得任意压缩合理工期

C. 低于预算的价格竞标,不得降低工程质量

D. 低于标底的价格竞标,不得降低工程质量

10.《建设工程监理规范》规定,分部工程的质量检验评定资料由(　　)负责签认。

A. 总监理工程师　　B. 专业监理工程师

C. 监理员　　D. 总监理工程师代表

11.《建设工程监理规范》规定,监理规划应在签订委托监理合同及收到设计文件后开始编制,完成后必须经(　　)审核批准。

A. 总监理工程师

B. 总监理工程师授权的专业监理工程师

C. 监理单位技术负责人

D. 建设单位负责人

12.《建设工程监理规范》规定,施工过程中,总监理工程师应定期主持召开工地例会。会议纪要应由(　　)负责起草,并经与会各方代表会签。

A. 总监理工程师　　B. 项目监理机构　　C. 建设单位　　D. 施工单位

13. 监理大纲、监理规划、监理实施细则之间互相关联,下列表述中正确的是(　　)。

A. 监理大纲和监理规划都应依据签订的委托监理合同内容编写

B. 监理单位开展监理工作必须编制监理大纲、监理规划和监理实施细则
C. 监理规划和监理实施细则均应经监理单位技术负责人签认
D. 建设工程监理工作文件包括监理大纲、监理规划和监理实施细则

14. 下列关于监理大纲、监理规划、监理实施细则的表述中，错误的是(　　)。
A. 它们共同构成了建设工程监理工作文件
B. 监理单位开展监理活动必须编制上述文件
C. 监理规划依据监理大纲编制
D. 监理实施细则经总监理工程师批准后实施

15. 由项目监理机构的专业监理工程师编写，并经总监理工程师批准实施的监理文件是(　　)。
A. 监理大纲　B. 监理规划　C. 监理实施细则　D. 监理合同

16. 从监理大纲、监理规划和监理实施细则的关联性来看，监理规划的作用是(　　)。
A. 指导项目监理机构全面开展监理工作　B. 指导监理企业全面开展监理工作
C. 作为业主确认监理单位履行合同的依据　D. 作为监理单位内部考核的依据

17. 下列关于监理规划作用的表述中，错误的是(　　)。
A. 监理规划的基本作用是指导监理机构全面开展监理工作
B. 监理规划是政府建设主管部门对监理单位在设立时审查的主要材料
C. 监理规划是业主了解和确认监理单位履行合同的依据
D. 监理规划是监理单位内部考核的依据和重要的存档资料

18. 项目监理机构应当配备满足监理工作需要的(　　)。
A. 所有监理设施　B. 主要监理设施
C. 所有检测设备和工具　D. 常规检测设备和工具

二、多项选择题

1. 下列关于监理规划的说法中，正确的有(　　)。
A. 监理规划的表述方式不应该格式化、标准化
B. 监理规划具有针对性才能真正起到指导具体监理工作的作用
C. 监理规划要随着建设工程的展开不断地补充、修改和完善
D. 监理规划编写阶段不能按工程实施的各阶段来划分
E. 监理规划在编写完成后需进行审核并经批准后方可实施

2. 下列关于建设工程监理规划编写要求的表述中，正确的是(　　)。
A. 监理工作的组织、控制、方法、措施是必不可少的内容
B. 由总监理工程师组织监理单位技术管理部门人员共同编制
C. 要随建设工程的开展进行不断地补充、修改和完善
D. 可按工程实施的各阶段来划分编写阶段
E. 留有必要的时间，以便监理单位负责人进行审核签认

3. 监理规划的具体内容应针对(　　)来制定。
A. 所监理的工程项
B. 特定的监理任务

C. 具体的监理目标

D. 具体的被监理单位

E. 业主的需要

三、案例分析

1. 某市政工程项目由路和桥两部分组成，津塘监理公司在承接了该项目的设计和施工监理工作后，总监理工程师制定了监理组织建立的步骤，并决定采用直线制的监理组织形式，其制定的监理规划编制原则如下：

(1)监理规划的内容应具有针对性。

(2)监理规划为指导监理单位的经营服务。

(3)监理规划分设计和施工两阶段编写。

(4)监理规划由各专业监理工程师分头主持编写。

(5)监理规划编制完成后，不经过审核即可付诸实施。

(6)监理规划应随着项目的进展逐步调整和完善。

问题：监理规划的编制原则是否正确？如有错误，请改正。

2. 晟业监理公司受业主的委托承担了某联岛大桥的实施阶段的监理工作，在讨论制定监理规划的会议上，监理人员对编制项目的监理规划提出了构思，其提出的编制监理规划的原则和依据部分内容如下：

(1)监理规划必须符合监理大纲的内容。

(2)监理规划必须符合监理合同的要求。

(3)监理规划要结合该项目的具体实际情况。

(4)监理规划应为监理单位的经营目标服务。

(5)监理规划编制的依据包括建设有关部门的批文，国家和地方的法律、法规、规范、标准等。

(6)编制监理规划应针对影响目标实现的多种风险进行，并考虑采取相应的措施。

问题：

(1)判断下列提法是否恰当，为什么？

①监理规划应在监理合同签订以后编制。

②在项目的设计、施工等实施过程中，监理规划作为指导整个监理工作的纲领性文件，不能对其进行修改和调整。

③监理规划应由总监理工程师主持编制，它是项目监理机构有序地开展监理工作的依据和基础。

④监理规划中必须对监理三大控制目标进行分析论证，并提出保证措施。

(2)所提的监理规划的主要原则和依据中，你认为哪些不恰当？

第七章 建设工程监理合同

本章各节教学内容、教学要求及能力目标见表7-1。

表7-1 各节教学内容、教学要求及能力目标

章节	教学内容	教学要求	能力目标
第一节 合同概述	1. 合同的概念与种类 2. 我国建设工程合同的概念和种类	1. 了解我国合同产生的背景 2. 了解合同的基本概念和分类 3. 熟悉建设工程中的各种合同	1. 会区分《中华人民共和国合同法》(简称《合同法》)中列举的十五种合同 2. 知道目前我国建设工程中各种合同的分类标准 3. 知道建设工程中各种合同的任务和特点
第二节 建设监理合同概述	1. 建设监理合同的概念 2. 建设监理合同的特征	1. 了解建设监理合同的定义 2. 了解建设监理合同的特征	1. 知道建设监理合同的基本概念 2. 能够区分建设监理合同与其他种类合同的不同之处
第三节 建设工程委托监理合同示范文本	1.《建设工程委托监理合同示范文本》(GF—2000—0202)(简称《示范文本》)的组成、主要内容 2. 示范文本中的词语定义	1. 了解《建设工程委托监理合同示范文本》(GF—2000—0202)的组成 2. 熟悉示范文本的主要内容 3. 了解并熟悉示范文本中各个特定词语的定义	能够理解并掌握《建设工程委托监理合同示范文本》(GF—2000—0202)的内容
第四节 建设监理合同的管理	1. 建设工程委托监理合同的订立 2. 建设工程委托监理合同的实施 3. 建设工程委托监理合同的管理任务和内容	1. 了解建设工程委托监理合同的订立和实施内容 2. 熟悉建设工程委托监理合同的管理任务和具体内容	知道建设工程委托监理合同管理的相关内容

第一节 合同概述

现阶段,基本建设是发展国民经济、满足人民不断增长的物质文化需要的重要保证。一个建设项目由多个主体分工协作共同完成,这些主体形成了各式各样的经济关系,各主体之间的经济关系就靠合同这一特定的形式来维系,工程建设合同也就应运而生。1999年3月

15 日，第九届全国人民代表大会第二次会议通过了《中华人民共和国合同法》，同年 10 月 1 日该部法律开始在我国实施。

一、合同的概念与种类

（一）合同的概念

《合同法》第二条定义了合同的概念："合同是平等主体的自然人、法人、其他组织之间设立、变更、终止民事权利义务关系的协议"。合同的概念主要表达了三层含义：

（1）合同是平等主体之间以设立、变更、终止民事权利义务关系为目标的行为。

（2）合同是双方当事人共同作出一致的意思表示的产物。

（3）合同是一种民事法律行为。

在人民社会经济生活中，合同是普遍存在的。市场经济运行机制中，每发生一种社会关系，每建立一种交易关系，最平等、最自由、最安全和最有效的手段就是订立合同和履行合同。人们通过依法建立合同关系，来约束合同双方当事人的行为，以便维护双方合法的权益，建立起正常有序的社会经济秩序。

（二）合同的种类

合同是在社会经济交易活动中形成的，由于交易方式的多样化，致使合同的内容也各不相同。随着市场经济的不断发展，合同的形态也在不断的发生变化。

我国的《合同法》将一些典型的合同，即法律上已经确定了名称及规则的合同称为有名合同，并列举了十五种。对于这些有名合同，法律主要规范了其必要的合同要素，与有名合同相反，无名合同则是非典型的合同，是法律尚未确定名称和一定规则的合同。

以下是《合同法》列出的十五种有名合同：

（1）买卖合同。是出卖人转移标的物的所有权于买受人，买受人支付价款的合同。在建筑工程中，材料和设备采购合同属于买卖合同。

（2）供用电、水、气、热力合同。该合同是供应电、水、气、热力人向用电、水、气、热力人供电、水、气、热力，用电、水、气、热力人支付电、水、气、热力费用的合同。

（3）赠与合同。是赠与人将自己的财产无偿给予受赠人，受赠人表示接受赠与的合同。

（4）借款合同。是借款人向贷款人借款，到期返还借款并支付利息的合同。

（5）租赁合同。是出租人将租赁物交付承租人使用、收益，承租人支付租金的合同。在建筑工程中，如模板等周转性设备或材料可以通过租赁的方式获得。

（6）融资租赁合同。该合同是出租人根据承租人对出卖人、租赁物的选择，向出卖人购买租赁物，提供给承租人使用，承租人支付租金的合同。

（7）承揽合同。是承揽人按照定做人的要求完成工作并交付成果，定作人给付酬金的合同。

（8）建设工程合同。是承包人进行工程建设，发包人支付价款的合同。建设工程合同包括工程勘察、设计、施工合同。

（9）运输合同。是承运人将旅客或货物从起运地点运输到约定地点，旅客、托运人或者收货人支付票款或运输费用的合同。

（10）技术合同。是当事人就技术开发、转让、咨询或者服务订立的确立相互之间权利和义务的合同。

(11)保管合同。是保管人保管寄存人交付的保管物，并返还该物，寄存人接受约定向保管人支付保管费的合同。

(12)仓储合同。是保管人储存存货人交付的仓储物，存货人支付仓储费的合同。

(13)委托合同。是委托人和受委托人约定，由委托人处理委托人事物的合同。

(14)行纪合同。是行纪人以自己的名义为委托人从事贸易活动，委托人支付报酬的合同。

(15)居间合同。是居间人向委托人报告订立合同的机会或提供订立合同的媒介服务，委托人支付报酬的合同。

二、建设工程合同的概念和种类

(一)建设工程合同的概念

建设工程是指土木建筑工程、线路管道和设备安装工程、建筑装饰装修工程等工程项目的新建、扩建和改建工程。建设工程是形成社会固定资产的基本生产过程，它为国家国民经济的发展和人民生活的改善提供了重要的物质技术基础，因此建设工程在国民经济中占有主要的地位。我国《合同法》第二百六十九条定义了建设工程合同的概念："建设工程合同是承包人进行工程建设，发包人支付价款的合同。""建设工程合同包括工程勘察、设计、施工合同"。

(二)建设工程合同种类

1. 建设工程合同按完成承包的内容划分

(1)建设工程勘察合同。

(2)建设工程设计合同

(3)建设工程施工合同。

(4)建设工程监理合同。

2. 建设工程合同按其承发包的范围划分

(1)建设工程总承包合同。

(2)建设工程承包合同。

(3)建设工程分包合同。

3. 建设工程合同按有无涉外关系划分

(1)国内工程合同。

(2)国际工程合同。

第二节　建设监理合同概述

一、建设监理合同的概念

建设工程委托监理合同简称监理合同，是指工程建设单位聘请监理单位对其委托的工程项目进行管理，为明确双方权利、义务而签订的协议。监理合同是一种委托合同，建设单位称为委托方，监理单位称为受托方。

二、建设监理合同的特征

（一）建设监理合同中双方当事人的合法地位

建设监理合同的当事人双方是具有民事权力能力和民事行为能力、取得法人资格的企事业单位、其他社会组织，个人在法律允许的范围内也可以成为合同当事人。

（二）建设监理合同签订程序的合法性

建设监理合同的订立必须符合工程项目的建设程序。建设监理合同是以对建设工程项目实施控制和管理为主要内容，因此建设监理合同必须符合建设工程项目的程序，符合国家和建设行政主管部门颁发的有关建设工程的法律、行政法规、部门规章和各种标准、规范要求。

（三）建设监理合同标的的特殊性

建设工程实施阶段所签订的勘察合同、设计合同、施工合同等的标的物是产生新的物质成果或信息成果，而建设监理合同的标的是服务，即监理人员依据自己的知识、经验和技能，受建设单位委托为其所签订的合同的履行实施监督和管理。因此，《中华人民共和国合同法》将监理合同划入委托合同的范畴。《合同法》第二百七十六条规定"建设工程实施监理的，发包人应当与监理人采用书面形式订立委托监理合同。发包人与监理人的权利和义务以及法律责任，应当依照本法委托合同以及其他有关法律、行政法规的规定。"

第三节　建设工程委托监理合同示范文本

一、建设工程委托监理合同示范文本的组成

《建设工程委托监理合同示范文本》由"建设工程委托监理合同"（简称"合同"）、"标准条件"和"专用条件"组成。

监理合同标准条件的内容涵盖了合同中所用词语定义、适用范围和法规；签约双方的责任、权利和义务；合同生效变更与终止；监理报酬；争议的解决以及其他一些情况。委托监理合同标准条件是委托监理合同的通用文件，适用于各类建设工程项目监理，各个委托人、监理人都应遵守。

建设工程委托监理合同的专用条件。委托监理合同的专用条件是指签订具体工程项目监理合同时，结合地域特点、专业特点和委托监理项目的工程特点，对标准条件中的某些条款进行补充、修正。其中，补充指标准条件中的条款明确规定，在该条款确定的原则下，专用条件的条款中进一步明确具体内容，使两个条件中相同序号的条款共同组成一条内容完备的条款；修正指标准条件中规定的程序方面的内容，如果双方认为不合适，可以协议修改。

二、建设工程委托监理合同示范文本的内容

建设工程委托监理合同是一个总的协议，是从事监理的纲领性文件。合同主要内容有：工程概况；合同签订、生效、完成；双方约定的义务与承诺及合同文件等组成。监理合同除"合同"内容外，还包括：

（1）监理委托函或中标函。

(2)建设工程委托监理合同标准条件。其内容涵盖了合同中所有词语的定义，适用范围和法规，签订双方的责任、权利和义务，合同生效变更与终止，监理酬金，争议的解决及其他情况。标准条件为合同的通用文本，适用于各类建设工程项目监理，所有签约工程都应遵守该基本条件。

(3)建设工程委托监理合同专用条件。由于标准条件适用于所有的建设工程委托监理，因此其中的某些条款规定的比较笼统，需要在签订具体的工程项目监理合同时，结合地域特点、专用特点和委托监理项目的工程特点，对标准条件中的某些条款进行补充、修正。

三、建设工程委托监理合同示范文本的词语定义

(1)合同当事人。“委托方”指承担直接投资责任和委托监理业务的一方及其合法继承人；“监理方”指承担监理业务和监理责任的一方及合法继承人。委托方和监理方共同构成了合同的“主体”，双方具有平等的法律地位，依法享有权利和义务。双方不能将所签订的权利和义务转让给第三方或单方面变更合同主体。

(2)合同的标的。监理合同的标的是监理方为委托方提供的监理服务。按照《工程建设监理规定》，工程建设监理包括工程监理的正常工作、附加工作和额外工作。“工程监理的正常工作”指双方在专用条件中约定，委托方委托的监理工作范围和内容。“工程监理的附加工作”指委托方委托监理范围之外，通过双方书面协议另外增加的工作或由于委托方的原因使监理工作受阻、延误，因增加工作量或持续时间而增加的工作。“工程监理的额外工作”指正常工作和附加工作以外或非监理方的原因造成监理业务的暂停、终止，其善后处理工作及恢复监理业务的工作。

(3)其他。“承包方”指监理方之外委托方就工程建设有关事宜签订的合同当事人；“监理机构”指监理方派驻本工程实施监理业务的组织；“总监理工程师”指经委托方同意，监理方派驻监理机构全面履行合同的全权负责人。

第四节　建设监理合同的管理

一、建设工程委托监理合同的订立

(一)合同的谈判

不管是直接委托还是招标投标，委托方和监理方都要就监理合同的主要条款和应负责任进行具体谈判，如委托方对工程的工期、质量的具体要求必须明确提出。使用《示范文本》时，要依据《合同条件》结合《协议条款》逐条加以谈判，对每一条款进行明确的约定。谈判过程中双方应本着诚实、信用、公平的原则，内容要具体，责任要明确。

(二)合同的签订

经过谈判，双方就监理合同的各项条款达成一致，即可正式签订合同文件，合同文件可以参考《示范文本》来签订。

(三)委托的监理业务

1.委托工作的范围

监理合同的业务内容是工程师为委托方提供的服务项目和工作量。委托方委托监理业

务的范围包括项目前期的立项咨询,勘察设计阶段、工程施工阶段、质量保修阶段等的全部监理工作或其中某些工作。在具体项目中,应根据工程的特点、监理方的能力、监理任务等因素将委托的监理任务详细写入合同的专用条件内。

2. 对监理工作的要求

监理合同中明确约定监理方执行监理工作的要求,应符合《建设工程监理规范》的规定,以保证双方的合法权益。

(四)双方的权利

1. 委托方的权利

委托方的权利包括以下几方面:

(1)授予监理方权限的权利。监理合同是要求监理方对委托方与第三方所签订的各种承包合同的履行实施监理的合同,因此在监理内容上需明确委托的监理任务,还应规定出监理方的权限范围。在委托方授权的范围内,监理方可以对所监理的合同采取各种措施来实施监督,如果超出授权权限,应首先征得委托方的同意后再发布有关指令。委托方确定授权大小时要根据自身的管理能力、建设工程项目的特点及需要等因素来考虑,同时在执行过程中可随时通过书面附加协议来扩大或缩小授权范围。

(2)对其他合同承包方的选定权。委托方对勘察设计合同、施工合同、采购运输合同等的承包单位有选定权及与其签订合同的权利。

(3)委托方有对工程规模、设计标准、规划设计、生产工艺设计、设计标准和设计使用功能等要求的决定权,同时有对工程设计变更的审批权。

(4)委托方有对监理方履行合同过程的监督权。委托方有权要求监理方提交监理工作月报和监理业务范围内的专项报告;监理方调换总监理工程师必须事先征得委托方的同意;如委托方发现监理人员不按合同履行监理职责,或与第三方串通给委托方或工程造成损失的,委托方有权要求监理方更换监理人员,直到终止合同并要求监理方承担相应的赔偿责任或连带赔偿责任。

2. 监理方的权利

监理合同中涉及监理方权利的条款有两大类:一是监理方在委托合同中应享有的权利,二是监理方履行合同中规定的监理任务时可行使的权利。主要有以下内容:

(1)监理方有就建设工程有关事项和工程设计的建议权,包括工程规模、投资标准、设计标准等,监理方可就技术问题按照安全和优化的原则向设计单位提出建议。如发现不符合建筑工程质量标准或约定要求,应报知委托方要求设计单位更改,并向委托方提出书面报告。

(2)对工程项目的三大控制权。监理的主要工作是对工程质量、进度、投资等的检查、监督和管理。

(3)完成监理任务后获得报酬的权利。监理方应获得完成合同规定任务后的约定酬金,如果合同履行中由于主、客观条件的变化,监理方完成附加工作和额外工作,也有权按照专用条件中约定的计算方法得到额外工作的酬金。相关的酬金的支付方法,应在专用条款中写明;由于监理方在工作中做出显著成绩,如提出合理化建议使委托方获得实际经济利益,则应按照合同中规定的奖励方法得到委托方的奖励,奖励方法可参照国际颁布的合理化建议奖励方法,写在专用条款相应条款中。

(4)终止合同的权利。如果委托方严重违约，监理方可按照终止合同的规定程序，单方面提出终止合同，以保护自己的合法权益。

(5)主持工程建设有关单位的组织协调。有关工程项目的重要协调事项应事先向委托方报告。

(6)在合同履约过程中，委托方或承包方对对方的任何意见和要求(包括索赔要求)，均必须先向监理机构提出，由监理机构研究并给出处理意见后，再由双方协商解决。当委托方和承包方发生争议时，监理机构应在自己的职能范围内，公平、公正地进行调解。若双方的争议由政府机构或仲裁机构来解决，应公正地提供做证的事实材料。

二、建设工程委托监理合同的实施

监理合同在通用条款和专用条款中已明确规定了双方的权利和义务，监理方应按合同约定的内容和要求完成监理工作；委托方也应按合同约定的要求履行应尽义务、支付监理酬金，并积极配合监理方的工作。

(一)监理方的义务

1. 监理方的工作范围

监理方的工作范围包括正常监理工作、附加监理工作、额外监理工作。由于工作性质的特点，有些工作在订立合同时未能预见或未能合理预见，因此监理方除应完成正常工作外，还应完成附加工作和额外工作。

2. 监理方的义务

监理方的义务主要有：

(1)监理方应按合同约定要求成立监理机构及委派监理工作人员，向委托方报送委派的总监理工程师及其监理机构的成员名单、监理规划，完成监理合同专用条件中约定监理工程范围内的监理业务。在履行合同期间，应按合同约定定期向委托方报告监理工作。

(2)监理方在履约期间，公正地维护有关方面的合法权益。当委托方发现监理人员不按监理合同履行监理职责或与承包方串通给委托方或工程造成损失时，委托方有权要求监理方更换监理人员，直到终止合同并要求监理方承担相应的赔偿责任或连带赔偿责任。

(3)在监理过程中，不得泄露委托方申明的秘密和设计、承包方的秘密。在合同期内或终止合同后，未征得有关方面的同意，不得泄露与本工程、合同业务有关的保密资料。

(4)监理方使用委托方提供的设施和物品属于委托方的财产。在监理工作完成或终止时，应将其设施和剩余物品按照合同约定时间和地点移交给委托方。

(5)未经委托方书面同意，监理方不应接受委托监理合同以外的与监理工程有关的酬金，以确保监理行为的公正性。监理方不能参与可能与合同规定的与委托方利益相冲突的任何活动。

(二)委托方的义务

(1)委托方应做好建设工程所有外部关系的协调工作，为监理工作提供外部条件。

(2)委托方应在监理方开始监理业务之前向监理方支付预付款项。

(3)委托方应在双方约定的时间内免费向监理方提供与工程有关的、监理工作所需的工程资料。

(4)委托方应授权一位熟悉建设工程情况，能迅速做出决定的常驻代表，负责与监理方联系。更换常驻代表时，要提前通知对方。

(5)委托方应将授予监理方的监理权利及监理方主要成员的职能分工、监理权限，及时书面通知已选定的第三方，并在与第三方签订的合同中予以明确。

(6)委托方应免费向监理方提供合同专用条件中约定的设备、设施和必要的生活条件。包括检测试验设备、测量设备、办公设备、生活用房等。这些属于委托方的财产和物品，在监理任务完成后，应归还委托方。若双方协商某些设备、物品由监理方自备，则应给予监理方合理的经济补偿，在合同的专用条件中明确经费的计算方法。

(7)委托方应及时向监理方提供必要的信息服务。

(8)根据情况需要，委托方应免费向监理方提供人员服务，在合同专用条件中写明提供的人数和服务时间。

(三)监理合同的有效期

监理合同的有效期是监理方的责任期，以监理方是否完成了正常监理工作、附加监理工作和额外监理工作的义务来判断。通用条款中规定，监理合同的有效期为双方签订合同后，从工厂准备工作开始到监理方向委托方办理完竣工验收或工程移交手续，承包方和委托方已签订工程保修责任书，监理方收到监理酬金尾款，监理合同方才终止。若保修期仍需监理方执行相应的监理工作，双方应在专用条款中另行约定。

(四)双方的违约责任

1. 委托方的责任

委托方应履行委托监理合同中约定的义务，如有违反，则应承担违约责任，并为监理方造成的经济损失进行相关赔偿；委托方若向监理方提出的赔偿要求不能成立，则应补偿由该索赔所引起的监理方的各种费用支出。

2. 监理方的责任

在合同的有效期内，如果因工程进度的推迟或延误而超过了书面约定的日期，双方应根据具体情况将原合同规定的日期进行顺延；监理方在合同履约期内，应全面地履行合同约定的义务。若因监理方的过失而造成委托方的经济损失，应根据损失程度向委托方进行赔偿，累计赔偿总额一般不应超过监理合同酬金总额；若因不可抗力导致委托监理合同不能全部或部分履行，监理方不承担责任。监理方向委托方提出赔偿要求不能成立时，监理方应补偿由于该索赔所导致委托方的各种费用支出。

3. 合同争议的处理

因违反或终止合同而造成对方的损失、损坏，要依照合同约定负赔偿责任，或由双方协商解决。若协商未能达成一致，可提交主管部门调解。仍不能达成一致的，根据双方约定提交仲裁机构仲裁或向人民法院起诉。

(五)合同的生效、变更与终止

1. 合同的生效

合同自签字之日起生效。自合同生效时起至合同完成时的时间为合同的有效期。

2. 合同的变更

任何一方申请并经双方书面同意时，可以对合同进行变更。当事人一方要求变更或解除合同时，应在42日前通知对方，因变更或解除合同而造成对方损失的，除依法可免除责任者外，应由责任方负责赔偿。变更或解除合同的通知必须采用书面形式，协议未达成一致前,原合同仍然有效。

3. 合同的终止

(1)若委托方认为监理方无正当理由而又未履行合同,可向监理方发出有关通知。若委托方在确认监理方收到通知的21日内没有得到答复,可在第一个通知发出后的35日内发出终止合同的通知,合同即行终止。

(2)监理方由于非自身原因而暂停或终止监理业务时,其善后工作及恢复执行监理业务的工作应视为额外工作,监理方有权获得额外酬金。

(3)监理方在应当获得监理酬金之日起的30日内仍未收到支付款,而委托方又未对监理方做出任何书面解释,或暂停监理业务期限已经超过6个月时,监理方可向委托方发出终止合同的通知。若在14日内未得到委托方的答复,可进一步发出终止合同的通知。如果第二份通知发出后42日内仍未得到委托方的答复,可自行终止合同,也可以自行暂停履行部分或全部监理业务。

三、建设工程委托监理合同管理的任务

(1)通过建设工程委托监理合同的签订、履行及管理,利于加强各方的合作,并在实际执行中对合同作出正确的解释。

(2)通过加强当事人双方的合同管理,可以减少和防止合同的纠纷。

(3)双方通报合同执行情况,有利于合同的检查和跟踪,制定解决合同执行中的对策。

(4)其中监理工程师的主要任务是根据《建筑法》、《建设工程监理规定》等法律法规的规定,促使合同当事人全面实际地履行合同约定的内容。

四、建设工程委托监理合同管理的内容

建设工程委托监理合同管理的内容有:

(1)建立完整的合同实施保证体系。

(2)建立健全的合同实施监督机构。

(3)妥善地解决合同执行过程中的争端和纠纷。

(4)合同变更的管理。

(5)工程建设过程中索赔和反索赔。

练习题

一、选择题

1.《中华人民共和国合同法》于(　　　)在我国实施。

A. 1999年3月15日　　B. 1999年10月15日

C. 1999年10月1日　　D. 2000年10月1日

2. 我国《合同法》第二百六十九条定义了建设工程合同的概念:“建设工程合同是(　　　)进行工程建设,(　　　)支付价款的合同。”

A. 承包人,监理人　　B. 承包人,发包人

C. 发包人，监理人　　　　D. 发包人，承包人

3.《建设工程委托监理合同示范文本》由“建设工程委托监理合同”、(　　)和(　　)组成。

A. 标准条件，专用条件　　　　B. 专用条款，标准条件

C. 通用条件，专用条件　　　　D. 专用条款，通用条款

4. 建设工程委托监理合同中当事人一方要求变更或解除合同时，应在(　　)日前通知对方，因变更或解除合同而造成对方损失的，除依法可免除责任者外，应由责任方负责赔偿。

A. 31　　B. 30　　C. 21　　D. 42

二、简答题

1. 简述合同的概念。
2. 试述建设工程合同的种类。
3. 简述建设工程委托监理合同示范文本的组成内容。
4. 建设工程委托监理合同履行过程中，合同双方都有哪些权利和义务？
5. 简述建设工程委托监理合同管理任务。

第八章　建设工程安全生产监理

本章各节教学内容、教学要求及能力目标如表 8-1 所示。

表 8-1　各节教学内容、教学要求及能力目标

章节	教学内容	教学要求	能力目标
第一节　建设工程安全生产概述	1. 建设施工安全生产的定义、方针、原则 2. 建设工程安全生产处理好五种关系 3. 建设工程安全生产、安全管理的六项原则 4. 我国建设工程安全生产发展的历史和发展趋势	1. 了解我国建设工程安全生产发展的历史和发展趋势 2. 了解建设工程安全生产的定义、方针和原则 3. 了解建设安全生产中的五种关系 4. 熟悉建设工程安全生产管理的六项原则	1. 知道我国建设工程安全生产的方针 2. 知道我国建设工程安全生产的原则 3. 知道建设工程安全生产管理的六项原则
第二节　监理工程师在安全生产管理中的主要作用	1. 建设工程安全生产监理的主要内容 2. 建设工程安全生产监理的工作程序 3. 建设工程安全生产的监理责任 4. 相关责任人落实安全生产监理责任的主要工作	1. 了解建设工程安全生产监理的主要内容 2. 了解《建筑法》的主要内容 3. 熟悉建设工程安全生产的监理责任 4. 了解相关责任人落实安全生产监理责任的主要工作	1. 能区分总监理工程师、监理工程师和安全监理员的职责 2. 知道在建筑工程安全生产中监理的责任及连带责任
第三节　施工现场安全事故应急预案	1. 施工现场安全事故的类别、成因及预防手段 2. 应急预案的编制	1. 了解常见安全事故类型及预防手段 2. 掌握应急预案编制的方法	能够编制施工现场安全事故应急预案

第一节　建设工程安全生产概述

一、建设工程安全生产

（一）定义

《辞海》中将“安全生产”解释为：为预防生产过程中发生人身、设备事故，形成良好劳动环境和工作秩序而采取的一系列措施和活动。《中国大百科全书》中将“安全生产”解释为：旨在保护劳动者在生产过程中安全的一项方针，也是企业管理必须遵循的一项原则，要求最大限度地减少劳动者的工伤和职业病，保障劳动者在生产过程中的生命安全和身体健康。后者将安全生产解释为企业生产的一项方针、原则和要求，前者则解释为企业生产的一系列措施和活动。根据现代系统安全工程的观点，上述解释只表述了一个方面，都不够全面。概括地说，安全生产是为了使生产过程在符合物质条件和工作秩序下进行的，防止发生人身伤亡和财产损失等生产事故，消除或控制危险、有害因素，保障人身安全与健康、设备和设施免受损坏、环境免遭破坏的总称。

（二）安全生产方针

我国安全生产方针经历了一个从“安全生产”到“安全第一、预防为主、综合治理”的产生和发展过程，现代安全管理强调在生产中要做好预知预防工作，尽可能将事故消灭在萌芽状态。

“安全第一”是原则和目标，是从保护和发展生产力的角度，确立了生产与安全的关系，肯定了安全在建设工程生产活动中的重要地位。“安全第一”的方针，就是要求所有参与工程建设的人员，包括管理者和操作人员以及对工程建设活动进行监督管理的人员都必须树立安全的观念，不能为了经济的发展而牺牲安全。当安全与生产发生矛盾时，必须先解决安全问题，在保证安全的前提下从事生产活动。也只有这样，才能使生产正常进行，促进经济的发展，保持社会稳定。

“预防为主”是手段和途径，是指在工程建设活动中，根据工程建设的特点，对不同的生产要素采取相应的管理措施，有效地控制不安全因素的发展和扩大，把可能发生的事故消灭在萌芽状态，以保证生产活动中人的安全与健康。

安全与生产的关系是辨证统一的关系，是一个整体。生产必须安全，安全促进生产，不能将二者对立起来。在施工过程中，必须尽一切可能为作业人员创造安全的生产环境和条件，积极消除生产中的不安全因素，防止伤亡事故的发生，使作业人员在安全的条件下进行生产；其次，安全工作必须紧紧围绕生产活动进行，不仅要保障作业人员的生命安全，还要促进生产的发展。离开生产，安全工作就毫无实际意义。

（三）安全生产原则

1.“管生产必须管安全”的原则

“管生产必须管安全”的原则是指建设工程项目各级领导和全体员工在生产过程中必须坚持在抓生产的同时抓好安全工作。它体现了安全和生产的统一，生产和安全是一个有机的整体，两者不能分割更不能对立起来，应将安全寓于生产之中。

2.“安全具有否决权”的原则

“安全具有否决权”的原则是指安全生产工作是衡量建设工程项目管理的一项基本内容，它要求在对项目各项指标考核、评优创先时，首先必须考虑安全指标的完成情况。安全指标没有实现，即使其他指标顺利完成，仍无法实现项目的最优化，安全具有一票否决的作用。

3.职业安全卫生“三同时”的原则

“三同时”原则是指一切生产性的基本建设和技术改造建设工程项目，必须符合国家的职业健康安全方面的法规和标准。职业健康安全技术措施及设施应与主体工程同时设计、同时施工、同时投产使用，以确保项目投产后符合职业健康安全要求。

4.事故处理“四不放过”的原则

国家法律法规要求，在处理事故时必须坚持和实施“四不放过”原则，即事故原因分析不清不放过；事故责任者和群众没受到教育不放过；没有整改预防措施不放过；事故责任者和责任领导不处理不放过。

(四)安全生产处理好五种关系

1. 安全与危险的关系

安全与危险在同一事物的运动中是相互对立、相互依赖而存在的。因为有危险,才要进行安全管理,以防止危险。安全与危险并非是等量并存、平静相处。随着事物的运动变化,安全与危险每时每刻都在变化着,进行着此消彼长的斗争。可见,在事物的运动中,都不会存在绝对的安全和危险。

危险因素客观地存在于事物运动之中,自然是可知的,也是可控的。

保持生产的安全状态,必须采取多种措施,以预防为主,危险因素是可以控制的。

2. 安全与生产的统一

生产是人类社会存在和发展的基础。如果生产中人、物、环境都处于危险状态,则生产无法顺利进行,因此安全是生产的客观要求。自然地,当生产完全停止时,安全也就失去了意义。

生产有了安全保障,才能持续、稳定发展。生产活动中事故层出不穷,生产势必陷于混乱,甚至瘫痪状态。当生产与安全发生矛盾,危及职工生命或国家财产时,生产活动停下来整顿、消除危险因素以后,生产形势会变得更好。

3. 安全与质量的同步

从广义上看,质量包涵安全工作质量,安全概念也包涵着质量,两者交互作用,互为因果。安全第一,质量第一,两个第一并不矛盾。安全第一是从保护生产因素的角度提出的,而质量第一则是从关心产品成果的角度强调的。安全为质量服务,质量需要安全保证。生产过程舍掉哪一头,都要陷于失控状态。

4. 安全与速度的互促

生产的蛮干、乱干,在侥幸中求得的快,缺乏真实性与可靠性,一旦酿成不幸,非但没有速度可言,反而会延误时间。速度应以安全作保障。追求安全加速度,竭力避免安全减速度。

安全与速度呈正比例关系。当速度与安全发生矛盾时,暂时减缓速度,保证安全才是正确的做法。

5. 安全与效益的兼顾

安全技术措施的实施,会改善劳动条件,调动职工的积极性,焕发劳动热情,带来经济效益,足以使原投入得以补偿。从这个意义上说,安全促进了效益的增长,安全与效益是一致的。

在安全管理中,投入要适度,统筹安排,既要保证安全生产,又要经济合理,还要考虑力所能及。单纯为了省钱而忽视安全生产,或不惜资金盲目追求高标准,都是不可取的。

(五)安全管理坚持六项基本原则

1. 坚持管生产同时管安全

安全寓于生产之中,并对生产发挥促进与保证作用。从安全生产管理的目标、目的来说,安全与生产表现出高度的一致和完全的统一。

安全管理是生产管理的重要组成部分,安全与生产的实施过程中,两者存在着密切的联系,存在着进行共同管理的基础。

管生产同时管安全，国务院《关于加强企业生产中安全工作的几项规定》中明确指出："各级领导人员在管理生产的同时，必须负责管理安全工作"，"企业中有关专职机构，都应该在各自业务范围内，对实现安全生产的要求负责"，不仅是对各级领导人员明确安全管理责任，也向一切生产有关的机构、人员明确了业务范围内的安全管理责任。可见，一切与生产有关的机构、人员都必须参与安全管理并在管理中承担责任。认为安全管理只是安全部门的事，是一种片面的、错误的认识。

各级人员安全生产的责任制度的建立，管理责任的落实，体现了管生产同时管安全的原则。

2. 坚持目标管理

安全管理的内容是对生产的人、物、环境因素状态的管理，有效地控制人的不安全行为和物的不安全状态，消除或避免事故，达到保护劳动者的安全与健康的目的。

没有明确的目标的安全管理是一种盲目行为。盲目的安全管理只能劳民伤财，危险因素依然存在，而且只能纵容威胁人的安全与健康的状态，向更为严重的方向发展或转化。

3. 坚持预防为主的方针

安全生产的方针是"安全第一，预防为主"。"安全第一"是从保护生产力的角度和高度，表明在生产范围内，安全生产的关系，肯定安全在生产活动中的位置和重要性。进行安全管理是针对生产的特点，对生产因素采取管理措施，有效控制不安全因素的发展与扩大，把可能发生的事故消灭在萌芽状态，以保证生产活动中人的安全与健康。

贯彻"预防为主"，首先要端正对生产中不安全因素的认识，端正为消除不安全因素采取的态度，选准消除不安全因素的时机。在安排与布置生产内容的时候，针对施工生产中可能出现的不安全因素，采取措施，明确责任，尽快、坚决地予以消除。

4. 坚持动态安全管理

生产活动中必须坚持全员、全过程、全方位、全天候的动态安全管理。安全管理不是少数人和安全机构的事，而是一切与生产有关的人共同的事。缺乏全员的参与，安全管理不会有生机，不会出好的管理效果。当然，这并非否定安全管理第一责任人和安全机构的作用。生产组织者在安全管理中的作用固然重要，全员性参与管理也十分重要。

安全管理涉及生产活动的方方面面，涉及从开工到竣工交付的全部生产过程，涉及全部的生产时间，涉及一切变化着的生产因素。

5. 坚持过程控制

进行安全管理的目的是预防、消灭事故，防止或消除事故伤害，保护劳动者的安全与健康。在安全管理的主要内容中，虽然都是为了达到安全管理的目的，但是对生产因素状态的控制，与安全管理目的的关系更直接，显得更为突出。因此，对生产中的人的不安全行为和物的不安全状态的控制，必须是动态安全管理的重点。事故的发生，是由于人的不安全行为运动轨迹与物的不安全状态运动轨迹的交叉。从事故发生的原理，也说明了对生产因素状态的控制，应该作为安全管理的重点，而不能把约束当作安全管理的重点。

6. 坚持持续改进

既然安全管理是在变化着的生产活动中的管理，是一种动态，其管理就意味着是不断变化的，以适应变化的生产活动，消除新的危险因素，更重要的是不间断地摸索新规律，总结管理、控制的办法与经验，持续改进，指导新变化后的管理，从而不断提高安全管理水平。

☆**重点提示**

我国安全生产方针:1. 安全第一;2. 预防为主;3. 综合治理。

我国安全生产管理的原则:1. 坚持管生产同时管安全;2. 坚持目标管理;3. 坚持预防为主的方针;4. 坚持动态安全管理;5. 坚持过程控制;6. 坚持持续改进。

二、我国建设工程安全生产发展的历史和发展趋势

(一)建设工程安全生产发展的历史

新中国成立之初,百废待兴,恢复经济是当时的首要任务。我国政府在经济基础十分薄弱的情况下,仍筹措资金用于改善人民的居住条件。当时的建筑项目以旧房翻新改造居多,一般都是砖木或砖混结构的二三层民用建筑,内部设施简陋,施工工艺简单。施工过程几乎是手工操作,施工现场的水平运输、垂直运输也均为车推、人挑、肩扛。

1949 年,我国建筑业总产值为 4 亿元,占社会总产值的 0.7%;到 1952 年,建筑业总产值已增加到 57 亿元,占社会总产值的 5.6%。1953 年,随着第一个五年计划的实施,我国加快了经济建设的步伐,确立了一大批大中型工业项目。

新中国成立初至"一五"期间,建筑业的伤亡事故较少,1957 年万人死亡率为 1.67,每 10 万 m^2 房屋建筑面积死亡率为 0.43。"二五"期间的头三年,建筑业呈迅猛发展态势,建筑业总产值每年都在 200 亿元以上,连续三年建筑业总产值占社会总产值的 9% 以上。但是由于"大跃进"的影响,以及随之而来的自然灾害,我国经济形势逆转直下,经济开始滑坡,建筑业首当其冲。1962 年建筑业总产值跌至 90 亿元,仅占社会总产值的 4.5%。1958 年的"大跃进",也使得安全生产情况恶化。由于受"左"的思想影响,正常的生产秩序遭到破坏,建筑安全生产工作受到冲击。一些企业由于盲目"跃进",生产上一味追求高指标、高速度,出现了比体力、比设备,忽视安全措施的现象,不仅伤亡事故不断发生,建筑业万人死亡率也高达 5.12。

自 1963 年起,国家进入为期三年的经济调整时期。国家经济经过"调整、巩固、充实、提高"后逐渐好转,安全生产状况也随之好转,至 1965 年万人死亡率降到 1.65。但是随之而来的十年"文革",不但给国民经济以巨大的冲击,也给建筑安全生产工作带来灾难性的破坏。受动乱冲击,规章制度毁于一旦,使安全管理工作陷于停顿、倒退状态,劳动纪律松弛,劳动条件恶化,生产秩序陷入极度混乱之中,恶性事故不断发生,死亡 3 人以上的重大事故,10 人以上以致百人以上特大事故不断发生,伤亡人数骤然增多,高峰时万人死亡率达到 7.53。

1976 年 10 月,"文革"宣告结束,我国基本建设和建筑业形势开始好转。中共十一届三中全会"把党的工作重点转移到经济建设上来"以后,中国建筑业以崭新的面貌跨入历史新时期。由于恢复了"文革"前固定工、合同工、临时工同时并存的用工制度,开放建筑市场,建筑队伍迅速扩大,到"六五"末期的 1980 年,建筑业从业人数突破千万,达到 1 044.1 万人。建筑业总产值达到 767 亿元,建筑业万人死亡率也降为 2.3,每 10 万 m^2 房屋建筑面积死亡率为 0.81。

20 世纪 80 年代以来,我国加快了改革开放的步伐,建筑业成为全国各行业改革的先行者,建筑业队伍人数和建筑规模也不断创历史新记录,1986 年,建筑业总产值达到 2 038 亿元,占社会总产值的 10.8%,达到一般先进国家建筑业(GND)的水平。我国各级建设行政

主管部门也开始加大行业安全管理工作力度，至 1990 年，万人死亡率降至 1.5，每 10 万 m^2 房屋建筑面积死亡率为 0.4。

90 年代以来，国民经济高速发展，建设投资不断增长，带来了建筑行业和建筑市场的繁荣，全国城乡几乎变成了“大工地”，全国各地城乡面貌发生巨大变化。但是，建筑施工队伍的持续扩大也给建筑安全生产工作带来了很大难度，农民工成为建筑业施工一线的主力军，其安全防护意识和操作技能低下，而职业技能的培训却远远不够，重大伤亡事故一度出现来势迅猛的势头。

90 年代初，国家加强了建筑安全立法工作探讨，并多次组织对发达国家建筑安全立法的考察工作。在全国人大八届一次会议上有 32 位代表提议国家要尽快制定《建筑施工劳动保护法》。1998 年 3 月 1 日，《建筑法》开始实施，建筑安全生产管理被单独列为一章。中国的建筑安全生产管理从此走上了法制轨道。

从 1986 年起，建设部相继组织编写了一系列建筑安全技术标准规范，其中包括《建筑施工安全检查评分标准》(1999 年 5 月 1 日修订更名为《建筑施工安全检查标准》)、《高处作业安全技术规范》、《龙门架、井字架物料提升机安全技术规范》等标准、规范。1991 年，建设部组织编写了《建筑施工安全技术手册》，成为施工企业、工程技术人员和安全管理人员的必备工具用书。安全技术标准、规范的颁布实施，使安全管理工作从定性管理转变为定量管理。人们对安全技术的重要性有了更进一步的认识，不但促进了施工现场整体防护水平的提高，也促进了安全技术的进步。

1991 年，建设部发出通知，在全国四级以上施工企业所属的施工地开展安全达标活动。这是新中国成立以来第一次全面、系统地组织开展施工全过程的安全管理工作。为促进安全达标活动的开展，自 1991 年起，建设部每两年组织一次全国建筑施工安全大检查。1991 年，建设部以第 13 号令颁发了《建筑安全生产管理规定》，要求地区和县以上城市成立建筑安全监督机构。到 2002 年，全国已有 24 个省、直辖市成立了建筑安全监督总站，24 个省会城市和省以下地市县成立了 1 300 多个建筑安全监督管理站，共 8 000 多人，形成了“纵向到底，横向到边”的安全监督管理网络。通过履行监督管理职责，不断扩大监督的覆盖面，使辖区的伤亡事故得以有效的控制。由于加大了监督管理力度，施工现场有专人负责，安全形势好转。在行业安全监督机构的督促和指导下，绝大部分施工企业也建立了以企业法人为第一责任人、分级负责的安全生产责任制，建立健全了企业的安全专管机构，按职工总数的 3% ~7% 配备了专管人员，基本做到了每个施工现场都有专职安全员，每个班组都有兼职安全员，形成了自上而下、干群结合的安全管理网络。

科技进步使建筑安全管理工作逐步迈入信息化管理阶段。自 1997 年开始，建设部开发了事故报告软件，2003 年，建设部又组织开发了建设系统质量安全事故信息报告系统，目前，已通过远程数据通信方式与全国 30 个省、自治区和直辖市联通，建立了建设部、省、市三级计算机报送系统。每个地区发生了伤亡事故，只要利用计算机、通过网络就可以把事故发生的情况、事故后期处理的情况报送过来，改变了传统的人工填表统计的方式，减少了统计人员劳动强度，提高了工作效率，解决了由于报告不及时影响统计数据质量的问题。

2003 年 11 月 24 日温家宝总理签发了 393 号国务院令，正式公布从 2004 年 2 月 1 日起实施《建设工程安全生产管理条例》(简称《条例》)，这是我国真正意义上的第一部针对建设工程安全生产的法规，其中第四条明确规定：“建设单位、勘察单位、设计单位、施工单位、工程管理单位及其他与建设工程安全生产有关的单位，必须遵守安全生产法律、法规的规定，保证建设工程安全生产，依法承担建设工程安全生产责任。”《条例》的第二章至第四章分别规定了建设单位、勘察设计单位、施工单位、工程监理及其他单位的安全责任。以法律形式赋予了监理单位安全生产的监理职责。

《条例》的颁布实施，对建筑业的安全生产促进作用是巨大的，它使建筑业安全生产做到了有法可依，对建设安全管理人员有了明确的指导和规范。

20 世纪 90 年代末至 21 世纪初，由于我国社会主义市场经济体系的确立、形成和发展，国民经济一直呈现高速发展的势头。圈地热、投资热、房地产开发热席卷全国，有人形象地把整个中国比做一个大工地。日新月异的城乡变化，使建筑业成为我国经济高速发展的显著标志。

我国建筑业从业人数由 90 年代初的 2 500 万人，到 2012 年已达约 3 800 万人，其中农民工约 2 700 万人，完成的建筑业产值突破 13.53 万亿元。实践证明，改革开放以后，大量农民工涌入城市建筑队伍，带来了建设高潮，但是安全管理跟不上去，导致了一个新的事故高发期。据统计，2000 年建筑业发生事故 846 起，死亡 987 人；2001 年发生事故 1 004 起，死亡 1 045 人；2002 年发生事故 1 208 起，死亡 1 292 人；2003 年发生事故 1 278 起，死亡 1 512 人。伤亡事故又呈明显上升趋势。

总结建筑业各个时期的发展，可以看出，凡是社会政治稳定，安全规章制度健全，有机构、有人员，深入开展安全生产管理工作的历史阶段，伤亡事故就会下降，安全生产工作就会得到好转；反之，就会出现伤亡事故上升的严峻局面。

要做好安全生产工作，减少事故的发生，就必须做到：坚持“安全第一，预防为主，综合治理”的方针，树立“以人为本”的思想，不断提高安全生产素质；加强安全生产法制建设，有法可依，执法必严，违法必究，落实安全生产责任制；加大安全生产投入，依靠科技进步，标本兼治，全面改善安全生产基础设施和提高管理水平，提高本职安全度；建立、完善安全生产管理体制，强化执法监察力度；突出重点，专项整治，遏制重特大事故。

（二）建设工程安全生产的发展趋势

最近几年，虽然我国建设工程安全生产取得了长足的进步，但我国正处于经济的转型期，受生产力发展水平和从业人员素质等因素的制约和影响，建设工程安全生产基础还比较薄弱，安全生产监督管理水平不高，政府监管范围有局限性，企业安全投入不足，管理及作业人员安全意识和安全观念淡薄，施工伤亡事故频繁发生，造成了重大人员伤亡和财产损失。从建设工程安全生产的长期性、艰巨性、复杂性和紧迫性来看，安全生产的发展有下列几种趋势：

（1）法律法规和标准规范将进一步健全和完善。

《中华人民共和国安全生产法》、《中华人民共和国行政许可法》、《建设工程安全生产管理条例》、《安全生产许可证条例》等相继颁布实施，《建筑法》已经修订完毕，安全生产法制环境进一步得到改善。当前，各项法律法规和标准规范的进一步健全和完善，各项配套的技术标准和规范的近一步发展，必将促进建设工程安全生产状况的大幅度改善。

（2）新的适应市场经济体制的管理模式将逐渐形成。

改革开放前，我国已初步形成了一套适合于计划经济的安全生产管理办法；改革开放建立社会主义市场经济后，情况发生了很大变化，原有的适合于计划经济的以行政手段为主的安全生产管理办法已不再适用，在市场经济约束机制还没有完善前，企业往往首先考虑单纯的效益、发展问题，市场各方责任主体的责任不明确、不落实，其中也包括政府的社会、经济监督管理职能。为了追求经济利益的最大化，企业往往会千方百计地降低生产成本，减少安全生产方面的投入，甚至冒着伤亡事故和职业危害的风险强行生产。政府职能转变及安全监督管理体制的改革中，虽然有新的管理机构，但是也很难在短期内实施对各类企业的安全生产监督管理，单纯依靠行政管理方法，已不能适应市场经济发展的需要。因此，在市场经济条件下，必须运用法律、经济、行政等多种手段进行社会管理，特别需要建立来自社会的、公开的群众监督，强调自下而上的监督，加强工会的力量和公众舆论，加强对安全生产的管理和监督，树立"以人为本"社会经济全面、协调可持续的科学发展观，形成新的安全生产约束机制。建筑安全生产监督管理范围将突破当前现状，由以城市为主扩大到村镇和一切经济发展建筑活动活跃地区，进而覆盖一切地区的建设工程活动的监督管理，创建新的安全生产监督管理模式。

(3)经济高速发展与安全生产基础薄弱的矛盾突出。

我国安全生产基础工作薄弱，远滞后于经济增长速度，是造成我国安全生产形势严峻和特大事故不断发生的主要原因之一。今后一段时间，国家基本建设、技术改造、房地产等固定资产投资规模将保持在一个较高的水平。全国城镇化进程不断加快，西部大开发，东北老工业基地改造和公用事业管理体制改革都将极大地促进建筑业的发展。据世界银行估计，中国在今后10年，基础设施建设所需资金将高达2 700亿美元以上。到2010年，全国公路总里程达到200万km，其中高速公路3.5万多km。根据我国政府经济与社会发展远景规划，城市化进程将进一步加快。21世纪的前20年，每年需新建住房4.86亿~5.49亿m^2，而国家的重要省、市在未来5~10年中对城市建设的投资规模将达40 000亿。随着国家重点建设项目规模越来越大、技术越来越复杂，对建筑业的技术水平和管理能力提出了更高的要求。与此同时，安全问题将会进一步凸现，并且建设工程的重点在地域和事故类型上可能会发生一定的变化，安全生产又将面临新的问题。

(4)日趋严峻的国内外竞争挑战促使建筑业竞争加剧，企业淘汰加速。

未来一段时间将是建筑业整体的大发展时期，但是建筑业企业必须面对激烈的国际竞争、面对建筑业市场结构的巨大变动，包括低水平竞争和过度竞争的问题。但是过度竞争问题的解决，将主要通过更为残酷和激烈的市场竞争优胜劣汰，最终实现从过度竞争向有效竞争的转变，实现整个建筑业行业素质的提高。因此，激烈的竞争一方面将促使企业压缩成本，从以往的经验来看，安全费用常常被大幅度削减，但是新制定的法律法规要求安全费用单列，将会缓解这一现象；另一方面建筑企业有可能为了加强竞争力而提高企业的安全表现。可以预见，在良好的建筑业市场中竞争，安全生产水平将得到重视和提高。

(5)社会发展要求安全生产水平不断提高。

随着社会的发展，经济水平和人民生活水平的进一步提高，社会对安全的重视程度增加，对安全生产的要求将越来越高。因此，一方面，大力加强建设工程的安全生产监督管理，将是我国政府将来很长一段时间的重点工作；另一方面，随着工人安全意识的增加，作为代表和维护工人合法权益的工会组织的作用将进一步得到增强，社会监督的力度将加大，建筑施工企业也将更加重视工人的安全，工人的工作环境将得到全面的、持续的改善。

从社会经济发展形势看，在相当长的发展阶段，建设规模将持续扩大和增加，发生建筑伤亡事故的范围及建筑安全生产工作的难度也将随之加大。但是，由于社会的发展，安全生产监督管理机制的建立和逐步完善，安全生产管理水平的提高，建筑伤亡事故起数和人员伤亡数的总量有可能增加，但各类伤亡事故起数和人数与工程总量之比例将逐步减小，事故和伤亡人数大起大落的现象将不可能出现。

☆重点提示

《建设工程安全生产管理条例》中规定：依法承担建设工程安全生产责任的单位有建设单位、勘察单位、设计单位、施工单位、工程管理单位及其他与建设工程安全生产有关的单位。

第二节　监理工程师在安全生产管理中的主要作用

一、建设工程安全生产监理的主要内容

监理单位的服务范围以前是“三控制二管理一协调”，现在加上安全监理，变成了“四控制”，监理的业务范围扩大，这是监理行业逐步与国际惯例接轨的决策，也是适合中国建筑市场整体发展所需要的。工程监理单位和监理工程师应根据建筑单位的委托，对所监理的建筑工程中施工单位的施工组织设计和专项施工方案进行审查，对所监理的与永久性工程实体有关的施工安全管理措施进行检查。安全监理作为建设工程监理的重要组成部分，应划分为施工招标投标、施工准备、施工实施、竣工验收四个阶段的安全监理，也可以把施工招标投标和施工准备合并为施工准备阶段，安全监理就分为施工准备、施工实施和竣工验收三个阶段的安全监理。

(一)施工准备阶段安全监理的主要工作内容

(1)施工招标投标阶段审查总包单位、专业分包单位和劳务分包单位的资质及安全生产许可证是否合法有效；督促施工承包单位建立、健全现场安全保证体系；督促施工总承包单位对分包单位的安全生产实行统一管理，检查分包单位的安全生产制度和安全管理措施。协助建设单位办理建设工程安全报监备案手续，协助建设单位与施工单位签订建设工程项目安全生产协议，协助建设单位成立安全委员会。

(2)根据《建设工程安全生产管理条例》的规定，按照工程建设强制性标准、《建设工程监理规范》(GB 50319—2013)和相关行业监理规范的要求，总监理工程师主持编制包括安全监理内容的项目监理规划或安全监理方案，并签署意见，报监理单位技术负责人审批后实施。项目监理规划或安全监理方案应明确安全监理的范围、工作内容、程序和制度措施以及人员配备计划和职责等，并具有针对性和指导性。具体包括如下内容：

①安全监理工作依据。

②安全监理工作目标。

③安全监理范围和内容。

④安全监理岗位设置、人员分工和职责。

⑤安全监理工作制度及措施。

⑥安全监理工作程序。

⑦拟编制的专项安全监理实施细则一览表。

(3)对中型及以上项目和《建设工程安全生产管理条例》第二十六条规定的危险性较大的分部分项工程，安全监理人员应当编制安全监理实施细则，报总监理工程师审批后实施。

危险性较大的分部分项工程是指：

①基坑支护与降水工程。基坑支护工程是指开挖深度超过5 m(含5 m)的基坑(槽)并采用支护结构施工的工程；或基坑虽未超过5 m，但地质条件和周围环境复杂、地下水位在坑底以上等工程。

②土方开挖工程。土方开挖工程是指开挖深度超过5 m(含5 m)的基坑、槽的土方开挖。

③模板工程。水平现浇混凝土构件模板支撑系统高度超过4.5 m，跨度超过18 m，施工总荷载大于10 kN/m，集中线荷载大于15 kN/m的高大模板支撑系统包括滑模、爬模、大模板等，水平混凝土构件模板支撑系统及特殊结构模板工程。

④起重吊装工程。

⑤脚手架工程。包括：高度超过24 m的落地式钢管脚手架；整体提升与分片式提升附着式升降脚手架；悬挑式脚手架；门型脚手架；挂脚手架；吊篮脚手架；卸料平台。

⑥拆除、爆破工程。采用人工、机械拆除或爆破拆除的工程。

⑦其他危险性较大的工程。包括：建筑幕墙的安装施工；预应力结构张拉施工；隧道工程施工；桥梁工程施工(含架桥)；特种设备施工；网架和索膜结构施工；6 m以上的边坡施工；大江、大河的导流、截流施工；港口工程、航道工程；采用新技术、新工艺、新材料，可能影响建设工程质量安全，已经行政许可，尚无技术标准的施工。

(4)按照《建设工程安全生产管理条例》的规定，总监理工程师应当组织安全监理人员审查施工组织设计中的安全技术措施或者专项施工方案是否符合工程建设强制性标准。审查的主要内容应当包括：

①施工单位编制的地下管线保护措施。

②基坑支护与降水、土方开挖与边坡防护、模板、起重吊装、脚手架、拆除、爆破等分部分项工程安全专项施工方案。

对于施工安全风险较大的工程，监理企业还要遵照《建设工程安全生产管理条例》第二十六条、建设部《危险性较大工程安全专项施工方案编制及专家论证审查办法》的规定，根据专家组论证审查的意见完善安全监理实施细则，督促施工单位按照专家组论证的安全专项施工方案组织施工，并予以审查签认。

③施工现场临时用电施工组织设计和电气防火措施。

④冬季、雨季等季节性施工方案。

⑤施工总平面布置图，办公室、宿舍、食堂、道路、排水等临时设施及防火措施。

工程监理单位在实施监理过程中，发现存在安全事故隐患的，应当要求施工单位整改；情况严重的，应当要求施工单位暂时停止施工，并及时报告建设单位。施工单位拒不整改或者不停止施工的，工程监理单位应当及时向有关主管部门报告。工程监理单位和监理工程师应当按照法律、法规和工程建设强制性标准实施监理，并对建设工程安全生产承担监理责任。

(5)总监理工程师应组织安全监理人员检查施工单位在工程项目上的安全责任制、安全生产规章制度和安全管理保证体系(即施工单位安全监管机构的建立、健全及专职安全生产管理人员配备情况），督促施工单位检查各分包单位的安全生产规章制度的建立情况。

安全生产的各项规章制度包括：①安全生产资金保障制度；②安全生产教育培训制度；③安全检查制度；④安全生产事故报告处理制度；⑤施工组织设计和专项安全技术方案编制审批制度；⑥安全技术交底制度；⑦施工机械设备安全管理制度；⑧特种设备登记检验检测准用制度；⑨从业人员安全教育持证上岗制度；⑩安全生产例会制度；⑪安全生产奖惩制度；⑫安全生产目标责任考核制度；⑬职业危害防治措施制度；⑭重大危险源登记公示制度；⑮应急救援预案制度等。

（6）总监理工程师应组织安全监理人员审查项目经理和专职安全生产管理人员等“五类”人员的安全生产培训考核情况。

（7）总监理工程师应组织安全监理人员审核电工、焊工、架子工、起重工、塔吊司机及指挥人员、爆破工等特种工操作资格证。

（8）总监理工程师应组织安全监理人员审核施工单位的应急救援预案、安全防护措施费用使用计划和施工人员意外伤害保险办理情况。

（9）总监理工程师应组织安全监理人员检查施工现场的实体安全施工前提条件。如施工围墙，场地道路硬化，材料、工具、机械设备的检验证明和安全状态。

（10）总监理工程师应组织安全监理人员审查施工单位的自检系统。虽然安全监理是对施工的全过程进行安全的监督和管理，但作为安全监理人员，不可能对每一个工程的每一部分进行全面的监控，只能进行部分抽检。因此，工程开工前应尽早督促施工单位进行安全教育，成立施工单位的安全自检系统，要求施工中的每一道工序必须由施工单位按安全监理规定的程序提供自检报告和报表。施工单位的自检人员对保证安全施工起着重要的作用，因此要施工单位的自检人员有良好的、全面的安全知识和职业道德。安全监理人员必须在工程实施过程中随时对施工单位自检人员的工作进行抽检，掌握安全情况，检查自检人员的工作质量。

（11）施工单位的安全设施和设备在进入现场前（如吊篮、漏电开关、安全网等）的检验。安全监理人员应详细了解承包单位的安全设施供应情况，避免不符合要求的安全设施进入施工现场，造成工伤事故。

（二）施工实施阶段安全监理的主要工作内容

《建设工程监理规范》（GB 50319—2013）（该规范是2013年5月13日，由住房和城乡建设部及国家质量技术监督总局联合发布的，2014年3月实施）中规定，监理单位履行施工阶段的委托监理合同时，必须在施工现场建立项目监理机构。项目监理机构在完成委托监理合同约定的监理工作后可撤离施工现场。监理人员应包括总监理工程师、专业监理工程师和监理员，必要时可配备总监理工程师代表。总监理工程师应由具有三年以上同类工程监理工作经验的人员担任；总监理工程师代表应由具有二年以上同类工程监理工作经验的人员担任；专业监理工程师应由具有一年以上同类工程监理工作经验的人员担任。项目监理机构的监理人员应专业配套、数量满足工程项目监理工作的需要。在施工阶段，安全监理的主要内容有：

（1）安全监理人员监督施工单位落实施工组织设计中的安全技术措施和危险性较大的分部分项工程安全专项施工方案，及时制止违规施工。

（2）安全监理人员定期巡视检查脚手架、洞口、临边、施工用电等危险性较大的工程作业安全生产情况。监督施工单位、项目部定期或不定期组织管理人员与作业人员学习和落实国家及行业现行的安全生产法规、JGJ 59—99 等施工安全技术规范、规程、标准，落实“三级教育”。监督施工单位和项目部落实安全技术制度，组织施工单位召开安全工作专题会议，指出安全隐患，落实整改措施。

(3)安全监理人员应用危险控制技术，对关键部位、关键工序和易发生事故的重点分项分部工程实施旁站监理。

危险控制技术分宏观控制技术和微观控制技术两大类：

①宏观控制技术是以整个工程项目为对象，对危险进行控制。采用的技术手段有：法制手段（政策、法令、规章）、经济手段（奖、惩、罚）、教育手段（入场安全教育、特种工教育培训），安全监理则以法制和教育手段为主。

②微观控制技术是以具体的危险源为控制对象，以系统工程为原理，对危险源进行控制。采用的技术手段有工程技术措施、工程管理措施，安全监理则以工程管理措施为主。

(4)安全监理人员检查施工现场起重机械、整体提升脚手架、模板等自升式设备和安全设施的验收或检验检测手续。

(5)安全监理人员检查施工现场安全标志和安全防护措施是否符合强制性标准要求，督促检查安全生产费用的使用。

(6)安全监理人员督促施工单位使用合格的安全防护用品。对“三宝”用品、漏电保护器、标准配电箱、脚手架连接件等进行报审工作。

(7)安全监理人员督促施工单位进行安全生产自查（班组检查、项目部检查、公司检查）工作，抽查施工单位自查情况，参加建设单位组织的安全生产专项检查，落实整改工作。

(8)安全监理人员对工程参与各方履行安全职责行为的检查。对建设、施工、勘察、设计、机械设备安装等工程参与各方履行安全责任行为进行监督检查，对违反有关条文规定或拒不履行其相应安全职责而可能严重影响施工安全的行为，通报政府和有关建设工程安全监督部门。

(9)发生重大安全事故或突发性事件时，总监理工程师立即下达暂时停工令，督促施工单位立即向政府和有关建设工程安全监督部门报告，配合有关部门和单位做好应急救援和现场保护工作。

(三)竣工验收阶段安全监理的主要工作内容

1.总监理工程师应指定专人负责安全监理资料的管理工作

将有关安全生产的技术文件、验收记录、监理大纲、监理规划、监理实施细则、监理月报、监理会议纪要及相关书面通知、工作联系单位等按规定立卷归档。

安全监理资料主要包括以下内容。

1)管理性文件

(1)监理大纲、安全监理的程序文件及监理规划、目标、实施细则、体系、安全监理网络、安全监理机构等。

(2)建设单位与施工单位的安全管理合同及与监理单位的监理合同。

(3)项目部的施工现场安全生产管理文件、管理体系、安全机构的建立文书。

(4)施工单位的安全生产管理机构、网络、体系和安全生产、文明施工、环境健康管理制度。

2）审批资料

（1）总包单位、专业分包和劳务分包等施工单位资质和安全生产许可证等资料。

（2）进场起重机械、整体提升脚手架、模板等自升式设备设施报验资料。

（3）项目经理和专职安全生产管理人员等“五类” 人员报验资料。

（4）进场安全防护用品、材料等采购的报验资料。

（5）施工单位对施工危险源及控制措施的分析和预评价。

（6）开工报告及记录。

3）审核文件

（1）施工组织设计和施工现场临时用电施工组织设计等。

（2）作业指导书或施工方案。

（3）重大项目或危险作业项目的专项安全施工措施或方案。

（4）应急救援预案。

4）施工现场监控资料

（1）安全生产、文明施工、环境健康检查总结。

（2）隐患整改通知单。

（3）隐患整改反馈单。

（4）重大、危险作业项目旁站记录。

（5）安全监理日志。

（6）安全生产、文明施工协调记录。

（7）应急救援预案演练。

5）安全教育培训资料

（1）建设单位对施工单位的进场总安全交底。

（2）项目监理部内部进场人员安全教育、安全技术培训记录。

（3）项目监理部和监理公司在本项目的安全活动、考核记录。

（4）由建设单位或监理公司等组织的较大安全教育培训活动记录。

6）会议纪要

（1）安全例会记录及纪要。

（2）专题安全会议纪要。

（3）每月安全综合评价会议纪要。

7）安全月报及事故处理资料

（1）月事故报表。

（2）事故处理记录。

2. 其他

督促施工单位制定安全保卫、防火制度等，防止建筑产品及设备损害。

☆重点提示

主持编制包括安全监理内容的项目监理规划或安全监理方案并签署意见的是总监理工程师。安全监理内容的项目监理规划或安全监理方案由监理单位技术负责人审批。

监理人员应包括总监理工程师、专业监理工程师和监理员，必要时可配备总监理工程师代表。

二、建设工程安全监理的工作程序

(1)监理单位按照《建设工程监理规范》和相关行业监理规范要求,编制含有安全监理内容的项目监理大纲、项目监理规划、安全监理实施细则等。

(2)在施工准备阶段,监理单位审查验核签署施工单位提交的技术文件及资料,并由项目总监理工程师在有关技术文件报审表上签署意见;审查未通过的,安全技术措施及专项施工方案不得实施。

(3)在施工阶段,监理单位应对施工现场安全生产情况进行巡视检查,对发现的各类安全事故隐患,应书面通知施工单位,并督促其立即整改;情况严重的,监理单位应及时下达工程暂停令,要求施工单位停工整改,并同时报告建设单位。安全事故隐患消除后,监理单位应检查整改结果,签署复查或复工意见。施工单位拒不整改或不停工整改的,监理单位应当及时向工程所在地建设主管部门或工程项目的行业主管部门报告,以电话形式报告的,应当有通话记录,并及时补充书面报告。检查、整改、复查、报告等情况应记载在监理日志、监理月报中。监理单位应核查施工单位提交的施工起重机械、整体提升脚手架、模板等自升式架设设施和安全设施等验收记录,并由安全监理人员签收备案。

(4)工程竣工后,监理单位应将有关安全生产的技术文件、验收记录、监理规划、监理实施细则、监理月报、监理会议纪要及相关书面通知等按规定立卷归档。

三、建设工程安全生产的监理责任

(1)监理单位应对施工组织设计中的安全技术措施或专项施工方案进行审查,未进行审查的,应责令监理单位限期改正;逾期未改正的,责令停业整顿,并处10万元以上30万元以下的罚款;情节严重的,降低资质等级,直至吊销资质证书;造成重大安全事故,构成犯罪的,对直接责任人员,依照刑法有关规定追究刑事责任;造成损失的,依法承担赔偿责任;施工组织设计中的安全技术措施或专项施工方案未经监理单位审查签字认可,施工单位擅自施工的,监理单位应及时下达工程暂停令,并将情况及时书面报告建设单位。监理单位未及时下达工程暂停令并报告的,应责令监理单位限期改正;逾期未改正的,责令停业整顿,并处10万元以上30万元以下的罚款;情节严重的,降低资质等级,直至吊销资质证书;造成重大安全事故,构成犯罪的,对直接责任人员,依照刑法有关规定追究刑事责任;造成损失的,依法承担赔偿责任。

(2)监理单位在监理巡视检查过程中,发现存在安全事故隐患的,应按照有关规定及时下达书面指令,要求施工单位进行整改或停止施工。监理单位发现安全事故隐患没有及时下达书面指令要求施工单位进行整改或停止施工的,应责令监理单位限期改正;逾期未改正的,责令停业整顿,并处10万元以上30万元以下的罚款;情节严重的,降低资质等级,直至吊销资质证书;造成重大安全事故,构成犯罪的,对直接责任人员,依照刑法有关规定追究刑事责任;造成损失的,依法承担赔偿责任。

(3)施工单位拒绝按照监理单位的要求进行整改或者停止施工的,监理单位应及时将情况向当地建设主管部门或工程项目的行业主管部门报告。监理单位没有及时报告,应责令监理单位限期改正;逾期未改正的,责令停业整顿,并处10万元以上30万元以下的罚款;情节严重的,降低资质等级,直至吊销资质证书;造成重大安全事故,构成犯罪的,对直接责任任人员,依照刑法有关规定追究刑事责任;造成损失的,依法承担赔偿责任。

(4)监理单位未依照法律、法规和工程建设强制性标准实施监理的,应责令监理单位限期改正;逾期未改正的,责令停业整顿,并处10万元以上30万元以下的罚款;情节严重的,降低资质等级,直至吊销资质证书;造成重大安全事故,构成犯罪的,对直接责任人员,依照刑法有关规定追究刑事责任;造成损失的,依法承担赔偿责任。

(5)监理单位有下列行为之一的,应负相应监理责任或连带责任:

①未对安全技术措施或专项施工方案进行审查签字;未对施工企业的安全生产许可证和项目经理、技术负责人等资格进行审查;施工组织设计中的安全技术措施或者专项施工方案未经监理单位审查签字认可,施工单位擅自施工的,监理单位未及时下达工程暂停令,并未将情况及时书面报告建设单位的。

②在巡视检查和旁站监理中,发现安全隐患未及时要求施工企业整改或暂停施工。

③施工企业对安全隐患拒不整改或不停止施工时,未及时向有关管理部门报告。

④未依照法律法规和工程建设强制性标准实施监理。

⑤违章指挥或发出错误指令,导致发生生产事故。

⑥将不合格的建设工程、建筑材料、建筑构配件和设备按照合格签字,造成工程质量事故,引发生产事故。

⑦与建设单位或施工单位串通,弄虚作假、降低工程质量,造成工程质量事故,引发生产事故。

监理单位履行了规定的职责,施工单位未执行监理指令继续施工或发生安全事故的,应依法追究监理单位以外的其他相关单位和人员的法律责任。

(6)工程监理单位应当审查施工组织设计中的安全技术措施或者专项施工方案是否符合工程建设强制性标准。工程监理单位在实施监理过程中,发现存在安全事故隐患的,应当要求施工单位整改;情况严重的,应当要求施工单位暂时停止施工,并及时报告建设单位。施工单位拒不整改或者不停止施工的,工程监理单位应当及时向有关主管部门报告。工程监理单位和监理工程师应当按照法律、法规和工程建设强制性标准实施监理,并对建设工程安全生产承担监理责任。

☆**重点提示**

建设工程安全生产的监理责任及连带责任有哪些?

四、相关责任人落实安全生产监理责任的主要工作

(一)健全监理单位安全监理责任制度和运行机制

监理单位的法定代表人应对本企业承担监理的建设工程项目的安全监理工作全面负责;项目总监理工程师对工程项目的安全监理工作负总责,应根据工程项目的特点,明确监理人员的安全监理职责,明确监理方案、安全监理内容、工作程序、工作措施;项目其他监理人员在总监理工程师的领导下,按照职责分工,对各自承担的安全监理任务负责。

(二)完善监理单位安全生产管理制度

在健全审查核验制度、检查验收制度和督促整改制度基础上,完善工地例会制度及资料归档制度。定期召开工地例会,针对薄弱环节,提出整改意见,并督促落实;指定专人负责监理内业资料的整理、分类及立卷归档。

(三)建立监理人员安全生产教育培训制度

监理单位的法定代表人对本企业人员技术培训、持证上岗负责等工作全面负责。监理单位的总监理工程师和安全监理人员需经安全生产教育培训后方可上岗,其教育培训情况记入个人继续教育档案。项目总监理工程师对工程项目的监理人员负责督促检查落实技术培训、持证上岗。项目其他监理人员负责执行持证上岗制度。

(四)落实监理人员安全监理过错责任追究制度

监理单位的法定代表人负责监理合同的审定,监理过错责任追究制度的审定和对监理人员监理过错责任的追究;项目总监理工程师对工程项目的监理人员履行监理职责进行检查与上报;项目其他监理人员负有履行监理职责的义务。

各级建设主管部门和有关主管部门应当加强建设工程安全生产管理工作的监督检查,督促监理单位落实安全生产监理责任,对监理单位实施安全监理给予支持和指导,共同督促施工单位加强安全生产管理,防止安全事故的发生。

☆重点提示

落实安全生产监理责任的主要工作包括:1. 健全监理单位安全监理责任制度和运行机制;2. 完善监理单位安全生产管理制度;3. 建立监理人员安全生产教育培训制度;4. 落实监理人员安全监理过错责任追究制度。

第三节　施工现场安全事故应急预案

一、施工现场常见安全事故类别、成因及预防手段

改革开放以来,我国建筑业快速发展,已成为国民经济重要的物质生产部门和支柱产业。建筑施工企业的生产过程具有流动性大、劳动力密集、多工种交叉流水作业等特点,这些特点隐含着诸多的危险源,是安全事故发生的诱因。

(一)高空坠落事故成因及预防

1. 成因

(1)从人的方面来看,主要有施工人员患有不适合高处作业的疾病,如高血压、心脏病、贫血等;施工人员不注意自我保护,坐在防护栏上休息,在脚手架上睡觉。

(2)从气候原因来看,主要有气候多变造成的事故,如突遇大风、暴雨,施工人员夏季高温中暑晕倒坠落,冬季、雨季、霜冻打滑摔倒坠落。

(3)从施工机具的原因来看,主要有安全防护用品和材料质量不好,不符合安装和使用要求,或不按规定安装和使用;提升机具限位保险装置失灵或“带病”工作;洞口、临边防护措施不到位;井架吊篮载人上下;人货升降机超载运行。

2. 预防

(1)从人的方面来预防,主要有高处作业的人员上岗前必须进行体检,并定期检查;新工人进入厂区工作前必须认真学习、掌握本工种安全技术操作规程,并经安全知识教育和培训及考核合格后方准进入施工现场操作;特殊工种人员、机械操作工未经专门安全培训,无有效安全上岗操作证的不盲目操作;对施工人员加强自我保护教育,使之自觉遵守施工规范。

(2)从气候方面来预防，主要有遇有6级以上强风、浓雾时，不得进行高处作业；雨天和雪天必须采取可靠的防滑、防寒和防冻措施；凡水、冰、霜、雪，应及时清除。

(3)从施工机具方面来预防，主要有危险地段或坑井边、陡坎处增设警示、警灯、维护栏杆，夜间增加施工照明亮度；购进符合规范的"三宝"、围护杆、栅栏、架杆、扣件、梯材等，并按规定安装和使用；洞口、临边、交叉作业、攀登作业、悬空作业，必须按规范使用安全帽、安全网、安全带，并严格加强防护措施；提升机具要经常维修保养、检查，禁止超载和违章作业；钢架板载使用前应检查有无断裂或缺小拼板；竹木跳板使用前要检查有无腐烂、断裂，不得用5 cm×10 cm模骨当架板使用。

(二)触电事故成因及预防

1. 成因

(1)从人的方面来看，主要有电工不按规定穿戴劳动保护用品；非电工拆、接电气线路、插头、插座、电气设备、电灯等。

(2)从施工机具来看，主要是建筑物或脚手架与户外高压线距离太近，不设置防护网；电气设备、电气材料不符合规范要求，绝缘受到磨损破坏；机电设备的电气开关无防雨、防潮设施；施工现场电线架设不当、拖地、与金属物接触、高度不够；电箱不装门、锁，电箱门出线混乱，随意加保险丝，并一闸控制多机；电动机械设备不按规定接地接零；手持电动工具无漏电保护装置；不按规定高度搭建设备和安装防雷装置。

2. 预防

(1)从人的方面来预防，主要有禁止非电工拆、接电气线路、插头、插座、电气设备、电灯等；加强劳动保护用品的使用管理和用电知识的宣传教育。

(2)从施工机具来预防，主要有建筑物或脚手架与户外高压线距离太近的，应按规范增设保护网；在潮湿、粉尘或有爆炸危险气体的施工现场要分别使用密闭式和防爆型电气设备；经常开展电气安全检查工作，对电线老化或绝缘降低的机电设备进行更换和维修；电箱门要装锁，保持内部线路整齐，按规定配置保险丝，严格一机一箱一闸一漏配置；根据不同的施工环境正确选择和使用安全电压；电动机械设备按规定接地接零。

(三)物体打击事故成因及预防

1. 成因

(1)从人的方面来看，主要有从高处往下抛掷建筑材料、杂物、垃圾或向上递工具、小材料；交叉作业劳动组织不合理。

(2)从施工现场来看，主要有拆除工程未设置警示，周围未设置护栏和搭防护隔离棚；缆风绳、地锚埋设不牢或缆风绳不符合规范要求；起重吊装未按"十不吊"规定执行；脚手架上材料堆放不稳、过多、过高。

2. 预防

从人的方面来看，主要有改正不良作业习惯，严禁往下或向上抛掷建筑材料、杂物、垃圾和工具；严格按照吊装技术操作规程作业。从施工现场来看，主要有高处作业时，所有物料应堆放平稳，不可放置在临边或洞口附近，并不可妨碍通行；高处拆除作业时，对拆卸下的物料、垃圾都要加以清理，及时运走，不得在走道上任意乱置或向下丢弃，保持作业走道畅通；各施工作业场所内，凡有坠落可能的任何物料，都应先行撤除或加以固定；拆卸作业要在设有禁区、有人监护的条件下进行；拆除工程应有施工方案，并按要求搭设防护隔离棚和护栏，设置警示标志和搭设围网;安全防护用品要保证质量,及时调换、更新;经常检查地锚埋设的牢固程度和缆风绳的使用情况。

(四)机械伤害事故成因及预防

1. 成因

(1)从人的方面来看,主要不懂电器和机械的人员使用及摆弄设备;机电设备运行时,操作人员将头、手、身伸入运转的机械行程范围内。

(2)从施工机具来看,主要有机械设备超负荷运作或带病工作;传动带、砂轮、电锯以及接近地面的联轴节、皮带轮和飞轮等,未设安全防护装置;机械工作时,将头、手伸入机械行程范围内;平刨无护手安全装置,电锯无防护挡板,手持电动工无断电保安器;起重设备未设置卷扬限制器、起重量控制、联锁开关等安全装置。

2. 预防

(1)从人的方面来看,主要有不懂电器和机械的人员严禁使用和摆弄设备;机电设备应做到定人操作,定人保养、检查;机电设备运行时,操作人员不得将头、手、身伸入运转的机械行程范围内。

(2)从施工机具来看,主要机电设备应完好,要有可靠有效的安全防护装置;机电设备停电、停工休息时必须拉闸关机,按要求上锁;机电设备做到定机管理、定期保养;机电设备应做到定岗位和岗位职责;机电设备不准超负荷运转;机电设备不准在运转时维修保养;机械设备要安装固定牢靠;增设机械安全防护装置和断电保护装置;机电设备要经常进行安全检查和调试,消除机械设备的不安全因素。

(五)坍塌事故成因及预防

1. 成因

(1)从人的方面来看,主要有施工人员缺乏安全意识和自我保护能力,冒险蛮干;工人的安全意识不强,缺乏自我保护能力,思想麻痹大意;挖土作业时,有人员在挖土机施工半径内作业。

(2)从施工现场来看,主要有基坑施工未设置有效的排水措施;在基坑(槽)、边坡和基础桩孔边不按规定随意堆放建筑材料;模板支撑系统失稳,搭建不牢;拆除作业未设置禁区围栏、警示标志等安全措施;施工机械不按规定作业和停放,距基坑(槽)边坡和基础桩孔太近;雨季和冬季解冻期施工缺乏对施工现场的检查与维护。

2. 预防

(1)从人的方面来看,主要有新工人进入厂区工作前必须认真学习、掌握安全技术操作规程,并经安全知识教育和培训及考核合格后方准进入施工现场操作;机械开挖土方时,作业人员不得进入机械作业范围内进行清理和找坡作业。

(2)从施工机具方面来看,主要有基坑开挖前必须做好降(排)水工作,并采取保护措施;基坑(槽)、边坡和基础桩孔边堆置各类建筑材料的,应按规定距离堆置;为保证模板的稳定性,除按照规定加设立柱外,还应沿立柱的纵向及横向加设水平支撑和剪刀撑;拆除作业现场周围应设禁区围栏、警戒标志,派专人监护,禁止非拆除人员进入施工现场,拆除建筑物应该自上而下依次进行,禁止数层同时拆除,禁止掏挖;各类施工机械距基坑(槽)、边坡和基础桩孔的距离,应根据设备重量,基坑(槽)、边坡和基础桩的支护,土质情况确定,并不得小于1.5 m;雨季和冬季解冻期施工时,施工现场要进行全面检查和维护,保证排水畅通和无异常情况后方可施工。

总之，建筑施工企业要严格按照《中华人民共和国安全生产法》第十七条、第九十六条的要求，并按照《建筑施工安全检查标准》(JG 59—99)的规定，加强对企业的安全生产和安全管理工作，全面加强安全培训和教育，提高员工的安全意识、责任心、技术水平和安全素质；严格按照部颁施工技术规范进行施工和作业，加大安全防护设施方面的投入，不得任意简化安全防护措施，杜绝麻痹思想和冒险蛮干，认真做好安全生产交底工作；加强劳动保护用品的使用和管理，对违章作业者要严肃处理。通过严格的安全生产管理，把建筑施工“五大伤害”降到最低点，切实保障施工人员的安全。

☆重点提示

常见安全生产事故的预防措施。

二、编制施工现场安全事故应急预案的流程

我国于 2004 年 2 月 1 日起开始施行的《建设工程安全生产管理条例》中第四十八条规定“施工单位应当制定本单位生产安全事故应急救援预案，建立应急救援组织或者配备应急救援人员，配备必要的应急救援器材、设备，并定期组织演练”，此规定明确了“预案”的制定是施工单位议事日程中必须做的工作；同时，为了提高抗御建筑施工特大安全事故的快速反应能力，最大限度地减少事故损失，保障国家财产和人民生命安全，维护社会稳定，根据《中华人民共和国安全生产法》的要求，各施工企业都应建立安全事故应急救援体系。

根据建设工程的特点，工地现场可能发生的安全事故有：坍塌、物体打击、高空坠落、机械伤害等，应急预案的人力、物资、技术准备主要针对这几类事故。

应急预案应立足于安全事故的救援，立足于工程项目自援自救，立足于工程所在地政府和当地社会资源的救助。

应急救援的编制流程一般为总则、施工单位的危险性分析、应急组织体系及附件等。编制流程如下。

(一)总则

1. 编制目的

编制预案是防止生产安全事故发生时出现混乱，项目部能够及时启动本预案，快速而有序地开展事故救援，预防和减少人员伤亡和财产损失。

2. 编制依据

根据国家《建筑法》、《安全生产法》、《中华人民共和国突发事件应对法》、《建设工程安全生产管理条例》、《生产安全事故应急预案管理办法》，以及省、市级安全生产相关文件要求，编制安全生产综合应急预案。

3. 适用范围

适用于本工地场内发生的坍塌、物体打击、高空坠落、机械伤害等及其他可能的人身伤害。

(二)工程概况

工程项目基本情况简介，包括项目的工程概况(项目占地，出入口，施工区、办公区、生活区布置，施工现场建筑物形状、面积、高度、长度，外脚手架搭设布置等)及施工特点和内容；项目所在的地理位置、地形特点，工地周围的环境(四周有何建筑物、构筑物及距施工现

场的距离，危险物品、人员密集处、河流湖泊等)；气象状况等。

(三)危险源分析

坍塌事故(隧道、地铁等地下工程，基坑作业、人工挖孔桩、模板混凝土浇筑作业)。

倾覆事故(脚手架搭拆、塔吊装拆、起重吊装作业)；物体打击事故；机械伤害；触电事故；高空坠落事故；火灾、爆炸；食物中毒、有毒有害气体中毒、传染疾病；交通事故(铁路营业线施工发生的交通事故，各类车辆发生的道路交通事故)；特种设备(锅炉、压力容器、压力管道、电梯等)发生的燃爆、火灾、泄漏等事故。

(四)应急机构的组成、责任和分工

1. 应急领导小组

成立紧急情况应急领导小组，项目经理任组长，项目副经理任执行组长，安全员、保管员及其他项目部人员为小组成员，各施工班组负责人为配合人员。

2. 责任和分工

组长：项目经理(电话：×××)。负责组织成立事故现场应急指挥小组，在事故发生时应亲临现场指挥应急抢险救援工作；负责组织应急预案的编制、评审和备案；按照国家规定配合上级有关部门做好事故调查处理工作。

副组长：生产副经理(电话：×××)。负责应急预案的启动及实施，配合组长实施预案；按规定购买配置应急救援(消防)设施和器材，设置报警、通信设施；定期组织开展安全检查，及时消除或控制各类事故隐患；制订并实施项目部应急救援培训、演练计划；按照国家规定配合上级有关部门事故调查工作。

安全员职责：在组长的领导下，制定落实项目安全防范措施；发放安全教育卡片、安全帽和其他劳保用品；每项工程必须按公司规定，组织安全教育、安全技术交底以及安全措施的培训等；认真做好安全台账，组织安全生产检查；对工程重点部位要制定书面安全措施；发现重大安全隐患，应立即采取有效补救措施，并及时汇报，将隐患消灭在萌芽状态；做好项目安全防护、文明施工等工作，争创安全文明达标工地；严格履行职责，杜绝事故发生。其他配合人员职责：服从项目部对现场安全的管理，积极配合做好应急救援行动和事故调查处理等工作。

另外，一旦发生紧急事故，应急领导小组应按照职能分工，采取有效措施，防止事故的扩大，应急联系电话应包括应急联动电话：匪警(治安)：110，火警：119，急救：120，附近医院：×××等。

(五)紧急情况的预防及响应措施

发生紧急事故，首先现场无关人员立即撤离事故波及区，发现人向应急小组长及有关人员报告；应急小组长启动现场应急预案，同时按照程序逐级报告，必要时应急小组赴现场协助救援工作，对事故展开调查。

根据本工程的特点及规模，项目部配备应急救援设备，附件中应包括应急物资清单(类型、数量、性能、存放位置、管理责任人及联系方式)。其次，项目部应急经费由项目资金支付，专款专用，并保证常备经费总额不减少。再次，利用工程技术间歇和空余时间，组织班组在工地内进行模拟演练，并组织相关专家指导和评估。

(六)附件

附件中应包括：工程项目现场平面布置图；工程项目现场消防设施配制图；工程项目现

场临时用电平面布置图;工程项目现场安全设施或安全警示配置图;周边地区单位、住宅、重要基础设施分布图;应急演练方案和应急演练记录。

☆**重点提示**

生产安全事故应急预案的编制程序。

案　例

案例1　监理投标文件

××中医院教学综合楼工程建设监理投标书

××中医院教学综合楼工程

建
设
监
理
投
标
书

投标单位：××工程监理有限公司
投标单位地址：(略)
联系人：(略)
联系电话：(略)

目　录

第一部分　投标书

投标书

××中医院：

我单位已认真阅读了××中医院教学综合楼建设监理招标文件，对招标文件中的所有内容已完全了解。现正式提出愿意参加该工程建设监理投标。

如果我单位中标，我们将保证按招标书的要求和投标书的承诺开展监理工作，保证实现该工程的质量、进度、投资目标，服从建设单位的协调领导。

投标单位：××工程监理有限公司（公章）

投标单位法人代表（签字）：

日期：××××年××月××日

投标单位地址：（略）

邮政编码：××××××

电话：××××××××

第二部分　企业资质和资信证明文件

一、公司资质证明文件

1. 企业法人营业执照（略）

2. 甲级资质证书（略）

3. 法定代表人证书（略）

4. ISO9002 质量体系认证证书（略）

二、公司资信证明文件（略）

第三部分　投标综合说明

投标综合说明

一、单位简介及主要业绩

1. 监理资质

甲级，现有职工××人，其中教授级高级工程师××人，高级工程师××人，工程师××人。国家注册监理工程师××人，××省一级总监理工程师××人。人员专业配套，设备齐全。

2. 业绩

近三年来监理的民用工程项目面积在××m^2 以上的××个，其中面积在××万 m^2 以上的××个，国家重点工程××个，省重点工程××个。

3. 获奖情况

国优奖××项；建设部部检优质工程××项；省级优质工程多项。公司于××××年、××××年连续获得××市建委和××省建设厅授予的"建设监理先进企业"称号。在××建设监理中表现突出，获得建设部授予的工程建设"综合开发管理奖"金质奖。

4. ISO9000 贯标认证

我公司经英国摩迪国际认证有限公司严格审核，质量管理体系符合 ISO9002：1994 标准的要求，已通过 ISO9002:1994 质量体系认证。

二、总监理工程师及监理部人员情况

（略）

三、监理大纲简介

1. 监理任务的工作范围

施工阶段的“三控二管一协调”。

2. 监理的工作目标

质量、进度、投资目标达到业主与施工单位签订合同规定的目标，工程质量确保市优。不发生重大安全事故，现场文明管理达到市文明工地的标准。

第四部分　拟在本项目中使用的主要仪器、设备

序号	仪器或设备名称	规格型号	数量	备注
1	移动电话	摩托罗拉 V998	2	
2	经纬仪	DJ_6	1	
3	水平仪	D_{53}	2	
4	回弹仪	ZC3 – A	1	
5	测距仪	ND300	1	
6	综合测量尺		1	
7	兆欧表	ZC25 – 2	1	
8	接地电阻测试仪	ZC – 8	1	
9	照相机	奥林巴斯 μ300	1	
10	摄像机	松下 GS50	1	
11	计算机	TCL 锐翔 7250	1	
12	打印机	佳能 LBP – 1120	1	

第五部分　要求招标单位提供开展正常监理工作所必需的设备和设施

现场办公用房××间（面积约××m^2），市内电话一部，办公桌××套，资料柜××个。

第六部分　监理报价及依据

根据招标文件，本工程总投资暂定为××万元，依据国家物价局、建设部（1992）价费字××号文《关于发布工程建设监理费有关规定的通知》的规定，监理费应按总投资的××%计取，我公司优惠后按总投资的××%收取监理费，监理费为人民币大写：××元（￥××元）。

第七部分　近三年与本工程类似的监理工程一览表(略)

我公司承担本工程监理任务的优势：

(1)具有较强的审核设计文件的经验和能力。

(2)我公司具有监理同类大型重点工程的经验和协调能力。

(3)具有多专业综合监理优势和能力。

(4)对具有“四新”技术的项目,我公司具有较强的监理能力。

(5)具有创优质工程、夺鲁班奖的监理经验和能力。

(6)具有全过程、全方位监理的经验和实力。

(7)能够与业主密切配合、长期合作。

(8)具有良好的职业道德和强烈的责任感。

第八部分　类似监理工程及质量获奖情况的证明材料(略)

第九部分　反映监理单位自身信誉和能力的证明材料(略)

第十部分　反映监理人员资质能力的证明材料

一、项目部人员简介

1. 总监理工程师简介(略)

2. 总监理工程师代表简介(略)

3. 专业监理工程师简介(略)

二、项目部人员资质证明文件(复印件)(略)

1. 监理人员技术职称证书(略)

2. 监理部人员监理工程师职称资质证书(略)

3. 监理人员注册建筑工程师、注册结构工程师证书(略)

4. 监理人员省一级总监理工程师证书(略)

案例 2　监理大纲

× ×中医院教学综合楼工程建设监理投标文件监理大纲

× ×中医院教学综合楼工程建设监理投标文件

监
理
大
纲

投标单位：× ×工程监理有限公司

地　址：(略)

法定代表人：(略)

× × × ×年× ×月× ×日

目　录

××中医院教学综合楼工程建设监理投标文件监理大纲

1　投标单位简介及组织机构概况(略)

2　从事同类工程监理服务的经验和能力(略)

3　工程概况(略)

4　我公司承担本工程监理业务的目的和服务宗旨(略)

5　监理任务的工作范围和目标

5.1　监理任务的工作范围

5.1.1　工程施工阶段的工程质量控制(略)

5.1.2　工程施工阶段的工期控制(略)

5.1.3　工程施工阶段的造价控制(略)

5.1.4　工程施工阶段的安全控制(略)

5.1.5　工程施工阶段的合同管理、信息管理及协调有关单位的工作关系(略)

5.2　监理的工作目标(略)

6　监理工作的依据(略)

7　项目监理组织机构、人员职权分工

7.1　监理部人员组成(略)

7.2　各级岗位人员的岗位职责

7.2.1　总监理工程师的岗位职责(略)

7.2.2　副总监理工程师的岗位职责(略)

7.2.3　专业监理工程师的岗位职责(略)

7.2.4　工程监理员的岗位职责(略)

7.2.5　工程信息管理员的职责(略)

8　施工准备阶段监理工作的内容

施工准备阶段监理工作包括以下内容:

(1)协助业主做好施工招标投标工作。协助业主签订施工合同。

(2)熟悉施工图纸、监理合同和建设工程施工合同。

(3)编制工程项目监理规划及监理实施细则。

(4)参与设计交底。

(5)审定《施工组织设计(施工方案)》。

(6)查验施工测量放线成果。

(7)参加第一次工地会议。

(8)进行施工监理交底。

(9)核查开工条件。

8.1　施工准备阶段监理工作的原则

该阶段的工作原则如下:

(1)树立主动意识,树立监理在工程施工管理中主导地位的形象。

(2)熟悉图纸的同时,审核图纸。

(3)以审查《施工组织设计(施工方案)》为重点。

(4)监理现场管理和监理工作规范化。

8.2　施工准备阶段监理工作的方法

施工准备阶段监理工作的方法包括:

(1)协助业主做好施工招标投标工作。根据业主的委托协助业主编制招标文件,审核标的(造价),对施工单位进行资质预审,发放招标书和答疑,审核标书提出审核意见等。

(2)协助业主签订施工合同。根据业主的委托,协助业主草拟(或审查)施工承包合同,进行谈判等工作。

(3)项目监理部人员在总监理工程师或其代表的组织下熟悉施工图纸,协助业主审核施工图纸。

(4)项目监理部人员在总监理工程师的组织下熟悉、分析监理合同和建设工程施工合同。

(5)项目总监理工程师组织监理工程师完成编制工程项目监理规划及监理实施细则。

(6)参与由建设单位主持,设计单位和监理单位主要负责人及有关人员参加的设计交底,了解工程的基本内容。

(7)审定承包单位编制的《施工组织设计(施工方案)》。

(8)查验施工测量放线成果。

(9)参加由建设单位主持的第一次工地会议,整理编印会议纪要并分发各方。

(10)项目总监理工程师或其代表主持有承包单位、分包单位和项目部有关监理人员参加的施工监理交底,贯彻执行项目监理规划。

(11)核查开工条件,在已办理施工许可证、施工组织设计已经审定、施工单位人员及装备已经到位、"三通一平"达到开工条件时,签发施工单位提交的《工程开工报告》。

8.3　施工准备阶段监理工作的程序

略

8.4　施工准备阶段监理工作的措施

8.4.1　组织措施

(1)建立健全监理组织,完善职责分工及有关制度,落实责任。

(2)编制施工准备阶段的监理工作计划。

8.4.2　技术措施

(1)利用公司技术骨干都曾长期从事设计工作的优势,在熟悉图纸同时审核图纸,提出合理化建议。

(2)组织公司骨干,审核施工组织设计和施工方案,对主要分项工程的施工方案进行技术经济分析。

(3)协助建设单位制定建设单位施工准备阶段的工作计划,使建设单位的工作能够及时、高效地完成。

(4)协助业主办理各种报建手续。

8.4.3　经济措施

(1)对施工准备阶段建设单位的各种开支提出合理化建议。

(2)严格计量和控制"三通一平"的开支。

8.4.4　投资控制的合同措施

(1)协助业主签订一个好的合同,合同中涉及投资的条款,字斟句酌,不出现不利于业主的条款。

(2)督促施工单位及时完成施工准备工作,按合同要求开工。

9 施工阶段进度控制的方法和措施

9.1 施工阶段进度控制的内容

(1)审批进度计划。根据工程的条件全面分析承包单位编制的施工总进度计划的合理性、可行性。根据季度及年度进度计划,分析承包单位主要工程材料及设备供应等方面的配套安排。

(2)进度计划的实施监督。在计划实施过程中,对承包单位实际进度按周、月、季度进行检查,并记录、评价和分析。发现偏离及时要求承包单位采取措施,实现计划进度的安排,其中周计划的检查和纠偏作为重点来控制。

(3)工程进度计划的调整。发现工程进度严重偏离计划时,由总监理工程师组织各方召开协调会议,研究并采取各种措施,保证合同约定目标的实现。

9.2 施工阶段进度控制的原则

(1)工程进度控制的依据是建设工程施工合同所约定的工期目标。

(2)在确保工程质量和安全的原则下,控制进度。

(3)应采取动态的控制方法,对工程进度进行调整控制。

9.3 施工阶段进度控制的方法

(1)督促承包单位应根据建设工程施工合同的约定按时编制施工总进度计划、季度进度计划、月进度计划,并按时填写《施工进度计划报审表》,报项目监理部审批。

(2)监理工程师应根据工程的条件(工程的规模、质量标准、工艺复杂程度、施工的现场条件、施工队伍的条件等),全面分析承包单位编制的施工总进度计划的合理性、可行性。审查进度网络计划的关键线路。

(3)对季度及年度进度计划,应分析承包单位主要工程材料及设备供应等方面的配套安排。有重要的修改意见应要求承包单位重新申报。进度计划由总监理工程师签署意见批准实施并报送业主。

(4)在计划实施过程中,监理工程师对承包单位实际进度进行跟踪监督,并对实施情况做出记录。根据检查的结果,对工程进度进行评价和分析。发现偏离,应签发《监理通知》,要求承包单位及时采取措施,实现计划进度的安排。

(5)发现工程进度严重偏离计划时,总监理工程师应组织监理工程师进行原因分析,研究措施,并签发《监理通知》。

(6)召开各方协调会议,研究采取的措施,保证合同约定目标的实现。

(7)必须延长工期时,应填报《工期延期申请表》,报监理项目部审批。

9.4 施工阶段进度控制的程序

略

9.5 施工阶段进度控制的措施

9.5.1 进度控制的组织措施

(1)建立健全监理组织,专人(副总监)协调控制工程进度,完善职责分工及有关制度,落实进度控制的责任。

(2)将进度目标分解。根据总进度目标编制年、季、月进度目标。

(3)确定进度协调工作制度,每周召开一次进度协调会。

(4)对影响进度目标实现的干扰和风险因素进行分析、预测,采取预防措施。

9.5.2 进度控制的技术措施

(1)监理在和业主充分研究后确定的总进度控制计划,发给各施工单位,各施工单位、供货商按控制计划的要求编制实施进度网络计划,监理认真审核各计划的协调性和合理性。

(2)制定由业主供应材料设备的需用量及供应时间参数,编制有关材料、设备部分的采供计划。

(3)事中检查控制,每月进行进度检查,动态控制和调整,并建立反映工程进度的监理日志、月报、进度曲线。

(4)工程进度的动态管理。实际进度与计划进度发生差异时,应分析产生的原因,并提出调整的措施和方案,并相应调整施工、设计、材料设备供应和资金计划。

(5)组织好现场协调会。周协调会也相当于周计划检查会,重点解决各施工单位内部不能解决的问题。有问题必须抓住不放,务必解决。

9.5.3 进度控制的经济措施

(1)编制进度目标计划,确定进度控制点,对按时或提前完成者给予奖励,拖期完工者给予处罚。

(2)合理支付赶工措施费。

(3)给业主编制详细的资金使用计划,使业主及早筹措资金,保证资金供应。

9.5.4 进度控制的合同和信息措施

(1)协助业主签订一个好的合同,合同中涉及进度的条款,字斟句酌,不出现不利于业主的条款。

(2)做好工程施工记录,积累素材,为正确处理可能发生的工期索赔提供依据。参与处理工期索赔事宜。

(3)工作积极主动,为业主当好参谋,减少由于业主原因导致的工期延误。

(4)收集有关进度的信息,通过计划进度和实际进度的动态比较,定期向建设单位及有关单位提供比较报告,为正确的决策提供依据。

10 施工阶段质量控制的方法和措施

10.1 施工阶段原材料质量的控制

10.1.1 施工阶段原材料质量控制的内容

材料质量控制的主要内容有以下几部分。

10.1.1.1 掌握材料质量标准

衡量材料质量的尺度是材料质量标准,它是验收、检验材料质量的依据,不同的材料有不同的质量标准,掌握材料的质量标准便于可靠地控制材料和工程质量。

10.1.1.2 材料质量的检(试)验

(1)材料质量检验的目的在于通过一系列的检测手段,将所取得的材料数据与材料的质量标准进行比较,从而判断材料质量的可靠性,同时有利于掌握材料的信息。

(2)材料质量的检验方法一般有书面检验、外观检验、理化检验和无损检验等。

(3)根据材料信息和保证资料的具体情况,材料质量检验程度分为免检、抽检和全部检查。

(4)材料质量检验通常进行的试验为“一般检验项目”;根据需要进行的试验项目为“其他试验项目”。

(5)材料质量检验的取样必须有代表性。

(6)材料抽样一般适用于对原料、半成品或成品的质量鉴定。

(7)对于不同的材料,有不同的检验项目和不同的检验标准,而检验标准则是用以判断材料是否合格的依据。

10.1.1.3　材料的选择和使用要求

材料的选择和使用不当,均会严重影响工程质量或造成质量事故。故必须针对工程特点,根据材料的性能、质量标准、适用范围和对施工要求等方面进行综合考虑,慎重地选择和使用材料。

10.1.2　施工阶段原材料质量控制的原则

(1)主要材料、设备及构配件在订货前,承包单位必须向监理工程师申报同意后,方可订货。

(2)监理工程师协助承包单位合理、科学地组织材料采购、加工、储备、运输,建立严密的计划、调度、管理体系,加快材料的周转,减少材料占用量,按质、按量、如期地满足建设需要。

(3)合理地组织材料使用,减少材料的损失,正确按定额计量使用材料,加强运输、仓储、保管工作,健全现场材料管理制度,避免材料损失、变质。

(4)加强材料检查验收,严把质量关。

(5)重视材料的使用认证,以防错用或使用不合格材料。

10.1.3　施工阶段原材料质量控制的方法

在整个工程建设过程中,工程所需要的原材料、半成品、构配件和永久性设备、器材等都将成为永久性工程的组成部分,所以它们的质量好坏直接影响到未来工程产品的质量,因此需要事先对其质量进行严格控制。

对于材料、设备的质量控制,应当进行全过程和全面控制,即从采购、加工制造、运输、装卸、进场、存放、使用等方面进行系统的监督与控制。

10.1.3.1　采购质量的控制

(1)凡由承包单位负责采购的原材料、半成品或构配件、设备等,在采购订货前应向监理工程师申报;对于重要的材料,还应提交样品,供试验或鉴定,有些材料则要求供货单位提交理化试验单,经监理工程师审查认可发出书面认可证明后,方可进行订货采购。

(2)供货厂家是制造材料、半成品、构配件和永久性设备和器材等的主体,所以优选良好的供货厂家,是保证采购、订货质量的前提。

(3)某些材料(诸如一些装饰材料),订货时最好一次备足货源,以免由于分批而出现花色差异、质量不一。

(4)供货厂方应向需方(订货方)提供质量保证文件,用以表明其提供的货物能完全达到设计要求。

(5)协助承包单位合理、科学地组织材料采购、加工、储备、运输,建立严密的计划、调度、管理体系,加快材料的周转,减少材料的占用量,按质、按量、如期地满足建设需要。

10.1.3.2　材料进场的质量控制

(1)凡运到施工现场的原材料、半成品或构配件,应有产品出厂合格证及技术说明书,并由施工承包单位按规定要求进行检验,向监理工程师提出检验或试验报告,经监理工程师审查并确认其质量合格后,方准进场。

(2)凡是无产品出厂合格证明及检验不合格者,不得进场。如果监理工程师认为供货方所提交的有关产品合格证明文件以及施工承包单位提交的检验和试验报告,仍不足以说明到场产品的质量符合要求,监理工程师可以再行组织复检或抽样试验,确认其质量合格后方允许进场。

(3)若检验发现材料、设备质量不符合要求,监理工程师不予验收,应由供货方予以更换或进行处理,合格后再进行检查验收。由于供方供货质量不合格而造成的损失,应及时向供方索赔。

(4)进口的材料、设备的验收,应会同国家商检部门进行。如在检验中发现质量问题或数量不符合规定要求,应取得供货方及商检人员签署商务记录,在规定的索赔期内进行索赔。

10.1.3.3　材料、设备存放条件的控制

质量合格的材料、设备等进场后,到其施工使用或安装时通常有一段时间间隔,在此期间内,如果对材料、设备等的存放、保管不良,可能导致质量状况的恶化,如损伤、变质、损坏,甚至不能使用。因此,监理工程师对施工单位对材料、半成品、构配件及永久性设备、器材等的存放、保管条件及时间也应实行监控。

(1)对于材料、半成品、构配件和永久性设备、器材等,应根据它们的特点、特性以及对防潮、防晒、防锈、防腐蚀、通风、隔热以及温度、湿度等方面的不同要求,安排适宜的存放条件,以保证其存放质量。

(2)对于施工单位准备的各种材料、设备等的存放条件及环境,事先应得到监理工程师的确认,如存放、保管条件不良,监理工程师有权要求其加以改善并达到要求,方予以确认。

(3)对于按要求存放的材料、设备,存入后每隔一定时间,监理工程师可检查一次,随时掌握它们的存放质量情况。此外,在材料、设备、器材等使用前,也应经监理工程师对其质量再次检查确认后,方可允许使用;经检查质量不合要求者,则不准使用,或降低等级使用。

10.1.3.4　天然材料和现场配制材料的试配

对于某些用当地天然材料现场配制的制品,一般要求施工单位事先进行试配,达到要求的标准方准施工。除应达到规定的力学强度等指标外,还应注意以下方面的检验与控制。

(1)材料的化学成分。

(2)充分考虑到施工现场加工条件与设计、试验条件不同而可能导致的材料或半成品质量差异。若出现此类问题,必须事先找出原因,设法妥善解决后经监理工程师认可后才能允许进行施工。

10.1.3.5　新材料的应用

对于新材料、新型设备或装置的应用,应事先提交可靠的技术鉴定及有关试验和实际应用报告,经监理工程师审查确认和批准后,方可在工程中应用。

10.1.4　监理工作的程序

工程材料、购配件和设备质量控制基本程序详见第五章。

10.1.5　监理工作的措施

10.1.5.1　组织措施

(1)组织并落实专门的监理机构人员负责材料质量控制,按有关要求对材料质量进行严格的监控。

(2)协助承包单位合理、科学地组织材料采购、加工、储备、运输,建立计划、调度、管理体系。

(3)健全现场材料管理制度,按定额计量使用材料,加强运输、仓储、保管工作。

10.1.5.2　技术措施

(1)在材料订货前,承包单位必须事先经监理工程师认证同意。

(2)对于工程的主要材料,监理工程师在进场时必须检查其正式的出厂合格证和材质化验单,不具备或对检验证明有怀疑时,应补做检验。

(3)对主要装饰材料及建筑配件,监理工程师应在定货前要求厂家提供样品或看样订货。

(4)监理工程师应对以下材料进行抽检:

①标志不清或监理工程师认为质量有问题的材料。

②对质量保证资料有怀疑或与合同规定不符的一般材料。

③由工程重要程度决定,应进行一定比例的试验的材料。

④需要进行追踪检查,以控制和保证其质量的材料。

(5)监理工程师对进口材料设备和重要工程或关键施工部位所用的材料进行全部检验。

(6)监理工程师按《建筑材料质量标准与管理规程》对材料质量进行抽检和取样,对于重要构件或非匀质的材料酌情增加采样的数量。

(7)监理工程师对于现场配制的材料事先提出试配要求,经试配检验合格后方能允许承包单位使用。

(8)对于高压电缆、电压绝缘材料进行耐压试验。

(9)对新材料的应用,必须通过试验和鉴定;代用材料必须通过计算和充分的论证,并符合结构构造的要求。

(10)合理组织材料使用,减少材料的浪费。

10.1.5.3　经济措施

(1)对进口材料、设备,监理工程师应会同商检局检验,如核对中发现问题,应取得供方和商检人员签署的商务记录,按期提出索赔。

(2)对进场材料进行分析,严格控制材料价格。对重要材料及贵重材料单价,必须履行业主签认手续。

10.1.5.4　合同措施

(1)监理工程师对材料采购合同进行统一编号管理。

(2)监理工程师要对材料采购合同的订立进行监督。

(3)监理工程师对材料采购合同的履行进行检查并分析合同的执行。

10.2　施工阶段质量控制事前控制的方法和措施(略)

10.2.1　施工阶段质量控制事前控制的内容(略)

10.2.2 施工阶段质量控制事前控制的原则(略)

10.2.3 施工阶段质量控制事前控制的方法(略)

10.2.4 施工阶段质量控制事前控制的程序(略)

10.2.5 施工阶段质量控制事前控制的措施(略)

10.3 施工阶段质量控制事中控制的方法和措施

10.3.1 施工阶段质量控制事中控制的内容(略)

10.3.2 施工阶段质量控制事中控制的原则(略)

10.3.3 施工阶段质量控制事中控制的方法(略)

10.3.4 施工阶段质量控制事中控制的程序(略)

10.3.5 施工阶段质量控制事中控制的措施

10.3.5.1 事中控制的组织措施

(1)建立并坚持混凝土浇筑令制,混凝土浇筑必须由钢筋、模板、水、电各施工班组长、质检员签字,对试验配合比、实际配合比、浇筑中应做混凝土试块组数明确规定出来,经监理各专业检验签字后,由总监理工程师或总监理工程师代表签署开浇令,方能浇筑混凝土。

(2)每月召开质量例会,会议由项目总监理工程师主持,要求各单位及质量负责人参加,重点解决本月质量问题,并提出下月质量要求。

10.3.5.2 事中控制的技术措施

(1)坚持重要分项工程旁站监理,由总监理工程师排班,落实到人,24 小时跟班旁站。总监理工程师和公司总工建立经常抽查旁站实施情况;要求对旁站发现的问题处理的方法、处理的结果做出记录;若发现该旁站时脱岗的,公司对该监理人员一次处以罚款 50 元,三次脱岗则撤离本工程,并欢迎业主人员对监理人员进行监督。

(2)严格工序管理,每一工序完成必须经施工方自检、报检,经监理核验方可进行下道工序。特殊情况,质量确有保证,由于特定原因报验资料不齐,经监理工程师同意可先进行下道工序,施工单位应承担质量责任。

(3)严格管理、热情帮助。当工程遇到困难时,监理工程师积极想办法、出主意,保证工程进展。

(4)装饰工程是工程是否优良的关键,对于装饰工程,按部位、分阶段确定监理重点及相应监理措施。如重点的分项工程是内外装修。外装修的控制重点是规格、图案、结合层、接缝和固定;内装修的控制重点是基层处理、阴阳角、观感等。

10.3.5.3 事中控制的经济措施

对工程的工序活动实施跟踪的动态控制,严格控制由于工程质量问题造成的投资增加。

10.3.5.4 事中控制的合同和信息措施

(1)工程监理对下列产品或项目必须执行见证检验,并建立检验台账:

①承重结构混凝土的强度及混凝土抗渗性能。

②砌筑砂浆的强度。

③结构工程中的钢材及其焊(连)接接头。

④墙体材料。

⑤水泥。

⑥防水材料。

⑦建筑工程中的给、排水管材及管件、绝缘电工套管。

⑧低压电器中的电线、电缆、插座、开关接线盒。

⑨土方工程中的压实系数。

(2)经常请市质检部门对监理工作及工程质量进行检查指导，沟通信息，促进监理管理工作不断完善。

10.4 施工阶段质量控制事后控制的方法和措施(略)

10.5 施工阶段投资控制的程序(略)

10.6 施工阶段投资控制的措施

10.6.1 投资控制的组织措施

(1)建立健全监理组织，完善职责分工及有关制度，落实投资控制的责任。

(2)编制本阶段投资控制工作计划和详细的工作流程图。

(3)建立工程款计量和支付制度、设计变更和签证监理工作制度，工程计量和支付、设计变更和签证均由专业监理工程师负责技术审核，造价监理师负责单价和取费的审核，最后由总监理工程师审核签字的三级责任制。

(4)若业主同意，建立签证工程必须经业主和监理双方人员签字方为有效的制度。

10.6.2 投资控制的技术措施

(1)审核施工组织设计和施工方案，合理开支施工措施费，对主要施工方案进行技术经济分析。

(2)按合理工期组织施工，避免不必要的赶工费。

(3)熟悉设计图纸和设计要求，针对量大、质量和价款波动大的材料的涨价预测，采取对策，减小施工单位提出索赔的可能。

(4)对设计变更进行技术经济比较，严格控制设计变更。

10.6.3 投资控制的经济措施

(1)制订资金使用计划，确定、分解投资控制目标。

(2)严格进行工程计量。

(3)复核工程付款账单，签发付款证书。

(4)在施工过程中进行投资跟踪控制，定期进行投资实际支出值与计划目标值的比较；发现偏差，分析产生偏差的原因，采取纠偏措施。

(5)对工程施工过程中的投资支出做好分析与预测，经常或定期向业主提交项目投资控制及其存在问题的报告。

10.6.4 投资控制的合同和信息措施

(1)协助业主签订一个好的合同，合同中涉及投资的条款，字斟句酌，不出现不利于业主的条款，并参与合同修改、补充工作。

(2)做好工程施工记录，保存各种文件图纸，特别是注有实际施工变更情况的图纸。注意积累素材，为正确处理可能发生的索赔提供依据。参与处理索赔事宜。

(3)按合同条款支付工程款，防止过早、过量的现金支付，全面履约，减少对方提出索赔的条件和机会，正确地处理索赔等。

(4)收集有关投资信息，进行动态分析比较，提供给建设单位，为他们的决策提供依据。

11 施工阶段安全控制的方法和措施

11.1　施工阶段安全控制的内容

(1)在招标阶段审查施工单位的安全资质,拟订安全生产责任书。

(2)督促施工单位落实安全文明施工责任、实施责任管理。

(3)对工程项目进行安全文明施工检查,及时发现安全事故隐患,要求施工单位进行整改。

(4)监督施工单位正确对待事故的调查与处理。

11.2　施工阶段安全控制的原则

(1)以防为主的原则。

(2)责任落实原则。

(3)奖罚结合原则。

11.3　施工阶段安全控制的方法

(1)审查施工单位的安全施工资质和安全生产责任制。

(2)审查施工单位提交的施工组织设计中的安全技术措施。

(3)审查进驻现场的分包单位资质和证明文件。

(4)审查现场项目部的安全组织系统和安全人员的配备。

(5)审查新技术、新材料、新机构的使用安全技术方案及安全措施。

(6)审查施工单位提交的有关安全技术签证文件。

(7)日常跟踪监理,检查施工人员是否按照安全技术防护措施和规程施工。

(8)对主要结构、关键部位的安全状况进行抽检和检测工作。

11.4　施工阶段安全控制的程序(略)

11.5　施工阶段安全控制的措施(略)

12　施工阶段合同、信息管理的方法和措施(略)

12.1　合同管理的内容(略)

12.2　合同管理的原则(略)

12.3　合同管理的方法(略)

12.3.1　设计变更、洽商(略)

12.3.2　工程暂停及复工(略)

12.3.3　工程延期(略)

12.3.4　费用索赔(略)

12.3.5　合同争议的调解(略)

12.3.6　违约处理(略)

12.4　合同管理的程序(略)

12.5　合同管理的措施(略)

12.5.1　合同管理的组织措施(略)

12.5.2　合同管理的技术措施(略)

12.5.3　合同管理的经济措施(略)

12.5.4　合同管理的合同和信息措施(略)

12.6　信息管理的内容(略)

12.7　信息管理的原则(略)

12.8　信息管理的方法(略)
12.9　信息管理的程序(略)
12.10　信息管理的措施(略)
13　施工阶段项目工作关系协调的方法和措施(略)
14　拟在本项目使用的主要仪器、检测设备一览表(略)
15　监理工作的基本程序(略)
15.1　施工准备阶段的监理工作程序(略)
15.2　工程进度控制的基本程序(略)
15.3　工程材料、构配件和设备质量控制基本程序(略)
15.4　分包单位资格审查基本程序(略)
15.5　分项、分部工程签认基本程序(略)
15.6　单位工程验收基本程序(略)
15.7　月工程款计量和支付基本程序(略)
15.8　工程竣工验收结算的基本程序(略)
15.9　施工阶段安全控制的基本程序(略)
15.10　设计变更、洽商管理的基本程序(略)
15.11　工程延期管理的基本程序(略)
15.12　工程费用索赔管理的基本程序(略)
15.13　合同争议调解的基本程序(略)
15.14　违约处理的基本程序(略)
15.15　项目外部信息管理的基本程序(略)
15.16　项目内部信息管理的基本程序(略)
15.17　项目工作关系协调程序图(略)

案例3　监理规划

××综合办公大楼工程

监
理
规
划

建设单位：××房地产有限公司
监理单位：××工程监理有限公司
施工单位：××市建三公司
××××年××月××日

目 录

××综合办公大楼建设监理规划

1　工程项目概况

1.1　工程项目名称

××通信生产综合楼。

1.2　建设地点

位于××　××。

1.3　土建规模

建筑面积:12 000 m^2。

层数:地下一层,地上九层,全部十层。

总投资:约2 000万元。

1.4　业主

××公司。

1.5　设计方

××大学建筑设计院。

1.6　施工承包方

基础:××省基础建筑公司。

主体:××　××建筑公司。

1.7　工程类别

高层民用建筑一类工程,耐火等级一级。

1.8　工程特点

(1)本工程建筑安全等级为二级;抗震设防烈度为8度,近震;建筑抗震类别为丙类,结构抗震等级为二级。

(2)现浇钢筋混凝土框架结构。基础采用泥浆护壁钻孔灌注桩,桩长约24 m。

(3)大楼设有自动喷水灭火系统,危险等级为中危险级,设计采用湿式自动灭火喷水系统,地下层高、低压配电室、卫生站主机房等采用七氟丙烷气体灭火系统。

(4)空调系统,一般实验室及办公室采用风机盘管加新风系统;对于楼内一级及二级恒温恒湿精度要求的房间,采用恒温恒湿机组。

(5)楼内设有综合布线系统、保安监控系统、楼宇自控系统、火灾自动报警与消防控制系统。为满足智能建筑功能、管理和信息共享的要求,对建筑物智能化系统进行不同程度的采用。

2　监理范围及监理内容

2.1　监理范围

本工程施工阶段(建筑工程、给排水、空调通风、消防、强弱电设备及安装调试)及保修阶段的监理。

本项目详细的监理工作范围见案例表3-1所列。

如果在编制监理规划时,图纸尚未出全,则以后收到图纸后,在表中补全。监理工作范围和监理工作内容是结算监理费的主要依据,故业主和监理企业双方在监理工作开始前及订立监理合同中必须详细确定,不能含糊。凡监理合同以外增加的监理工作范围和内容,均需另行计监理费。

案例表 3-1　××项目监理工作范围

序号	监理各项名称	相应图纸编号	说明

2.2　监理工作内容

本项目监理单位承担的是施工阶段的监理工作。主要工作内容如下:

(1)编写招标文件,协助建设单位对投标单位进行资格审查,协助审评投标书,提出决标意见,协助业主与中标单位签订承包合同。

(2)协助建设单位和承包单位参加设计图纸会审及设计交底,编写开工报告,审查施工和安装承包合同,审查承包单位的预算报价,确认承包单位选择的分包单位。

(3)审查承包单位编制的施工组织设计、施工技术方案及施工进度计划,并监督检查其实施。

(4)审查承包单位或建设单位提供的材料和设备清单及其所列的规格与质量,对不符合者不得使用在工程中,并提出更换要求。

(5)督促、检查承包单位严格执行合同和严格按照国家技术规范、标准,市建筑安装规程以及设计图纸文件的要求进行施工和安装活动。检查施工过程中的主要部位、环节以及隐蔽工程的施工验收签证,未经签证不得进行下道工序,控制工程质量,对违反规范、标准及安全规定者,有权向承包单位签发停工通知单,工期及发生的费用由承包单位负责,并及时向承包单位报告处理情况。

(6)对用于工程的主要材料、构件的出厂合格证、材质化验单等进行核定,如发现不合格或不符处,有权责成承包单位(并指定化验单位)对材质进行再化验,防止不合格的材料或构件等用于工程。

(7)检查工程采用的主要设备及关键材料是否符合设计文件或标书所规定的厂家、型号和规格以及质量标准。在承包单位订货认为有必要时,可商请建设单位同意对生产厂家进行了解考查,所发生的差旅费用由订货单位负担。

(8)根据《建筑安装工程承包合同》规定的施工进度计划,检查承包单位的工程进度及其填报的旬、月、季等报表,并及时向建设单位汇报对工程进度执行情况的意见。

(9)对于重大的设计修改和技术洽商决定,除提出监理意见外,应向建设单位报告并得到建设单位的同意,设计修改应由原设计单位负责。

(10)根据《建筑安装工程承包合同》的付款规定,对已完工程的质量、数量进行核实,签认"工程价款结算账单",报开户银行审查。工程竣工后,审查工程结算价款。

(11)监督检查工程的文明施工及安全防护措施,对不合格项目督促承包单位定期整改。

(12)根据承包单位提出的阶段、部分、环节,各系统的分段工程的检验、验收以及整体工程的竣工验收申请报告，负责组织初验，签署由承包单位提出的全部工程的竣工验收报告，参加建设单位组织的最终验收。

(13)督促检查承包单位完成各阶段及全套竣工图的工作和整理各种必须归档的资料，交建设单位归档。

(14)协助建设单位主持与审查工程中出现的质量事故的处理，提出处理意见，由此所发生的费用支出由责任方负担。

(15)监理人员常驻现场，实行全过程、全方位监理，发现问题及时解决，每月一次向业主提交有关监理情况的书面报告，把进度控制、质量控制、投资控制及合同管理、信息管理及现场文明施工措施管理落实到实处。认真处理好质量、进度、投资三者之间的关系，把工程管理好。

(16)督促建设单位与承包单位履行签订的合同，主持协调建设单位与承包单位签订的合同条款的变更，调解合同双方的争议，处理违约索赔事项，索赔发生前，应向建设单位及时提出避免索赔的意见。

(17)保修期内负责质量问题责任，督促保修。如在保修期内出现质量问题，处理时间超出保修期，监理方应对该问题的处理负责到底。

3　监理依据

3.1　国家和建设所在地现行的技术标准、规范、法律和法令

3.1.1　法律和法令

(1)《中华人民共和国建筑法》。

(2)《建设工程监理规范》(GB 50319—2013)。

(3)《建设工程质量管理条例》。

3.1.2　技术标准、规范

(1)《屋面工程技术规程》(GB 50207—94)。

(2)《地下防水工程质量验收规范》(GB 50208—2002)。

(3)《建筑地面工程施工及验收规范》(GB 50209—95)。

(4)《建筑工程施工质量验收统一标准》(GB 50300—2001)。

(5)《电梯安装工程质量检验评定标准》(GBJ 310—88)。

(6)《建筑装饰装修工程质量验收规范》(GB 50210—2001)。

(7)《玻璃幕墙工程技术规范》(JGJ 102—96)。

(8)《金属与石材幕墙工程技术规范》(JGJ 133—2001)。

(9)《柔性屋面防水工程技术规程》(CECS 29—91)。

(10)《高级建筑装饰工程质量检验评定标准》(DBJ 01—27—96)。

(11)《天然大理石建筑板材》(JC 79—92)。

(12)《混凝土结构工程施工质量验收规范》(GB 50204—2002)。

(13)《地基与基础工程施工及验收规范》(GBJ 202—83)。

(14)《砌体工程施工质量验收规范》(GB 50203—2002)。

(15)《外墙饰面砖工程施工及验收规范》(JGJ 126—2000)。

(16)《建筑基坑支护技术规程》(JGJ 120—99)。

(17)《人防工程施工验收规范》(GB 50225—95)。

(18)《给水排水管道工程施工及验收规范》(GB 50268—97)。

(19)《建筑采暖卫生与煤气工程质量检验评定标准》(GBJ 302—88)。

(20)《通风与空调工程质量检验评定标准》(GBJ 304—88)。

(21)《电气装置安装工程高压电气施工及验收规范》(GBJ 147—90)。

(22)《火灾自动报警系统施工及验收规范》(GB 50166—92)。

(23)《建筑与建筑群综合布线系统工程施工及验收规范》(GB/T 50312—2000)。

3.2 建设所在地现行的预算定额、收费标准和有关的建设管理规定

(1)全国统一安装工程预算定额××省安装工程单位估价表。

(2)××省建筑工程预算定额(上、下册)及配套文件。

(3)××市建设工程主要材料预结算基准价格表。

(4)××省建筑工程预算定额装饰分册(1998)。

(5)××省安装工程单位估价表(1997)综合解释及补充定额汇编。

(6)××省建筑工程预算定额(1995)建筑安装工程费用定额(试行)综合解释。

3.3 业主提供的本工程项目的设计文件和施工图纸

(1)地质勘探报告。

(2)施工图设计文件。

3.4 业主提供的本工程项目的施工承包合同和协议(包括附件)

(1)招标文件(含招标答疑)。

(2)投标文件。

(3)业主与承包方签订的施工合同。

3.5 业主与本公司签订的监理合同(CZ0206)

4 项目组织管理系统及各级监理人员职责

4.1 项目组织管理系统

4.1.1 承包人自身的管理

承包人(或承包单位)依据与业主签订的工程承包合同对工程进行全面的、直接的管理,并对工程的质量、进度、安全文明等负有全面的、直接的责任。承包人自身应有完整的、健全的、有效的各项管理体系,承包人是工程质量、工程进度、投资控制以及安全文明的主体。

4.1.2 监理工程师的管理

监理工程师受业主委托,依据监理合同赋予的权力和职责,对项目进行全面的监督与管理,他的责任是代表业主的利益,从组织和管理的角度,采用经济、技术、组织、合同等措施,对项目作全过程监控,最合理地实现业主通过各项合同确定的工程目标。当业主与承包人产生争执和矛盾时,应公平地维护业主和承包人双方的合法权益。

4.1.3 业主的管理

业主对工程的管理是通过监理工程师实现的。

业主的质量管理人员也随时对工程质量进行检查和监督,但对工程质量的检查并不负具体责任,目的是随时掌握和了解工程质量的第一手动态资料,行使业主的权力,对监理人员的质量管理给予支持和帮助,同时对监理人员的工作进行考察。

业主的管理人员直接参与工程投资的控制。工程合同价款由业主确定;所有涉及价款的签证均需业主与监理双方签认方为有效;增加价款、工程预结算均经监理工程师审核后报

业主审定。

4.2　业主、监理和承建方管理关系

4.2.1　业主、监理和承建方之间的关系

业主、监理和承建方之间的关系见案例图3-1。

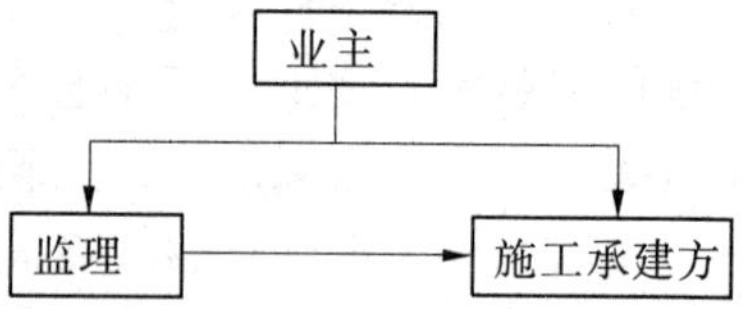

案例图3-1　业主、监理和承建方之间的关系

4.2.2　业主、监理和承建方之间应遵循的原则

(1)为避免对承建单位的多头指挥,做到令出一方,业主与承建单位之间的业务往来一般通过监理公司:业主的要求和指令通过监理公司下达;承建单位的意见、要求由监理公司上承。

(2)业主向承建单位提出超越或改变承包合同范围或内容的要求,需征询监理方后提出。

(3)监理方认可超越或改变合同范围或内容和业务,需向业主申报并取得同意。

(4)一切通知、申报、指令等业务往来,一般均应以书面文件为据。如紧急情况下,可以口头约定,但最后必须以书面形式确认。

4.3　项目监理部组织结构

4.3.1　项目监理部组织结构见案例图3-2。

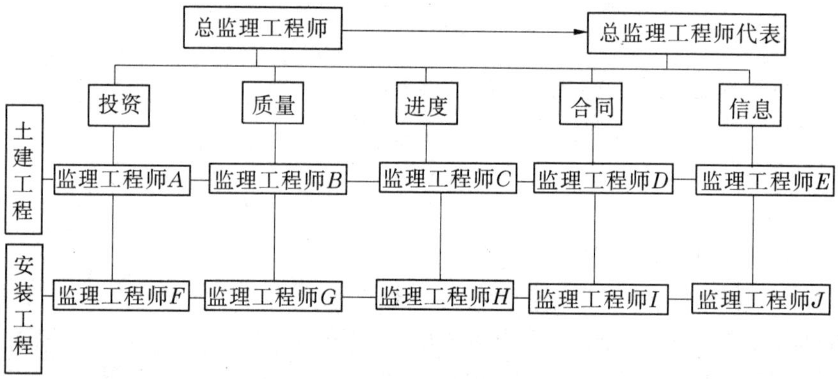

案例图3-2　项目监理部组织结构

4.3.2　项目监理部组织成员

项目监理部组织成员名单见案例表3-2。

案例表3-2　项目监理部组织成员名单

序号	姓名	专业	技术职称	监理职务	备注
1	××	工民建	高级工程师	总监理工程师	
2	××	工民建	工程师	总监理工程师代表	
3	××	工民建	工程师	副总监理工程师	
4	××	工民建	工程师	监理工程师	
5	××	建筑学	助理工程师	监理员	
6	××	工民建	助理工程师	见证员	
⋮					

4.3.3 项目监理部各级监理人员职责

(1)总监理工程师(项目负责人)。项目总监理工程师是监理公司派出履行监理合同的全权负责人,行使监理合同规定的权限,领导项目监理部的工作,对外向业主负责,对内向公司负责,具体职责是:

①组织领导项目监理部人员贯彻执行有关政策、法规、规范、标准和监理公司的质量体系文件,检查、监督监理人员履行岗位职责。

②负责编制监理规划(含质量计划),组织编制各专业监理细则,并组织实施。

③按照监理合同管好所监理的工程,用技术和组织措施对工程的质量、工期、投资进行有效的控制。

④组织审查施工组织设计、施工技术方案、施工进度计划、现场安全生产和文明施工措施。

⑤审核和确认承包方提出的分承包方,对检验和试验分承包方评价审定。

⑥组织工程例会和其他工程技术协调会。

⑦签署工程开工报告、停工指令、复工指令等监理管理性文件。

⑧审批监理过程的一般不合格工程的评审,重大不合格工程应上报分管经理。

⑨向业主提供有关工程的质量、进度、投资的情况报告。

⑩检查工程的质量、进度、投资的实际控制情况,验收分项分部工程。

⑪审签工程付款报表和其他申报表。

⑫妥善协调解决合同履行过程中的争议。

⑬组织工程竣工检查,审签竣工资料,主持审核工程结算。

⑭组织编制并审核监理月报。

⑮组织质量记录的整理,审核监理归档资料。

⑯主持工程项目监理工作总结,组织编制监理工作总结报告。

副总监理工程师协助总监理工程师工作。总监理工程师代表受总监理工程师委托在总监理工程师不在现场时行使总监理工程师的职责和权力。

(2)监理工程师。监理工程师的具体职责是:

①负责本专业监理工作,按照监理合同对本专业工程的质量、进度、投资进行有效的控制和协调管理。

②参与编制监理规划(含质量计划),制定并实施本专业监理细则,对三控制提出有效的技术管理措施。

③验证业主和承包方提供的本专业文件和技术资料。确保文件的完整、准确和有效。

④核签本专业设计变更会签单。

⑤审查承包方提供的本专业施工方案、技术措施。对施工过程实施监理控制。

⑥审查本专业的原材料、构件、设备的质保资料和实体,对可疑部分提出查验要求。

⑦督促检查承包方严格履行施工承包合同和有关技术标准。

⑧审查承包方的专业管理性报表和质量报验报表,确认中间交工证书、检查验收过程质量。

⑨对施工现场的搬运、贮存、包装、防护和交付进行监督检查。

⑩审查承包方报送本专业的工程进度、质量、费用报表。

⑪经济专业监理工程师编制“付款证书”，报总监理工程师。

⑫整理审核竣工资料并按时移交信息员。

⑬推行统计技术的应用。

⑭准确填写监理日记。

(3)监理员。监理员的具体职责是：

①协助监理工程师工作，执行监理工程师的指令和交办的工作。

②对施工过程的关键工序、关键部位进行旁站监理，监控施工过程质量，处理一般性技术问题，防止出现不合格。如发现重大技术、质量问题，应及时报告监理工程师。

③进行规定的抽检试验，监督施工承包方的检验和试验过程。

④准备监理例会有关资料。

⑤准确填写监理日记。

(4)信息管理员。信息管理员的具体职责是：

①复核各专业监理工程师签报的已完工程的工程量和工程实物量，核定月度工程进度款额。

②每天收集和阅读各专业监理工程师及监理员的监理日记，并向项目总监理工程师作口头汇报有关工程质量、进度等情况。

③登录监理台账，协助总监编制监理月报。

④参加监理方召集或有监理工程师参加的工地会议，整理会议纪要并印发有关监理文件。

⑤负责项目监理部使用的计算机软、硬件的维护和管理。

⑥负责项目监理部文件、资料、图书的收发、保管、借阅、传递和立卷、编目、归档工作。

⑦负责质量记录的控制管理，包括收集、标识、编目、保管、查阅、归档等。

⑧管理项目监理部的办公用品、劳保用品、工程检测器具。

⑨协助项目总监理工程师进行考勤。

⑩记录每天的天气情况。

5 项目目标

5.1 质量目标

分项工程全部达到合格以上，单位工程质量达到“××杯”的要求。

5.2 进度目标

以本工程项目的施工承包合同规定的总工期为目标。

投标承诺为：基础 28 天，主体 365 天。

5.3 投资(费用)目标

本工程为在规定费率基础上的优惠率招标确定施工承包方。

目前合同价未定。待合同价确定后再补充分解投资控制目标。

6 工程质量控制

6.1 质量控制

施工阶段项目监理部的基本任务是：以预防为主，以工程质量为重点，对工程的质量、进度和投资实行有效的控制。协调业主、设计单位、施工安装承包方之间的关系；协助处理工程施工中出现的有关问题；监督管理施工承包合同的实施，使工程项目在风险、投资和效益三方面达到最佳状态。

施工阶段监理工作流程见案例图3-3。由总监理工程师组织专业监理工程师按分工组织实施。

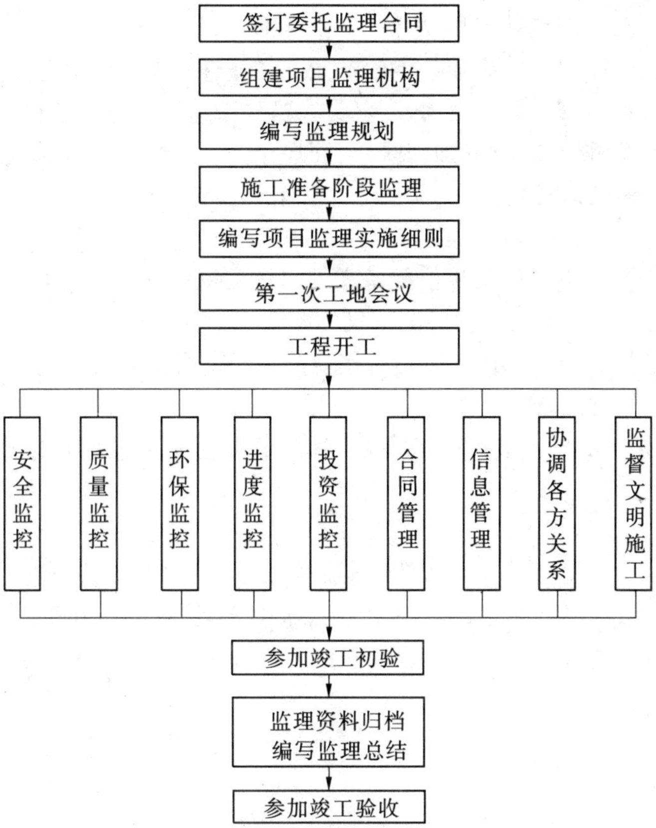

案例图3-3　工程施工阶段监理工作流程图

为了周密地对工程项目实施控制，依据工程进展，各专业工程师应对重要工序编制监理实施细则。初步拟定编制的监理实施细则如下，随着施工图纸的下发情况，可再补充相关细则。

(1)主要建筑材料监理细则。

(2)施工测量监理细则。

(3)钢筋混凝土工程监理细则。

(4)砌体工程监理细则。

(5)装饰工程监理细则。

(6)电气安装工程监理细则。

(7)给排水工程监理细则。

6.2　质量控制的原则

(1)工程质量是整个建设监理工作的核心，与进度控制、投资控制相互制约。

(2)坚持“严格要求、一丝不苟、实事求是、公正合理、热情服务”的原则。

(3)遵循“预防为主、动态管理、跟踪监控”，实现工程质量总目标。

6.3 质量控制措施

A. 一条原则

工程质量控制是整个监理工作的重点,与进度计划和工程计量相互制约,监理工程师监督承包单位按合同、技术规范、设计图纸要求施工,是监理工作的原则。

B. 两个重点

(1)重要的分部工程:地基工程、主体机构、装饰工程。重要的分项工程:钢筋、混凝土、防水(浴厕间及地下室)、煤气调压装置安装,成套配电柜(盘)及动力开关柜安装,避雷针(网)及接地装置安装,空气清洁,电梯安全保护装置,试运转等分项工程。

(2)关键部分:梁柱节点,箍筋加密区,钢筋焊接、搭接要求,大体积混凝土浇筑,C40 以上混凝土的试配及钢结构安装。

C. 三个阶段

(1)施工准备阶段:审查施工单位配备人力、材料、机械设备是否合理,审查拟定施工方案与技术、质量保证措施,原材料检验的审批的配合比是否合乎要求。

(2)施工阶段:检查施工单位工艺是否按规范和经审批的方案进行,并对施工过程的原材料、半成品和成品进行抽查。

(3)成品验收阶段:通过检测和验评该分项或分部已完工程是否达到规范要求的质量标准和误差允许范围。

D. 四个手段

(1)检查:施工中对重点的项目和部位实施必要的跟踪检查,检查施工工程中材料及混合料与批准的是否相符;检查施工单位是否按批准的方案、技术规范施工。

(2)测量:监理工程师对完成的工程的几何尺寸进行实测实量验收,不符合要求的要整修,施工单位要提供条件。

(3)试验:对各种材料、混合料配比、混凝土、砂浆等级等,监理人员可随机抽样试验,施工单位要提供条件。

(4)指令性文件:承包单位和监理工程师的工作往来,必须以文字为准,监理工程师通过书面指令和文字对施工单位进行质量控制,指出施工中发生或可能发生的质量问题,提请承包单位重视或修改。

6.4 工程质量事故的处理

施工中发生质量问题,首先停止继续施工,责令施工单位分析原因。根据事故的不同情况、不同性质、不同程度提出处理办法,并写出书面报告。监理工程师根据建设部及各地区颁布的有关工程质量事故的规定,参加处理各项质量事故,监督事故处理方案的执行。

由于处理事故而增加的工程费,根据合同条款由责任方全部承担。

(1)推倒重来:凡未达到规范标准,有明显的质量问题、无法修正的缺陷或经再三努力不能达到合格的,坚决推倒重来。

(2)采取经批准的加固或整修方法。

(3)质量问题比较严重,在技术规范范围内无法解决的,总监理工程师协调建设单位,组织技术专家调查研究,加以处理。

6.5 原材料、构配件、设备、钢筋、混凝土、模板的预控

A. 工程材料、构配件及设备的预控

(1)材料加工订货的质量控制。

材料加工订货时,承包单位应向监理工程师提供产地和生产厂家,然后监理企业会同承包单位检查其资质和质量保证体系与措施。经认可后按检查评定样品标准验收。材料进场后,承包单位按批量抽查,并将结果报监理单位审核。

(2)材料进场后的质量控制。

①材料进场必须附有原材料、半成品、成品的质量合格证或试(检)验报告。

②材料进场后按规定进行验收和提样复试。

③监理按原材料、构配件及设备质量签认程序检查或随机抽查。

B. 钢筋工程的质量预控

(1)检查钢筋标牌、炉号、厂家及出厂质量合格证、试验报告,并按规定要求施工单位现场进行复试,监理随机抽样试验。每月 5 日前施工单位按建筑材料报验单填报钢筋报表。

(2)有下列三种情况之一者,必须做化学成分分析试验:

①无出厂证明书或钢筋号不对的。

②有焊接要求的进口钢筋。

③在加工工程中发生脆断,焊接性能不良和材料机械性能显著不正常的。

(3)试验不合格的钢筋,不能用于工程,将结果及时报告有关上级和监理工程师做处理,并记录在案。

(4)钢筋加工制作:

①施工单位应熟悉图纸,向监理工程师提供加工方案、加工翻样、加工料表、准备工作情况。

②操作人员必须实行挂牌制,焊工持证上岗。

③钢筋的级别、钢号和直径必须符合设计要求,带有颗粒状或鳞片状老化锈的钢筋不能用,需要代换钢筋时,必须上报监理工程师,应征得设计的同意,否则不得以其他钢筋代换。

④加强钢筋翻样的控制。

(5)钢筋加工成品要求:

①钢筋的形状、尺寸必须符合图纸要求。

②钢筋的表面应洁净、无损伤、无油漆和锈蚀。

③钢筋应平直无曲折,表面不得有明显的擦伤。

④钢筋的弯折与弯钩应符合设计与规范要求。

(6)钢筋焊接接头的质量要求:

①焊工必须经过培训,合格后方能上岗。

②批量钢筋焊接前,必须根据施工条件试焊,合格后方能大批量焊接。

③钢筋焊接质量验收按现行规范执行。

④钢筋焊接加强工前检查和加工中间检查,焊接不合格的钢筋,不能进入安装现场。

(7)钢筋的绑扎与安装:

①钢筋绑扎前要求弹出位置线标记,分出双层钢筋位置线,尤其是柱、墙、门、窗口的主筋位置,必须准确。采取防位移措施。

②钢筋接头位置要符合施工验收规范和设计要求。

③检验质量标准按《混凝土结构工程施工质量验收规范》(GB 50201—2002)有关规定。

C. 混凝土工程的质量控制

(1)混凝土开盘前的质量控制：

①检查搅拌后台的计量控制是否符合要求,使用商品混凝土的,必须对搅拌站的资质及质量保证体系进行审查。

②混凝土浇筑前施工单位必须向监理工程师提交原材料的材质证明和试验报告(包括商品混凝土),水泥应有出厂日期、出厂合格证、水泥强度、安定性试验报告,砂石的试验报告和已通过试配的混凝土配比单。

③混凝土开盘前认真组织水暖卫、电气、土建联合检查,做好隐蔽工程验收,申报施工方案,报监理工程师批准后,经各方确认方能开始浇筑。

(2)监理工程师在浇筑过程中跟踪检查,对混凝土随机抽查,发现缺陷及时处理。

(3)外加剂的质量必须符合规范的规定,凡无出厂证明或鉴定书的禁止使用,外加剂进场必须有专人验收、保管、发放。每 5 t 为一批(不够 5 t 亦按一批计),使用前验收。

(4)配合比的控制：

①混凝土配合比的计算和试验应符合《普通混凝土配合比设计技术规定》,按试配结果由实验室负责人签发配比通知单。

②本工程 ±0.000 为 S10 抗渗混凝土,必须做好试配。

(5)对混凝土搅拌的控制。

(6)商品混凝土搅拌、运输、泵送质量控制。

(7)施工现场混凝土质量管理：

①现场必须具备混凝土试块的制作、养护条件,有健全的管理制度。

②现场试验员必须经培训、考核、持证上岗。

③混凝土施工前应做技术安全交底,并应具备混凝土养护条件,特别是季节性施工期间的防水、防冻措施,要设专人负责实施。

④各类混凝土试块的制作按各地区规定执行。

⑤混凝土搅拌、运送、浇筑等过程中任何人不得擅自加水。

7　工程进度控制

7.1　进度控制的原则

(1)根据建设单位和承包单位正式签订的工程总承包合同(以下简称“合同”)中所确定的工程工期作为进度控制的总目标。

(2)承包单位依据“合同”工期总目标编制工程施工组织设计。

(3)经监理项目负责人审核通过的承包单位编制的施工总进度计划、年/季/月实施计划。

7.2　进度控制的内容

(1)审查施工组织设计、施工技术方案和进度计划,是否同意,提出意见。

(2)运用“监理通”软件,将施工组织设计中的有关进度计划方面的信息输入计算机。

(3)审查建设单位、承包单位提出的材料、设备及所列的规格与数量、质量是否满足工程进度的要求。

(4)在项目进行的全过程中,检查工程进度,随机将有关信息输入计算机,进行计划值与实际值的比较,发现偏离及时提出意见,协助承包单位修改网络计划,调整资源配置,实现进度计划总目标。

7.3 进度控制工作流程

进度控制工作流程见案例图3-4。

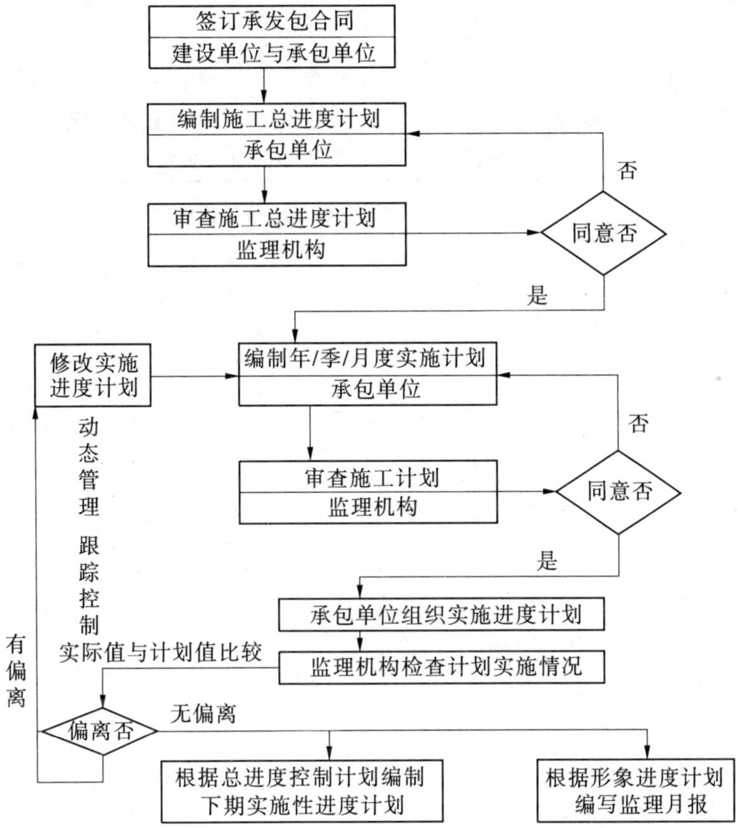

案例图3-4 进度控制工作流程

7.4 进度控制的措施

(1)审查承包单位施工管理组织机构、人员配备、资质、业务水平是否适应工程的需要，并提出意见。

(2)审核施工单位提出的工程项目总进度计划，并督促其执行。

(3)审查施工单位年、季度的进度计划并督促其执行。

(4)要求施工单位每月25日报下月的月进度计划和完成工程量报表，监理工程师审核月报进度计划和月工程量报表作为结算和付款依据。

(5)监理工程师对进度计划和实际完成计划定期进行比较，找出影响进度的原因，并报总监理工程师，对客观原因造成进度拖期的应及时调整进度并备案。

此外，对影响进度的主要因素进行统计和分析，从总体上判定进度是否属于正常。可按以下方法统计并计算出影响度E，用以判定进度是否正常。

先统计出每个月度由于资金、材料、劳动力、组织、气候、机械等原因而影响进度的天数，填入案例表3-3内。如按季度计算影响度E，则累计三个月的各类原因影响进度的合计天数，分别记为 X、Y、F、K、L、Q。

按式(a)计算影响工期的计算天数 W 值。

$$W = 50\%X + 20\%Y + 10\%F + 10\%F + 10\%K + 5\%L + 5\%Q \tag{a}$$

按式(b)计算影响度 E 值：

$$E = W/B \times 100\% \tag{b}$$

式中 B——总作业天数。

E 值在5%以内为正常；超过10%为非正常，应采取针对性的有效措施予以解决。

案例表3-3 实际影响进度的统计表

因素 \ 时间	实际影响进度的统计天数(天/每月)					
	资金	材料	劳动力	组织	气候	机械
1月						
2月						
3月						
第一季度合计	X= 天	Y= 天	F= 天	K= 天	L= 天	Q= 天

(6)对承包单位提前完成计划，并且没有发生质量、安全事故的，应建议建设单位予以适当奖励；因承包单位主观原因造成工期拖后的，应建议业主予以适当罚款。

8 投资控制措施和方法

8.1 投资控制的原则

(1)以建设单位和承包单位正式签订的工程总承包合同(以下简称“合同”)中所确定的工程总价款，作为投资控制的总目标。

(2)根据建设单位和承包单位正式的“合同”中所确定的工程款支付方式，审核拨付签认。

(3)根据建设单位和承包单位正式签订的“合同”中所确定的工程款结算方式，进行竣工结算。

8.2 投资控制的内容

(1)核实工程量，进行实物量签认。

(2)控制设计变更洽商。

①建设单位决策的改变。如提出新的设计要求，对原设计进行修改、工程范围和内容发生变更等。

②设计单位的设计文件和现场情况不符，绘制有图纸错误、与说明不一致。

③承包单位由于施工的需要而提出的变更。由于材料、设备的供应问题而产生的变更，以及由于人力不可抗拒的破坏而引起的设计变更等。

8.3 投资控制的措施

(1)投资总额切块。

根据工程施工总形象进度，依时间分割把投资总额切块，见案例表3-4。

案例表 3-4　年度投资切块控制表

工程总价款(合同)	万元							
年/季度	1998				1999			
	一	二	三	四	一	二	三	四
土方及护坡桩工程								
±0.00 以下建筑工程								
±0.00 以上建筑工程								
建筑安装工程								
装饰工程								

(2)严格执行工程量计量及工程变更程序。

①工程量计量程序见案例图 3-5。

②设计变更程序见案例图 3-6。

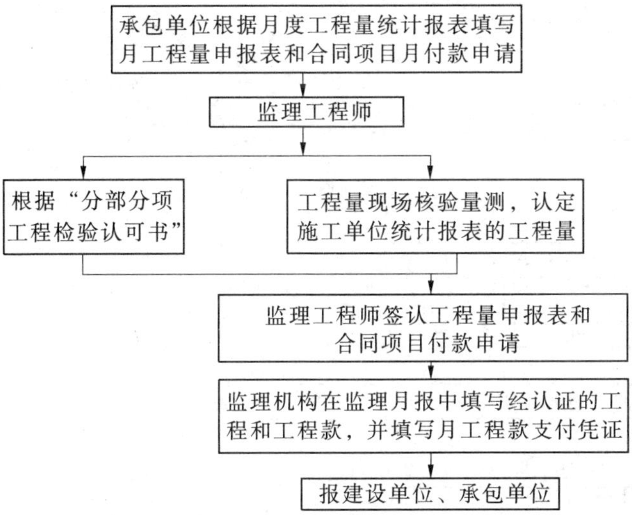

案例图 3-5　工程量计量程序

③工程洽商程序见案例图 3-7。

(3)积极推广新技术、新经验、新工艺及最佳的施工方案,合理化建议,节约开支,提高综合经济效益。

(4)加强投资信息管理,定期进行投资对比分析。

(5)搞好与建设、设计、承包、材料供应等单位、上级主管部门及其他有关单位的协作关系,做好投资控制。

8.4　工程计量及支付报表

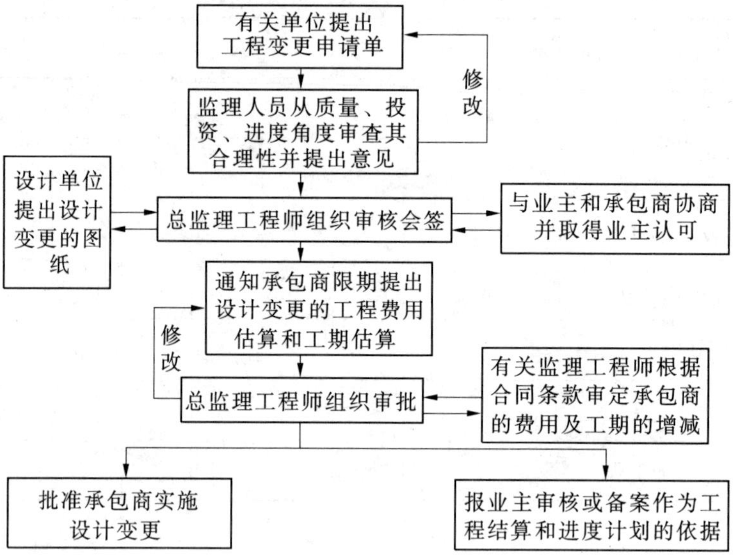

案例图 3-6　设计变更程序

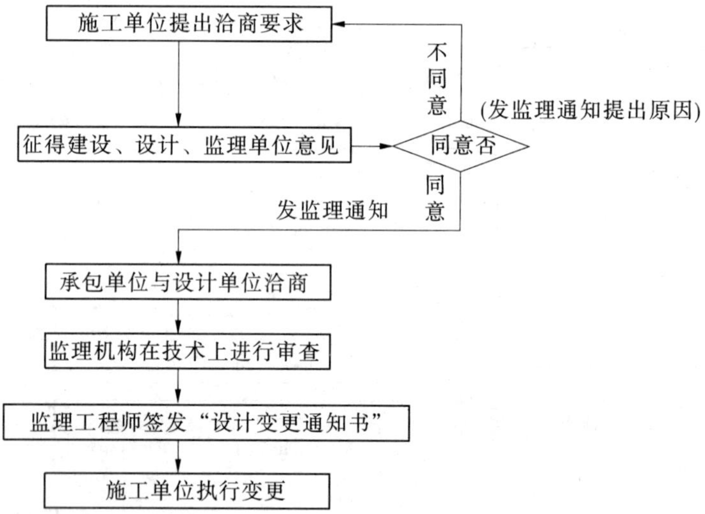

说明:1. 监理工程师审核变更,洽商是否符合施工验收规范及设计变更要求。
2. 无论来自哪一方的变更,均需监理工程师签发变更令。
3. 大的变更(指原设计方案或增加投资)要报经业主批准。

案例图 3-7　工程洽商程序

(1)由信息管理员负责认真核定施工单位报来的当月工程计量申报表,见案例表 3-5。

(2)由信息管理员负责认真核定施工单位报来的合同项目月付款申报表,最后由项目总监理工程师签字交业主办理付款手续。

案例表 3-5　______月工程计量申报表

工程名称：　　　　合同号：　　　　　　　　　　　　承包单位：

致________监理企业

兹申报________年________月完成工程量如________月工程量统计报表，请予核验量测。

附件：工程检验认可书，施工单位月度工程量统计报表

承包单位______________

××××年××月××日

监理机构核验量测与承包单位统计报表有差别项目

统计报表序号	项目名称	单位	申报数量	核定工程量	简要说明

经核验量测，本项目合格的可计量的工程量如以上核定数，请____________________________________

____________________据此支付本项工程进度条款。

监理工程师______________

××××年××月××日

9　组织协调及监理例会

监理协调会一般每周一次，由工程建设项目总监理工程师主持，业主方、承包方和监理方参加。其主要内容是：

(1)检查上次例会确定事项执行情况。

(2)各方陈述和研究解决有关工程质量、进度、费用问题。

(3)协调施工过程中出现的有关问题。

每次例会要形成纪要，由工程建设项目总监理工程师签署后分送业主和承包方。

9.1　第一次工地会议

9.1.1　内容

第一次工地会议是项目尚未全面展开前，履约各方相互认识，确定联络方式的会议，也是检查开工前各项准备工作是否就绪，并且明确监理程序的会议。

9.1.2　召开时间

第一次工地会议应在工程建设项目总监理工程师下达开工令之前举行。

9.1.3　参加人

第一次工地会议由监理工程师和建设单位联合主持召开，总承包单位的授权代表参加，也可邀请分包单位参加，必要时邀请有关设计人员参加。

9.1.4　会议目的

第一次工地会议的目的是检查工程的开工条件，创造良好的合作环境。

9.2　监理例会

9.2.1　内容

监理例会是由驻地监理工程师组织与主持，按一定程序召开的，以研究工地出现的包括计划、进度、质量及工程款支付等许多问题的工地会议。监理工程师将会议讨论的问题和决定记录下来，形成会议纪要，供与会者确认和落实。

9.2.2　监理例会的时间

监理例会应当定期召开（以每周召开一次为宜）。

9.2.3　参加人

工程建设项目总监理工程师，一般为驻地监理工程师代表，以及其他有关监理人员；工程项目经理；承包单位其他有关人员；建设单位；需要时，还可邀请其他有关人员。

9.2.4　会议主要议题

(1)对上次会议存在问题的解决和纪要的执行情况进行检查。

(2)工程进展情况。

(3)对下月（或下周）的进度预测。

(4)施工单位投入人力设备情况。

(5)施工质量、加工订货、材料的质量与供应情况。

(6)有关技术情况。

(7)索赔工程款支付。

(8)建设单位对施工单位提出的违约罚款要求。

9.2.5　会议记录（或会议纪要）

会议记录由监理工程师形成纪要，经与会各方认可，然后分发给有关单位。

会议纪要应主要写明：

(1)会议地点及时间。

(2)出席者姓名及他们代表的单位。

(3)会议中各方代表所发表的主要内容。

(4)议决事项。

(5)议决事项由何人在何时执行。

9.3　专业性监理会议

除定期召开工地监理例会外，还应根据需要组织召开一些专业性协调会议，例如：建设单位直接分包的项目与总承包单位之间的划项会；专业性较强的分包单位进场协调会；施工质量或技术问题研讨会等，均由监理工程师主持会议。

每次例会要形成纪要，由项目总监理工程师签署后分送业主和承包方。

10　资料与档案管理（略）

案例4　监理实施细则

××工程铝合金门窗施工监理实施细则

(一)工程概况

本住宅小区工程由××建筑设计院设计,××公司受发展公司的委托,于2000年11月3日签订委托合同,11月28日正式进驻工程现场,对工程4栋小高层(12层)、6栋多层(6层)及人防工程、幼儿园、会所各1栋的施工进行全过程监理,包括质量、进度、投资控制和合同、信息管理及安全管理。其中六栋多层总建筑面积为22 615 m^2,门窗总面积为8 107.44 m^2;铝合金及玻璃型材选用南通兰天幕墙装饰公司的型材,发泡剂选用巴提玛产品。硅胶选用道康宁中性硅胶。各系列门窗的面积如案例表5-1所示。

案例表5-1　××工程门窗表　(单位:m^2)

门窗系列名称	门窗面积					合计
	01栋	02栋	03栋	04、06栋	05栋	
88系列推拉窗	325.72	1 126.37	722.43	930.32×2	798.58	4 833.74
38系列推拉窗	31.72	60.27	84.48	48.09×2	66.64	339.29
50系列百叶窗	48.53	196.09	178.00	261.57×2	208.7	1 154.46
90系列推拉门	201.36	363.00	329.02	297.84×2	290.9	1 779.96
共计						8 107.45

(二)检查铝合金门窗安装的准备工作

1. 该门窗工程开工前要求制作安装厂家提供以下资料:

营业执照、资质证书、生产许可证、市建委颁发准用证、ISO9002质量认证(有就提供)。

2. 要求制作厂家备做以下样窗:

推拉窗(内带纱窗):88、38系列(贴标签、型号、颜色)。

推拉门:90系列(贴标签、型号、颜色)。

百叶窗:50系列百叶窗。

以上五金配件(锁、把手、螺钉、加固件)、密封毛条、滑轮、橡皮条、硅胶、5 mm厚浮化白玻璃、纱窗等均需单独封样并注明厂家和型号、材质等。

3. 提供不少于两个已做项目供考察及厂家地址和联系电话、联系人等。

4. 铝合金门窗供应商和发泡剂等选材厂家应提交企业工商营业执照、生产许可证和最近一次型式检验报告。

5. 在监理见证下各取一套门窗到建筑材料检测中心进行三性试验检测。

6. 铝合金门窗的制作、安装、检查验收与土建配合。在制作时,就实际尺寸、粉刷尺寸进行实地检查,在规范允许的前提下,确定制作尺寸。对铝合金门窗成品进行验收。

7. 安装前,对铝合金门窗洞口逐个进行检查并形成书面资料,提供给土建粉刷班组,将洞口粉刷尺寸和铝合金门窗框的缝隙统一控制在15 mm左右。我们的做法是:当外墙完成面砖排版后，根据面砖的排版确定铝合金门窗的水平线、垂直线和进出线，进而检查洞口尺寸。

8. 安装要求。安装要求包括以下内容：

(1)门窗外框与墙体结合均用射钉固定铁脚，但是射钉不能打在多孔砖或砌块上。

(2)铁脚的厚度为 1.2 ~ 1.5 mm 的镀锌铁皮。

(3)铁脚的位置由门窗两头向里 180 mm 处定位，中间档距不超过 500 mm。

(4)门窗外框与墙体接触部位均用 L - 82 金属防腐漆，二次涂刷，防腐面达 100%。

(5)满足《建筑装饰装修工程质量验收规范》(GB 50210—2001)中相应的铝合金安装及误差要求。

(6)该工程 2 层以下采用夹胶玻璃，安装时要注意防止与普通玻璃混淆。

(三)铝合金门窗的安装控制要点

铝合金门窗外框安装施工内容包括：

1. 铝合金门、窗框进场，查水平线，画垂直线、进出线，窗框与洞口对位，清洁洞口。

2. 斜木楔固定窗框、校正，射钉固定铁脚，检查。

3. 砂浆或细混凝土封铁脚。

4. 铁脚砂浆干固后，拆除木楔，粉户外洞口。

5. 注打发泡剂，室外打第一度硅胶。

6. 窗框砂浆封框，搓实，收浆。

7. 门窗框内侧打硅胶，室外打第二度硅胶。

8. 安装框扇。框扇安装前，对连接件、发泡剂进行隐蔽验收。对门窗的垂直度对角线进行实测实量，使安装质量符合要求。

在铝合金门窗的安装中，一般可按案例图 5-1 所示程序进行验收。

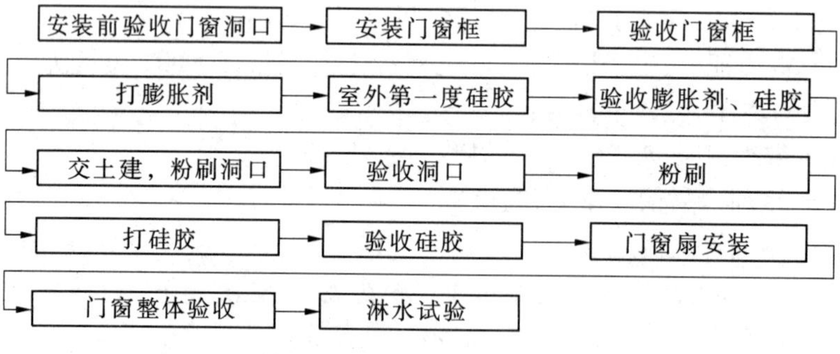

案例图 5-1　铝合金门窗验收程序

对以上工序的验收除满足本工程设计要求外，其允许偏差和检验方法如案例表 5-2 所示。

门窗全部安装后，还要进行喷淋试验，以检验门窗的渗漏情况。

关键工序施工工艺的监理：

(1)固定铁脚应不小于 0.5 m 一个，并尽量分布均匀，射钉应能牢固固定在墙上预设好的水泥砂浆砖块或木砖上，不能打在空心砖上，对此监理逐个进行检查。

案例表 5-2　铝合金门窗验收的允许偏差和检验方法

项次	项目		允许偏差(mm)	检验方法
1	门窗檐口宽度、高度	≤1 500 mm	1.5	用钢尺检查
1	门窗檐口宽度、高度	1 500 mm	2	用钢尺检查
2	门窗檐口对角线长度差	≤2 000 mm	3	用钢尺检查
2	门窗檐口对角线长度差	2 000 mm	4	用钢尺检查
3	门窗框的正侧面垂直度		2.5	用垂直检测尺检查
4	门窗横框的水平度		2	用 1 m 水平尺和塞尺检查
5	门窗横框标高		5	用钢尺检查
6	门窗竖向偏高中心		5	用钢尺检查
7	双层门窗内外框间距		4	用钢尺检查
8	推拉门窗扇与框搭接量		1.5	用钢直尺检查

(2)窗框应横平竖直,避免门(窗)框出现弯弧或倾斜,对每扇门(窗)框,监理都用水平靠尺进行对角线偏差及水平和垂直度测量。

(3)发泡剂、硅胶的施工是重点。铝合金门窗外框安装完成后,铝合金门窗安装人员开始由室外往室内向框体四周缝隙顺延注打发泡剂,操作前清理土建洞口台面及两侧垃圾、尘土、水泥渣块,用皮老虎吹去灰尘(如框体四周缝隙 > 15 mm,则应先粉砂浆,使框体四周缝隙 < 15 mm)。打发泡剂应充实无间断。打发泡剂时,外面发泡剂打过 10 min 后用手按平(与外框平),室外一侧打第一度硅胶。

(4)门窗框内侧打硅胶,室外打第二度硅胶。打硅胶时注意周边保护(用胶粘带盖住窗框及墙面,在硅胶表面干时,再撕掉),接槎顺直,平滑有弧度。

(四)土建配合施工内容

为更好地安装好门窗,必须搞好铝合金门窗与土建施工的配合。我们的做法是:明确土建配合施工内容,使配合有针对性。主要的土建配合施工内容如下:

1. 土建施工要按设计要求确保门窗洞口的尺寸的准确性,洞口宽度、高度误差挑窗 ±5 mm,平窗 ±10 mm,洞口对角线误差 5 mm。在门窗安装前配合检查尺寸及三线(垂直线、水平线、进出线),同时要检查整个立面门窗框体在水平线和垂直线方向符合设计图纸要求。安装门窗时,先进行竖向吊线定位,确保整个立面上下窗口成直线。

2. 在门窗安装及门窗发泡剂施工后,要及时将门窗的铁脚进行掩埋。用混凝土或砂浆封锚脚,干固后,抽去斜木,其中窗台要用 C20 细混凝土浇捣,然后进行粉刷。施工时要确保洞口周边的粉刷质量:洞口过梁水平度控制在 1.5%,全长不超过 3 mm,洞口垂直度控制在 1.5%。粉刷后注意加强养护,防止粉刷层裂缝而渗水。

3. 洞口周边的粉刷留凹槽:砂浆封框后,未干固前,约 3 h 后,用 4 mm 圆钢料头沿框体圆周划 5 mm 深的凹槽,留着最后补打硅胶:划槽方法是逐步渐深,刮出砂浆渣土,随时清除,不要落入框内,否则难以清洁缝隙。

(五)铝合金门窗渗漏水防治措施

1. 安装铝合金窗时,要注意下帽头料的水平度,稍微向外倾斜,避免倒泛水。

2. 窗台用细石混凝土(100 mm 厚)浇筑,并锚入两侧墙一砖长度,并做成挑泛水坡度,防止从窗台下口门下嵌渗水。

3. 门窗框同墙体的缝隙内填嵌弹性材料(发泡剂),并填嵌密实。填嵌前必须把缝内的垃圾清理干净,可用粗铁丝钩出渣块,再用皮老虎风箱吹去灰尘,并检查缝隙大小,超过 15 mm 的需另外打底。打完发泡剂 10 分钟后,用手指轻压,使其密实,检查有无漏打、空隙、不密实现象。

4. 窗框四周侧边应留设槽口,槽口填嵌硅胶进行密封处理。嵌注密封材料时,应注意清除浮灰砂浆等,使密封材料与窗框、墙体黏结牢固,同时检查密封材料是否连续,有无缺漏等情况。

5. 铝合金门窗框的连接件伸出框子以内外锚固。设置时,除四周离边角 180 mm 设一点外,其余间距应不大于 500 mm,连接件采用不锈钢件,其厚度不小于 1.5 mm,宽度不小于 25 mm,连接埋设必须牢固。

6. 窗下挡及推拉窗的下滑槽必须开设排水孔。排水孔设在窗框拐角 20 ~ 140 mm 处,间距宜为 600 mm。安装后应检查排水孔是否有堵塞情况,保证槽口内积水能顺利排出。

7. 窗套面砖铺贴时应向外做 10 mm 泛水,窗天盘(包括凸墙)做清水线条;下窗盘做圆弧,向下做泛水;下窗盘底做滴水线防水。

8. 土建施工部分任何一处都要清理被粉面,要湿水,以免空鼓。

9. 收浆、搓实,洞口上部应有老鹰嘴或滴水线带滴水槽。

10. 清角处最好是角、面一次性完成,以免出现先、后粉层交界处龟裂。

11. 为使土建能做出滴水线,挑窗上口侧固定铁脚应采用内侧固定,外侧不用铁脚。

附 录

附录1 ××工程监理公司总监理工程师的职业道德准则

总监理工程师应遵守下列职业道德和纪律:

1 必须遵守国家的有关法律以及当地政府建设行政主管部门对有关基本建设所作的规定、条例、办法等。

2 必须履行工程建设监理委托合同中所承诺的义务和承担所约定的责任。

3 除收取监理委托合同中约定的监理酬金外,个人不得接受业主的额外津贴、施工单位的赢利分成或补贴等。

4 不允许从事所监理项目的设计、施工业务以及材料、设备供应业务有关的直接或间接的中介活动。

5 不允许泄露自己所监理的工程项目需要保密的事项,在发表自己所监理的工程项目有关的资料和论文时,须征得业主同意。

6 监理任务的分包,或聘请外单位人员协助监理,必须事先征得业主同意。

7 不得以个人名义在任何报刊上登载承揽监理业务的广告。

8 在处理各方面的争议时,应坚持公平和公正的立场。

9 必须坚持科学态度,对自己提出的建议、判断负责,不唯业主和上级的意图是从。当自己提出的建议、判断被业主和上级否定时,应向其充分说明可能产生的后果。发现自己处理问题有错误时,应向业主及时承认错误并提出改进意见。

10 不能用谎言欺骗业主和承包商,不得伤害、诽谤他人名誉,借以提高自己的地位。

11 按照监理工作制度和监理规章制度严格要求下级监理人员,不徇私情,赏罚分明。

12 虚心接受业主、承包商以及其他相关单位和下级监理人员的批评和建议,不断提高监理水平。

附录2　FIDIC 道德准则

FIDIC 认识到工程师的工作对于取得社会及其环境的持续发展是十分关键的。

为使工程师的工作充分有效，不仅要求工程师必须不断地增长他们的知识和技能，而且要求社会尊重他们的道德公正性，信赖他们中的人员作出的评审，同时给予公正的报酬。

FIDIC 的全体会员协会同意并且相信，如果要想使社会对其专业顾问具有必要的信赖，下述准则是其成员行为的基本准则。

咨询工程师应该：

* 对社会和职业的责任：

1. 接受对社会的职业责任。

2. 寻求与确认的发展原则相适应的解决办法。

3. 在任何时候，维护职业的尊严、名誉和荣誉。

* 能力：

4. 保持其知识和技能与技术、法规、管理的发展相一致的水平，对于委托人要求的服务采用相应的技能，并尽心尽力。

5. 仅在有能力从事服务时方可进行。

* 正直性：

6. 在任何时候均为委托人的合法权益行使其职责，并且正直和忠诚地进行职业服务。

* 公正性：

7. 在提供职业咨询、评审或决策时不偏不倚。

8. 通知委托人在行使其委托权时可能引起的任何潜在的利益冲突。

9. 不接受可能导致判断不公的报酬。

* 对他人的公正：

10. 加强"按照能力进行选择"的观念。

11. 不得故意或无意地做出损害他人名誉或事务的事情。

12. 不得直接或间接取代某一特定工作中已经任命的其他咨询工程师的位置。

13. 通知该咨询工程师并且接到委托人终止其先前任命的建议前不得取代该咨询工程师的工作。

14. 在被要求对其他咨询工程师的工作进行审查的情况下，要以适当的职业行为和礼节进行。

附录3　建设工程监理合同

GF—2012—0202

编号：________________

建设工程监理合同

工程名称：____

工程地点：____

住 房 和 城 乡 建 设 部
国家工商行政管理总局　制定

第一部分　协议书

委托人(全称):________________________________

监理人(全称):________________________________

根据《中华人民共和国合同法》、《中华人民共和国建筑法》及其他有关法律、法规,遵循平等、自愿、公平和诚信的原则,双方就下述工程委托监理与相关服务事项协商一致,订立本合同。

一、工程概况

1. 工程名称:________________________________;

2. 工程地点:________________________________;

3. 工程规模:________________________________;

4. 工程概算投资额或建筑安装工程费:____________。

二、词语限定

协议书中相关词语的含义与通用条件中的定义与解释相同。

三、组成本合同的文件

1. 协议书;

2. 中标通知书(适用于招标工程)或委托书(适用于非招标工程);

3. 投标文件(适用于招标工程)或监理与相关服务建议书(适用于非招标工程);

4. 专用条件;

5. 通用条件;

6. 附录,即:

附录 A　相关服务的范围和内容

附录 B　委托人派遣的人员和提供的房屋、资料、设备

本合同签订后,双方依法签订的补充协议也是本合同文件的组成部分。

四、总监理工程师

总监理工程师姓名:____________,身份证号码:____________________,注册号:____________________。

五、签约酬金

签约酬金(大写):____________________(¥____________)。

包括:

1. 监理酬金:________________________________。

2. 相关服务酬金:____________________。

其中:

(1)勘察阶段服务酬金:____________________。

(2)设计阶段服务酬金:____________________。

(3)保修阶段服务酬金:____________________。

(4)其他相关服务酬金:____________________。

六、期限

1. 监理期限:

自________年____月____日始,至________年____月____日止。

2. 相关服务期限:

(1)勘察阶段服务期限自________年____月____日始,至________年____月____日止。

(2)设计阶段服务期限自________年____月____日始,至________年____月____日止。

(3)保修阶段服务期限自 ________年____月____日始,至 ________年____月____日止。

(4)其他相关服务期限自 ________年____月____日始,至________年____月____日止。

七、双方承诺

1. 监理人向委托人承诺,按照本合同约定提供监理与相关服务。

2. 委托人向监理人承诺,按照本合同约定派遣相应的人员,提供房屋、资料、设备,并按本合同约定支付酬金。

八、合同订立

1. 订立时间:________年____月____日。

2. 订立地点:____ 。

3. 本合同一式____份,具有同等法律效力,双方各执____份。

委托人:(盖章)____________	监理人:(盖章)____________
住所:____________________	住所:____________________
邮政编码:____________________	邮政编码:____________________
法定代表人或其授权 的代理人:(签字)____________	法定代表人或其授权 的代理人:(签字)____________
开户银行:____________________	开户银行:____________________
账号:____________________	账号:____________________
电话:____________________	电话:____________________
传真:____________________	传真:____________________
电子邮箱:____________________	电子邮箱:____________________

第二部分　通用条件

1　定义与解释

1.1　定义

除根据上下文另有其意义外,组成本合同的全部文件中的下列名词和用语应具有本款所赋予的含义:

1.1.1　“工程”是指按照本合同约定实施监理与相关服务的建设工程。

1.1.2　“委托人”是指本合同中委托监理与相关服务的一方,及其合法的继承人或受让人。

1.1.3　“监理人”是指本合同中提供监理与相关服务的一方,及其合法的继承人。

1.1.4　“承包人”是指在工程范围内与委托人签订勘察、设计、施工等有关合同的当事人，及其合法的继承人。

1.1.5 “监理”是指监理人受委托人的委托，依照法律法规、工程建设标准、勘察设计文件及合同，在施工阶段对建设工程质量、进度、造价进行控制，对合同、信息进行管理，对工程建设相关方的关系进行协调，并履行建设工程安全生产管理法定职责的服务活动。

1.1.6 “相关服务”是指监理人受委托人的委托，按照本合同约定，在勘察、设计、保修等阶段提供的服务活动。

1.1.7 “正常工作”指本合同订立时通用条件和专用条件中约定的监理人的工作。

1.1.8 “附加工作”是指本合同约定的正常工作以外监理人的工作。

1.1.9 “项目监理机构”是指监理人派驻工程负责履行本合同的组织机构。

1.1.10 “总监理工程师”是指由监理人的法定代表人书面授权，全面负责履行本合同、主持项目监理机构工作的注册监理工程师。

1.1.11 “酬金”是指监理人履行本合同义务，委托人按照本合同约定给付监理人的金额。

1.1.12 “正常工作酬金”是指监理人完成正常工作，委托人应给付监理人并在协议书中载明的签约酬金额。

1.1.13 “附加工作酬金”是指监理人完成附加工作，委托人应给付监理人的金额。

1.1.14 “一方”是指委托人或监理人；“双方”是指委托人和监理人；“第三方”是指除委托人和监理人以外的有关方。

1.1.15 “书面形式”是指合同书、信件和数据电文（包括电报、电传、传真、电子数据交换和电子邮件）等可以有形地表现所载内容的形式。

1.1.16 “天”是指第一天零时至第二天零时的时间。

1.1.17 “月”是指按公历从一个月中任何一天开始的一个公历月时间。

1.1.18 “不可抗力”是指委托人和监理人在订立本合同时不可预见，在工程施工过程中不可避免发生并不能克服的自然灾害和社会性突发事件，如地震、海啸、瘟疫、水灾、骚乱、暴动、战争和专用条件约定的其他情形。

1.2 解释

1.2.1 本合同使用中文书写、解释和说明。如专用条件约定使用两种及以上语言文字时，应以中文为准。

1.2.2 组成本合同的下列文件彼此应能相互解释、互为说明。除专用条件另有约定外，本合同文件的解释顺序如下：

（1）协议书；

（2）中标通知书（适用于招标工程）或委托书（适用于非招标工程）；

（3）专用条件及附录 A、附录 B；

（4）通用条件；

（5）投标文件（适用于招标工程）或监理与相关服务建议书（适用于非招标工程）。

双方签订的补充协议与其他文件发生矛盾或歧义时，属于同一类内容的文件，应以最新签署的为准。

2 监理人的义务

2.1　监理的范围和工作内容

2.1.1　监理范围在专用条件中约定。

2.1.2　除专用条件另有约定外，监理工作内容包括：

(1)收到工程设计文件后编制监理规划，并在第一次工地会议7天前报委托人。根据有关规定和监理工作需要，编制监理实施细则。

(2)熟悉工程设计文件，并参加由委托人主持的图纸会审和设计交底会议。

(3)参加由委托人主持的第一次工地会议，主持监理例会并根据工程需要主持或参加专题会议。

(4)审查施工承包人提交的施工组织设计，重点审查其中的质量安全技术措施、专项施工方案与工程建设强制性标准的符合性。

(5)检查施工承包人工程质量、安全生产管理制度及组织机构和人员资格。

(6)检查施工承包人专职安全生产管理人员的配备情况。

(7)审查施工承包人提交的施工进度计划，核查承包人对施工进度计划的调整。

(8)检查施工承包人的实验室。

(9)审核施工分包人资质条件。

(10)查验施工承包人的施工测量放线成果。

(11)审查工程开工条件，对条件具备的签发开工令。

(12)审查施工承包人报送的工程材料、构配件、设备质量证明文件的有效性和符合性，并按规定对用于工程的材料采取平行检验或见证取样方式进行抽检。

(13)审核施工承包人提交的工程款支付申请，签发或出具工程款支付证书，并报委托人审核、批准。

(14)在巡视、旁站和检验过程中，发现工程质量、施工安全存在事故隐患的，要求施工承包人整改并报委托人。

(15)经委托人同意，签发工程暂停令和复工令。

(16)审查施工承包人提交的采用新材料、新工艺、新技术、新设备的论证材料及相关验收标准。

(17)验收隐蔽工程、分部分项工程。

(18)审查施工承包人提交的工程变更申请，协调处理施工进度调整、费用索赔、合同争议等事项。

(19)审查施工承包人提交的竣工验收申请，编写工程质量评估报告。

(20)参加工程竣工验收，签署竣工验收意见。

(21)审查施工承包人提交的竣工结算申请并报委托人。

(22)编制、整理工程监理归档文件并报委托人。

2.1.3　相关服务的范围和内容在附录A中约定。

2.2　监理与相关服务依据

2.2.1　监理依据包括：

(1)适用的法律、行政法规及部门规章。

(2)与工程有关的标准。

(3)工程设计及有关文件。

(4)本合同及委托人与第三方签订的与实施工程有关的其他合同。

双方根据工程的行业和地域特点,在专用条件中具体约定监理依据。

2.2.2 相关服务依据在专用条件中约定。

2.3 项目监理机构和人员

2.3.1 监理人应组建满足工作需要的项目监理机构,配备必要的检测设备。项目监理机构的主要人员应具有相应的资格条件。

2.3.2 本合同履行过程中,总监理工程师及重要岗位监理人员应保持相对稳定,以保证监理工作正常进行。

2.3.3 监理人可根据工程进展和工作需要调整项目监理机构人员。监理人更换总监理工程师时,应提前7天向委托人书面报告,经委托人同意后方可更换;监理人更换项目监理机构其他监理人员,应以相当资格与能力的人员替换,并通知委托人。

2.3.4 监理人应及时更换有下列情形之一的监理人员:

(1)有严重过失行为的。

(2)有违法行为不能履行职责的。

(3)涉嫌犯罪的。

(4)不能胜任岗位职责的。

(5)严重违反职业道德的。

(6)专用条件约定的其他情形。

2.3.5 委托人可要求监理人更换不能胜任本职工作的项目监理机构人员。

2.4 履行职责

监理人应遵循职业道德准则和行为规范,严格按照法律法规、工程建设有关标准及本合同履行职责。

2.4.1 在监理与相关服务范围内,委托人和承包人提出的意见和要求,监理人应及时提出处置意见。当委托人与承包人之间发生合同争议时,监理人应协助委托人、承包人协商解决。

2.4.2 当委托人与承包人之间的合同争议提交仲裁机构仲裁或人民法院审理时,监理人应提供必要的证明资料。

2.4.3 监理人应在专用条件约定的授权范围内,处理委托人与承包人所签订合同的变更事宜。如果变更超过授权范围,应以书面形式报委托人批准。

在紧急情况下,为了保护财产和人身安全,监理人所发出的指令未能事先报委托人批准时,应在发出指令后的24小时内以书面形式报委托人。

2.4.4 除专用条件另有约定外,监理人发现承包人的人员不能胜任本职工作的,有权要求承包人予以调换。

2.5 提交报告

监理人应按专用条件约定的种类、时间和份数向委托人提交监理与相关服务的报告。

2.6 文件资料

在本合同履行期内,监理人应在现场保留工作所用的图纸、报告及记录监理工作的相关文件。工程竣工后,应当按照档案管理规定将监理有关文件归档。

2.7　使用委托人的财产

监理人无偿使用附录B中由委托人派遣的人员和提供的房屋、资料、设备。除专用条件另有约定外,委托人提供的房屋、设备属于委托人的财产,监理人应妥善使用和保管,在本合同终止时将这些房屋、设备的清单提交委托人,并按专用条件约定的时间和方式移交。

3　委托人的义务

3.1　告知

委托人应在委托人与承包人签订的合同中明确监理人、总监理工程师和授予项目监理机构的权限。如有变更,应及时通知承包人。

3.2　提供资料

委托人应按照附录B约定,无偿向监理人提供工程有关的资料。在本合同履行过程中,委托人应及时向监理人提供最新的与工程有关的资料。

3.3　提供工作条件

委托人应为监理人完成监理与相关服务提供必要的条件。

3.3.1　委托人应按照附录B约定,派遣相应的人员,提供房屋、设备,供监理人无偿使用。

3.3.2　委托人应负责协调工程建设中所有外部关系,为监理人履行本合同提供必要的外部条件。

3.4　委托人代表

委托人应授权一名熟悉工程情况的代表,负责与监理人联系。委托人应在双方签订本合同后7天内,将委托人代表的姓名和职责书面告知监理人。当委托人更换委托人代表时,应提前7天通知监理人。

3.5　委托人意见或要求

在本合同约定的监理与相关服务工作范围内,委托人对承包人的任何意见或要求应通知监理人,由监理人向承包人发出相应指令。

3.6　答复

委托人应在专用条件约定的时间内,对监理人以书面形式提交并要求作出决定的事宜,给予书面答复。逾期未答复的,视为委托人认可。

3.7　支付

委托人应按本合同约定,向监理人支付酬金。

4　违约责任

4.1　监理人的违约责任

监理人未履行本合同义务的,应承担相应的责任。

4.1.1　因监理人违反本合同约定给委托人造成损失的,监理人应当赔偿委托人损失。赔偿金额的确定方法在专用条件中约定。监理人承担部分赔偿责任的,其承担赔偿金额由双方协商确定。

4.1.2　监理人向委托人的索赔不成立时,监理人应赔偿委托人由此发生的费用。

4.2　委托人的违约责任

委托人未履行本合同义务的，应承担相应的责任。

4.2.1　委托人违反本合同约定造成监理人损失的，委托人应予以赔偿。

4.2.2　委托人向监理人的索赔不成立时，应赔偿监理人由此引起的费用。

4.2.3　委托人未能按期支付酬金超过28天，应按专用条件约定支付逾期付款利息。

4.3　除外责任

因非监理人的原因，且监理人无过错，发生工程质量事故、安全事故、工期延误等造成的损失，监理人不承担赔偿责任。

因不可抗力导致本合同全部或部分不能履行时，双方各自承担其因此而造成的损失、损害。

5　支付

5.1　支付货币

除专用条件另有约定外，酬金均以人民币支付。涉及外币支付的，所采用的货币种类、比例和汇率在专用条件中约定。

5.2　支付申请

监理人应在本合同约定的每次应付款时间的7天前，向委托人提交支付申请书。支付申请书应当说明当期应付款总额，并列出当期应支付的款项及其金额。

5.3　支付酬金

支付的酬金包括正常工作酬金、附加工作酬金、合理化建议奖励金额及费用。

5.4　有争议部分的付款

委托人对监理人提交的支付申请书有异议时，应当在收到监理人提交的支付申请书后7天内，以书面形式向监理人发出异议通知。无异议部分的款项应按期支付，有异议部分的款项按第7条约定办理。

6　合同生效、变更、暂停、解除与终止

6.1　生效

除法律另有规定或者专用条件另有约定外，委托人和监理人的法定代表人或其授权代理人在协议书上签字并盖单位章后本合同生效。

6.2　变更

6.2.1　任何一方提出变更请求时，双方经协商一致后可进行变更。

6.2.2　除不可抗力外，因非监理人原因导致监理人履行合同期限延长、内容增加时，监理人应当将此情况与可能产生的影响及时通知委托人。增加的监理工作时间、工作内容应视为附加工作。附加工作酬金的确定方法在专用条件中约定。

6.2.3　合同生效后，如果实际情况发生变化使得监理人不能完成全部或部分工作，监理人应立即通知委托人。除不可抗力外，其善后工作以及恢复服务的准备工作应为附加工作，附加工作酬金的确定方法在专用条件中约定。监理人用于恢复服务的准备时间不应超过28天。

6.2.4　合同签订后，遇有与工程相关的法律法规、标准颁布或修订的，双方应遵照执行。由此引起监理与相关服务的范围、时间、酬金变化的，双方应通过协商进行相应调整。

6.2.5　因非监理人原因造成工程概算投资额或建筑安装工程费增加时，正常工作酬金应作相应调整。调整方法在专用条件中约定。

6.2.6　因工程规模、监理范围的变化导致监理人的正常工作量减少时，正常工作酬金应作相应调整。调整方法在专用条件中约定。

6.3　暂停与解除

除双方协商一致可以解除本合同外，当一方无正当理由未履行本合同约定的义务时，另一方可以根据本合同约定暂停履行本合同直至解除本合同。

6.3.1　在本合同有效期内，由于双方无法预见和控制的原因导致本合同全部或部分无法继续履行或继续履行已无意义，经双方协商一致，可以解除本合同或监理人的部分义务。在解除之前，监理人应作出合理安排，使开支减至最小。

因解除本合同或解除监理人的部分义务导致监理人遭受的损失，除依法可以免除责任的情况外，应由委托人予以补偿，补偿金额由双方协商确定。

解除本合同的协议必须采取书面形式，协议未达成之前，本合同仍然有效。

6.3.2　在本合同有效期内，因非监理人的原因导致工程施工全部或部分暂停，委托人可通知监理人要求暂停全部或部分工作。监理人应立即安排停止工作，并将开支减至最小。除不可抗力外，由此导致监理人遭受的损失应由委托人予以补偿。

暂停部分监理与相关服务时间超过182天，监理人可发出解除本合同约定的该部分义务的通知；暂停全部工作时间超过182天，监理人可发出解除本合同的通知，本合同自通知到达委托人时解除。委托人应将监理与相关服务的酬金支付至本合同解除日，且应承担第4.2款约定的责任。

6.3.3　当监理人无正当理由未履行本合同约定的义务时，委托人应通知监理人限期改正。若委托人在监理人接到通知后的7天内未收到监理人书面形式的合理解释，则可在7天内发出解除本合同的通知，自通知到达监理人时本合同解除。委托人应将监理与相关服务的酬金支付至限期改正通知到达监理人之日，但监理人应承担第4.1款约定的责任。

6.3.4　监理人在专用条件5.3中约定的支付之日起28天后仍未收到委托人按本合同约定应付的款项，可向委托人发出催付通知。委托人接到通知14天后仍未支付或未提出监理人可以接受的延期支付安排，监理人可向委托人发出暂停工作的通知并可自行暂停全部或部分工作。暂停工作后14天内监理人仍未获得委托人应付酬金或委托人的合理答复，监理人可向委托人发出解除本合同的通知，自通知到达委托人时本合同解除。委托人应承担第4.2.3款约定的责任。

6.3.5　因不可抗力致使本合同部分或全部不能履行时，一方应立即通知另一方，可暂停或解除本合同。

6.3.6　本合同解除后，本合同约定的有关结算、清理、争议解决方式的条件仍然有效。

6.4　终止

以下条件全部满足时，本合同即告终止：

(1)监理人完成本合同约定的全部工作。

(2)委托人与监理人结清并支付全部酬金。

7　争议解决

7.1　协商

双方应本着诚信原则协商解决彼此间的争议。

7.2 调解

如果双方不能在14天内或双方商定的其他时间内解决本合同争议，可以将其提交给专用条件约定的或事后达成协议的调解人进行调解。

7.3 仲裁或诉讼

双方均有权不经调解直接向专用条件约定的仲裁机构申请仲裁或向有管辖权的人民法院提起诉讼。

8 其他

8.1 外出考察费用

经委托人同意，监理人员外出考察发生的费用由委托人审核后支付。

8.2 检测费用

委托人要求监理人进行的材料和设备检测所发生的费用，由委托人支付，支付时间在专用条件中约定。

8.3 咨询费用

经委托人同意，根据工程需要由监理人组织的相关咨询论证会以及聘请相关专家等发生的费用由委托人支付，支付时间在专用条件中约定。

8.4 奖励

监理人在服务过程中提出的合理化建议，使委托人获得经济效益的，双方在专用条件中约定奖励金额的确定方法。奖励金额在合理化建议被采纳后，与最近一期的正常工作酬金同期支付。

8.5 守法诚信

监理人及其工作人员不得从与实施工程有关的第三方处获得任何经济利益。

8.6 保密

双方不得泄露对方申明的保密资料，亦不得泄露与实施工程有关的第三方所提供的保密资料，保密事项在专用条件中约定。

8.7 通知

本合同涉及的通知均应当采用书面形式，并在送达对方时生效，收件人应书面签收。

8.8 著作权

监理人对其编制的文件拥有著作权。

监理人可单独或与他人联合出版有关监理与相关服务的资料。除专用条件另有约定外，如果监理人在本合同履行期间及本合同终止后两年内出版涉及本工程的有关监理与相关服务的资料，应当征得委托人的同意。

第三部分 专用条件

1 定义与解释

1.2 解释

1.2.1 本合同文件除使用中文外，还可用________________。

1.2.2 约定本合同文件的解释顺序为：________________。

2　监理人义务

2.1　监理的范围和内容

2.1.1　监理范围包括：____

____。

2.1.2　监理工作内容还包括：____

____。

2.2　监理与相关服务依据

2.2.1　监理依据包括：____

____。

2.2.2　相关服务依据包括：________________________________。

2.3　项目监理机构和人员

2.3.4　更换监理人员的其他情形：________________________。

2.4　履行职责

2.4.3　对监理人的授权范围：____

____。

在涉及工程延期____天内和(或)金额________万元内的变更，监理人不需请示委托人即可向承包人发布变更通知。

2.4.4　监理人有权要求承包人调换其人员的限制条件：________________________

____。

2.5　提交报告

监理人应提交报告的种类(包括监理规划、监理月报及约定的专项报告)、时间和份数：

____

____

____。

2.7　使用委托人的财产

附录 B 中由委托人无偿提供的房屋、设备的所有权属于：________________________

____。

监理人应在本合同终止后____________天内移交委托人无偿提供的房屋、设备，移交的时间和方式为：____。

3　委托人义务

3.4　委托人代表

委托人代表为：____。

3.6　答复

委托人同意在____________天内，对监理人书面提交并要求做出决定的事宜给予书面答复。

4　违约责任

4.1　监理人的违约责任

4.1.1　监理人赔偿金额按下列方法确定：

赔偿金 = 直接经济损失 × 正常工作酬金 ÷ 工程概算投资额（或建筑安装工程费）

4.2　委托人的违约责任

4.2.3　委托人逾期付款利息按下列方法确定：

逾期付款利息 = 当期应付款总额 × 银行同期贷款利率 × 拖延支付天数

5　支付

5.1　支付货币

币种为：____________，比例为：____________，汇率为：____________。

5.3　支付酬金

正常工作酬金的支付：

支付次数	支付时间	支付比例	支付金额（万元）
首付款	本合同签订后 7 天内		
第二次付款			
第三次付款			
⋮			
最后付款	监理与相关服务期届满 14 天内		

6　合同生效、变更、暂停、解除与终止

6.1　生效

本合同生效条件：____。

6.2　变更

6.2.2　除不可抗力外，因非监理人原因导致本合同期限延长时，附加工作酬金按下列方法确定：

附加工作酬金 = 本合同期限延长时间（天）× 正常工作酬金 ÷ 协议书约定的监理与相关服务期限（天）

6.2.3　附加工作酬金按下列方法确定：

附加工作酬金 = 善后工作及恢复服务的准备工作时间（天）× 正常工作酬金 ÷ 协议书约定的监理与相关服务期限（天）

6.2.5　正常工作酬金增加额按下列方法确定：

正常工作酬金增加额 = 工程投资额或建筑安装工程费增加额 × 正常工作酬金 ÷ 工程概算投资额（或建筑安装工程费）

6.2.6　因工程规模、监理范围的变化导致监理人的正常工作量减少时，按减少工作量的比例从协议书约定的正常工作酬金中扣减相同比例的酬金。

7　争议解决

7.2　调解

本合同争议进行调解时，可提交____________进行调解。

7.3　仲裁或诉讼

合同争议的最终解决方式为下列第____________种方式：

(1)提请____________仲裁委员会进行仲裁。

(2)向____________人民法院提起诉讼。

8 其他

8.2 检测费用

委托人应在检测工作完成后________天内支付检测费用。

8.3 咨询费用

委托人应在咨询工作完成后________天内支付咨询费用。

8.4 奖励

合理化建议的奖励金额按下列方法确定为：

奖励金额＝工程投资节省额×奖励金额的比率；

奖励金额的比率为____________%。

8.6 保密

委托人申明的保密事项和期限：____________________。

监理人申明的保密事项和期限：____________________。

第三方申明的保密事项和期限：____________________。

8.8 著作权

监理人在本合同履行期间及本合同终止后两年内出版涉及本工程的有关监理与相关服务的资料的限制条件：

____。

9 补充条款

____。

附录A 相关服务的范围和内容

A－1 勘察阶段：____

____

____

____。

A－2 设计阶段：____

____

____

____。

A－3 保修阶段：____

____

____

____。

A－4 其他(专业技术咨询、外部协调工作等)：____________________

____

____

附录 B 委托人派遣的人员和提供的房屋、资料、设备

B-1 委托人派遣的人员

名称	数量	工作要求	提供时间
1. 工程技术人员			
2. 辅助工作人员			
3. 其他人员			

B-2 委托人提供的房屋

名称	数量	面积	提供时间
1. 办公用房			
2. 生活用房			
3. 试验用房			
4. 样品用房			
⋮			
用餐及其他生活条件			

B-3 委托人提供的资料

名称	份数	提供时间	备注
1. 工程立项文件			
2. 工程勘察文件			
3. 工程设计及施工图纸			
4. 工程承包合同及其他相关合同			
5. 施工许可文件			
6. 其他文件			

B-4 委托人提供的设备

名称	数量	型号与规格	提供时间
1. 通信设备			
2. 办公设备			
3. 交通工具			
4. 检测和试验设备			

参考文献

[1] 周国恩. 工程监理概论[M]. 北京:化学工业出版社,2010.

[2] 王旭. 工程监理概论[M]. 北京:科学出版社,2010.

[3] 黄林青. 建设工程监理概论[M]. 重庆:重庆大学出版社,2009.

[4] 郑惠虹. 建设工程监理概论[M]. 北京:中国电力出版社,2009.

[5] 中国建设监理协会. 建设工程监理概论[M]. 北京:知识产权出版社,2013.

[6] 中华人民共和国住房和城乡建设部. GB 50319—2013 建设工程监理规范[S]. 北京:中国建筑工业出版社,2013.

[7] 张向东. 工程建设监理概论[M]. 北京:机械工业出版社,2009.

[8] 束拉,邢振贤. 工程建设监理概论[M]. 郑州:郑州大学出版社,2010.

[9] 雷胜强. 国际工程风险管理与保险[M]. 北京:中国建筑工业出版社,1996.

[10] 黄如宝,刘贞平,李清立. 建设工程监理概论[M]. 北京:知识产权出版社,2003.

[11] 刘贞平. 建设监理制度与方法[M]. 北京:地震出版社,1997.

[12] 李清立,郝生跃. 工程建设监理[M]. 北京:北方交通大学出版社,2003.

[13] 中国建设监理协会. 建设工程质量控制[M]. 北京:中国建筑工业出版社,2013.

[14] 中国建设监理协会. 建设工程投资控制[M]. 北京:中国建筑工业出版社,2013.

[15] 中国建设监理协会. 建设工程进度控制[M]. 北京:中国建筑工业出版社,2013.

[16] 中国建设监理协会. 建设工程合同管理[M]. 北京:知识产权出版社,2013.

[17] 张道军. 工程建设监理的实践和前瞻[M]. 郑州:黄河水利出版社,1997.

[18] 王长永,李树枫. 工程建设监理概论[M]. 北京:科学出版社,2001.

[19] 刘钦主. 工程招投标与合同管理[M]. 北京:高等教育出版社,2008.